U0541190

国家社科基金项目"我国互联网信息的多元主体协同治理体系研究"
（项目批准号：18BXW121）结项成果

网络空间治理与数字经济法治（长三角）研究基地资助

浙江大学网络空间国际治理研究基地成果

中国互联网信息多元主体协同治理研究

张文祥 著

中国社会科学出版社

图书在版编目（CIP）数据

中国互联网信息多元主体协同治理研究／张文祥著. — 北京：中国社会科学出版社，2024.12. — ISBN 978-7-5227-4648-7

Ⅰ.TP393.4

中国国家版本馆 CIP 数据核字第 2024GC4023 号

出 版 人	赵剑英
责任编辑	张　玥
责任校对	周　昊
责任印制	戴　宽
出　　版	中国社会科学出版社
社　　址	北京鼓楼西大街甲 158 号
邮　　编	100720
网　　址	http://www.csspw.cn
发 行 部	010-84083685
门 市 部	010-84029450
经　　销	新华书店及其他书店
印　　刷	北京明恒达印务有限公司
装　　订	廊坊市广阳区广增装订厂
版　　次	2024 年 12 月第 1 版
印　　次	2024 年 12 月第 1 次印刷
开　　本	710×1000　1/16
印　　张	18.5
插　　页	2
字　　数	259 千字
定　　价	99.00 元

凡购买中国社会科学出版社图书，如有质量问题请与本社营销中心联系调换
电话：010-84083683
版权所有　侵权必究

序一 探求互联网信息内容综合治理的新篇章

魏永征

互联网治理是当前学术研究的一个热门领域，本书集中研讨其中受到普遍关注的课题：信息内容治理。

业内和学界通常认为，互联网运营在 21 世纪第一二个十年之交进入移动互联网时期，传播形态发生重大改变，对互联网秩序的规制方式也由相对单一的"管理"（management）为主导而演进为多元主体的协同治理（governance）。本书中指出，2017 年 10 月党的十九大确立"建立网络综合治理体系"，同时说明在此前，国家领导人以及若干官方文件已在多个场合使用"网络治理"这一概念，要求实现从单纯的政府监管向更加注重社会协同治理转变，并且列举自 2011 年至 2024 年中央有关网络治理的一系列重要举措和战略、政策文件，简要阐述了接入互联网三十年来我国网络治理和网络信息内容治理的发展历程，并取得营造清朗网络空间的重大成效。这样，本书自开卷就突出了习近平新时代中国特色社会主义思想，特别是关于网络强国的重要思想和关于网络治理的一系列重要指示在互联网治理中的指导地位，也成为贯穿全书的指导思想。

在阐述党委领导、政府管理、企业履责、社会监督、网民自律等多主体参与，经济、法律、技术等多种手段相结合的综合治网格局的基本内涵与体系构建的基础上，分别阐述各方对于网络信息内容治理的职责、功能，构成本书的主体内容。作者论述了网络信息内容治理在网络综合治理中的重要地位和走向制度化、法治化、智能化的演进及趋势，然后以专章的形式对各方主体在网络信息内容治理中的作用、职责（责任）和基本规范开展论述。其中，"党管互联网"被列为网络协同治理的核心和关键专章，强调说明网络信息内容治理关系到党的执政地位和意识形态安全，并就党在构建全媒体传播体系、构建内宣外宣协同联动机制、健全重大舆情和突发事件舆论引导机制等方面的作为进行了论述。政府对互联网的管理与创新是书中又一专章，其中论述了政府管理网络信息内容的转型，并通过考察网络谣言治理的成绩与不足，强化网络信息内容治理中政府的统筹协调和监督管理作用，从运动式专项整治走向制度化、规范化、法治化，对实现实质正义和程序正义等论题开展了讨论。"企业履责"专章，论述了网络平台的"主体责任观"及以此构建网络主管部门与平台企业互动的新型监管模式，并就平台主体责任下形成的"公权力—私权力—私权利"之间复杂博弈的新格局从理论和实务上进行了探讨。在列举有关规章和规范性文件有关平台主体责任制度具体内涵的基础上，作者也鲜明地指出平台"私权力"有可能被滥用，产生过度限缩用户言论空间等问题，并就合理调适平台权责边界提出了相应对策。紧接的"行业、用户、媒体：网络信息内容多元主体的'共治'"专章，则就网络行业组织作为独特的治理资源，对网络生态治理进行外部监督，网民通过自律与举报投诉以及专业主流媒体通过媒体融合掌握在线传播的主导权进行了论述。以上内容，构成了多种主体对网络信息内容协同治理的完整篇章。作者在从理论和实践上陈述我国现行制度的基础上，充分肯定十余年来网络信息内容综合治理的进展和成就，并就有待解决的问题和进一步发展言之有据地发表了自己的见解，无论对业界和学界了解相关情况还是推动各方治理主体形成改进和发展措施，无疑都具有积极意义。

运用多门学科理论，对网络信息内容综合治理进行综合研究，是本书的一大特色。书中论述"管理"与"治理"的不同含义，论证在不同社会条件下由单一的政府"管理"演进为多元主体的协同"治理"的必然性和必要性，这属于政治学的内容。作者列举近年传播学关注和研究的移动互联网条件下出现和形成的传播活动中的各种新技能、新模式、新业态，说明当下传播形态发生了重大变革，重塑表达方式和社会交往方式，为网络信息内容向综合治理演进提供了既具体又系统的论据和论证。我国已经形成以《网络安全法》等多部法律为主干，若干行政法规、规章和规范性文件组成的网络领域法体系，为系统说明网络协同治理各方的法律关系及其调整原则，书中无疑必须引用相关规定，以宪法及其有关法、行政法、经济法等部门法理论加以阐述。特别是鉴于调整各方法律关系的现实情况，书中引入我国法学界前辈罗豪才先生于 21 世纪初提出的"软法"理论，阐述有关法律文件中的倡导性规定和行业规范、平台规则等在网络信息内容治理中的重要功能。书中论述推进网民网络素养教育，以及对构建人机协同、技术理性和技术向善机制等种种构想，这些无疑属于伦理学的话题。至于如何治理在移动互联网时代尤其被视为"公害"的谣言，以及如何健全重大舆情事件和突发事件舆论引导机制，则往往被认为归于舆论学的范畴，作者也就此发表了独到见解。凡此种种，都体现了本书具有相当的学术深度和"书卷气"。

本书成稿于号称 AIGC 元年即 2022 年的翌年，就已在最后一章讨论利用人工智能治网，即所谓"智治"及如何应对生成式人工智能带来的信息秩序变局等话题。此章指出生成式人工智能既对于网络信息内容带来的诸如喂养偏狭、使用偏误等问题，同时又有利于在人本主义指导下对生成式人工智能建立技术治理模式以统筹全局。总之，人工智能既是挑战又是机遇，从而最末章成为本书最前沿的内容。

全书视野宽阔，虽是研究中国治网问题，但不时就他国互联网运营制度背景予以对照，对国家相关政策法律文件罗列完整，引用中外各家论述十分丰富，数以百计。凡此种种，都说明作者研究此项课题的投入和功力。

本书作者张文祥教授，数年前北雁南飞，自山东迁浙江加入互联网研究行列，屡有成果问世，现以此书稿见示，作为第一读者，颇受启发，谨陈陋见，就正于作者和诸多学友。

2024 年 3 月

序二 网络治理研究的精彩程度进入一个全新高度

吴 飞

互联网从1994年进入我国，如今已全面融入社会生产与生活，将人类推进到数字时代，深刻改变了世界格局，重塑了人类社会，互联网治理也因之成为国家治理体系和治理能力现代化的重要组成部分。在互联网全面接入中国30年之际，张文祥教授的专著《中国互联网信息多元主体协同治理研究》出版了。这本书对互联网在我国萌芽、生根、发展30年来形成的网络信息内容管理制度进行了全面研究，对中国的网络综合治理体系的核心问题进行较为系统的学理阐释，是一本有系统性、创新性的网络治理研究的专著。

在互联网发展早期阶段，我国主要遵循传统管理的理念，即以政府为中心，依靠政府的权威和强制力来管理互联网。政府是网络管理的唯一主体，政府对网络是全方位的管理、自上而下的管理、以行政手段为主的管理和主要为了控制政治风险的管理。随着互联网技术迭代和传播功能升级，网络内容的海量和复杂使得政府对网络管理力不从心，接入互联网之初形成的以政府为主体、以业务许可制为基础、以规范有序为管理目标的自上而下的单向度管理模式陷入困境。政府分部门、按条块进行垂直管理，在工信、宣传、公安等十多个部门分兵把守、九龙治水的格局下，互联网管理体制存在明显弊端，主要是多头管理、职能交叉、权责不一、效率不高。互联网媒体属性越来越强，网上媒体管理和产业管理远远跟不上形势发展变化，要求管理体制从政府主导的权威的自上而下的单向管理走向政府、市场、社会共同参与协作的上下互动、彼此合作、相互协商的多元共治模式。因此，遵循互联网技术和信息传播的规律，推动互联网监管的现代化，建立现代科学的网络综合治理体系，成为亟待研究解决的重大课题。从管理向治理的转变就是对这一课题做出的时代回答。

互联网发展30年来，网络信息内容日渐丰富、复杂和重要，生产和传播主体趋于多元，包括专业媒体、机构媒体、自媒体、网络平台方、用户自身，甚至还有人工智能，信息生产与传播的表现形式多样。本书在网络综合治理体系的视角下，结合网络信息内容的治理主体、治理对象、治理环节、治理手段、治理技术等，与时俱进地理解和阐释网络信息内容治理概念及其内涵。提出在这一演进过程中，治理对象从网民发帖拓展到了网络新闻、网络视频、短视频等多种类型，治理环节从内容发布扩展为生产、发布、传播、审核等多个环节，治理手段从硬性管理到软硬手段相结合，治理主体从政府扩大为行业协会（社会）、企业（网络平台）、网民（用户）等多个主体，治理技术也不断向大数据、人工智能、内容质量控制监管等演变。认为网络综合治理体系的核心要义是要解决多元治理主体整合和多元治理手段联动，明确各自的治理权责，调动各类治理资源，形成完善协同共治的治理过程，实现良法善治的治理效果。网络信息内容是互联网治理的重中之重，本书所研究的网络信息内容多元主体协同治理体系是网络综合治理体系的核心组成部分。

如我国政治学者所提出的，"治理"是需要严格界定的一个学术范畴，是一个具有特指含义的现代概念。现代国家的治理体系要求构建民主、法治的现代国家机制，国家、社会与市场的多元共治则是现代国家强大治理能力的保障。因此，"治理"不能词义模糊地泛化使用，特别是现代化治理与中国传统治理不能毫无矛盾地共享"治理"

一词。不能把治理等同于中国传统的治国理政，需要在现代转变的条件下，确立国家治理体系现代化，同时在激活国家、社会与市场活力的情况下，提升国家治理能力现代化。在健全网络综合治理体系的格局下，网络信息内容治理要走向"以人民为中心"的善治，既要尊重网民表达、交流的权利，也要依法构建良好网络秩序，保障广大网民的合法权益，营造清朗有序的网络空间。

2013年11月，党的十八届三中全会首次提出"推进国家治理体系和治理能力现代化，加快形成科学有效的社会治理体制"的改革目标，对互联网治理专门做出要求。2017年实施的《网络安全法》是中国网络治理的重要法典。该法明确了网络运营者的安全责任，要求其采取技术和管理措施，保护网络安全和用户信息安全。2021年实施的《个人信息保护法》进一步加强了对个人信息的保护。同年实施的《数据安全法》为数据管理提供了法律框架，强调数据的安全管理和利用。法律要求企业在处理数据时必须遵循合法、正当和必要的原则，确保数据的安全和隐私。此外，法律还规定了网络安全事件的报告机制和应急预案，以增强网络安全防范能力。近年来，中国加大了对互联网平台经济的监管力度，修订了《反垄断法》，明确对大型科技公司的反垄断标准，以防止市场垄断和不正当竞争。2024年11月24日，中央网信办等四部门发布《关于开展"清朗·网络平台算法典型问题治理"专项行动的通知》。该专项行动旨在整治互联网平台算法存在的同质化推送、违规操纵干预榜单炒作热点、盲目追求利益侵害新就业形态劳动者权益、利用算法实施大数据"杀熟"、算法向上向善服务缺失导致侵害用户合法权益等问题。应该说，中国在网络治理方面做了很多有益的探索。

本书秉持严谨的学术态度和专业精神，论述了网络信息内容多元主体协同治理的基本内涵和体系构建，聚焦网络信息内容多元主体协同治理亟待破解的重点难点问题，提出多元主体的协同治理效能有待提高、协同治理的机制尚未完全建立、协同治理的前瞻性和系统性不足，依然面临着实现互联网由"管"到"治"根本转变的一系列障碍困境。分章逐节研究论述了党管互联网与党管媒体、网络舆论引导、重大突发事件的舆情处置；网络信息内容的政府管理转型、管网治网的权力边界与功能优化；网络平台的信息内容管理义务、主体责任与平台治理的制度革新；网络信息内容行业指导与监督、用户参与和举报投诉制度、专业媒体参与网络信息内容治理的功能与路径；信息内容的智能化生成传播、智能审核把关与网络智能治理。本书对构成网络综合治理体系的"党委领导、政府管理、企业履责、社会监督、网民自律等多主体参与，经济、法律、技术等多种手段相结合"逐一进行研究破解，并率先回应了党的二十届三中全会对健全网络综合治理体系提出的最新要求，对深化网络管理体制改革、整合网络内容建设和管理职能、推进新闻宣传和网络舆论一体化管理、完善生成式人工智能发展和管理机制、加强网络空间法治建设、健全网络生态治理长效机制等问题均有专业论述，构成本书独特而可贵的学术贡献。

如书中所言，网络治理是新技术发展背景下中国社会治理现代化的重要部分。网络治理酝酿于互联网诞生之初，崛起于20世纪90年代末互联网商业化浪潮，逐渐成为一个相对独立的研究领域。而今天，随着数据驱动的智能物联时代全面到来，网络治理和社会治理的边界逐渐模糊，开始快速相互渗透与融合。网络治理初步实现了社会化的进程，社会治理也进入深度数字化的阶段。原来固有的网络治理领域，虽然也有着鲜明的跨学科特性，新闻传播学、法学、政治学、管理学、社会学以及计算机领域都有着一定的显示度。而今，随着网络治理与社会治理走向融合，网络治理的跨学科特性将迎来爆炸性的扩张，网络治理研究的复杂度和精彩程度也将进入一个全新的高度。

新闻传播学在过去的网络治理领域，并不占据主导性地位，尤其是随着全球地缘政治的激化，法学、公共管理和国际关系等学科的力量更加凸显。新闻传播学虽然比起哲学、政治学、社会学和经济学等缺乏基础性理论体系，但因为底层的传播机制是数字时代的基础，是人类社会权力运行的方式，是各领域变革的底层逻辑，因此，新闻传播学可以贯穿各个学科，连接各个学科，成为支撑网络治理的基础性学科。

网络治理的范围，与数字治理、社会治理等越来越走向交叉与重合，从技术治理到产业治理，从平台治理到数据治理，从区域治理到领域治理，从社会治理、国家治理到国际治理和全球治理，都昭示着数字时代权力重构和秩序再造的艰巨性和复杂性。

让新闻传播学成为网络治理的基础性学科，既是我们面临的挑战，更是我们面临的机遇。我们一方面需要进一步深入数字时代传播的基础理论研究，另一方面需要大阔步与各个学科进行交叉与融合，这将是网络治理未来学术研究的长远趋势。

本书立足新闻传播学理论前沿，兼采法学、政治学、公共管理学、社会学等多学科理论和方法，在中外比较研究的视野下，突出问题导向，研究构建网络信息多元主体协同治理体系与治理机制，服务我国信息传播管理制度创新和互联网治理实践，为我国互联网信息内容管理制度革新寻求理论支撑。本书所做的研究将推动我国网络传播法理论的进步，提升其研究达到更高的层次，同时以网络治理、数字智能治理的探索，开启了数字空间的传播规则研究的新领域。

四年多前，在山东大学任教的张文祥教授，来到世界互联网大会永久举办地和网络治理高地的浙江，加入浙大宁波理工学院传媒与法学院，并很快创立了网络空间治理与数字经济法治（长三角）研究基地，该基地现已入库浙江省软科学研究基地，承担并完成网络治理的系列课题。同时张文祥教授双聘为浙江大学网络空间国际治理研究基地秘书长，先后就网络信息内容、数据、人工智能等网络治理的前沿重要问题撰写专报，为党和政府建言献策。围绕网络治理重要问题撰写并发表的10余篇学术论文构成本书的重要内容，体现了本书较高的学术含量，使本书作为国家社科基金项目结项成果获得评审专家一致好评。

当前网络综合治理理念基本形成，治理构架已有整体设计，制度安排初步定型，治理方式方法已具实效，但网络综合治理体系面临一系列新形势、新挑战和新问题，有待学术界进行研究破解。特别是随着5G技术、区块链、人工智能等新兴技术的迅猛发展，互联网社会已经进入了一个全新的数字时代。这些前沿技术的应用在信息传播、人与人的交往互动方面带来了巨大革新，一系列值得学术界关注和研究的网络治理前沿议题正扑面而来。尤其是人工智能迅速发展，会带来更多新的问题，值得进行更深入的研究。相信本书将为关心网络治理理论与实践的人士带来启迪，期待张文祥教授以本书为起点，进一步聚焦网络治理研究，取得更突出学术成果！

是为序。

2024年12月

（吴飞为浙江大学求是特聘教授，
浙大宁波理工学院传媒与法学院院长）

目 录

第一章 绪论 ………………………………………………………… (1)
 第一节 网络信息内容治理的研究现状 ……………………… (4)
 第二节 协同治理理论与网络信息内容多元主体协同机制 …… (29)
 第三节 网络信息内容多元主体协同治理的研究价值 ………… (33)

第二章 移动互联网下的传播变革与网络信息内容治理 ……… (35)
 第一节 移动互联网引发的社会传播结构变革 ……………… (36)
 第二节 传播结构变革对社会交往方式的重塑 ……………… (42)
 第三节 传播结构变革创造新的社会表达方式 ……………… (46)
 第四节 传播结构变革下的社会共识凝聚与网络信息
    内容治理新课题 ……………………………………… (50)

第三章 网络信息内容治理的演进与趋势 ……………………… (54)
 第一节 网络信息内容治理与治理理论 ……………………… (54)
 第二节 网络信息内容治理的概念内涵及其演进 …………… (61)
 第三节 网络信息内容治理与网络综合治理体系的关系 …… (64)
 第四节 网络信息内容治理的发展趋势 ……………………… (67)

第四章　网络信息内容多元主体协同治理的基本内涵与体系构建 ……（70）

　　第一节　网络信息内容多元主体协同治理的基本内涵 ………（70）

　　第二节　构建网络信息内容多元主体协同治理体系的重要性 ……………………………………（72）

第五章　党管互联网：网络信息内容多元主体协同治理的核心关键 …………………………………（83）

　　第一节　党管互联网：党管媒体原则在网络空间的延伸 ……（84）

　　第二节　网络信息内容治理与网络舆论引导 ………………（89）

第六章　网络信息内容多元主体治理中的政府管理与创新 ……（100）

　　第一节　从强监管到协同监管：网络信息内容政府管理的转型 ……………………………………（100）

　　第二节　网络信息内容政府管理的现状和问题 ……………（102）

　　第三节　网络谣言治理的政府权力边界与协同治理 ………（106）

　　第四节　网络信息内容治理中的政府功能优化 ……………（123）

第七章　企业履责：网络信息内容多元主体协同治理中的平台责任 …………………………………（130）

　　第一节　网络平台崛起与网络传播秩序的改变 ……………（132）

　　第二节　网络平台治理的制度构建与路径革新 ……………（135）

　　第三节　网络平台的信息内容规制结构和规制依据 ………（152）

　　第四节　平台主体责任：我国网络信息内容多元主体协同治理的重要制度 …………………………（160）

　　第五节　网络信息内容治理中平台履责的问题审视 ………（175）

　　第六节　网络信息内容规制中的平台权责边界调适 ………（181）

第八章 行业、用户、媒体：网络信息内容多元主体的"共治" （192）

第一节 完善网络信息内容治理的行业指导与监督 …… （192）

第二节 网民自律与举报投诉：网络信息内容多元主体治理体系的用户参与 …… （196）

第三节 推动专业媒体参与网络信息内容治理 …… （211）

第九章 技术治网及其边界：网络信息内容多元主体协同治理的"智治" （214）

第一节 信息内容生成与传播的智能化对网络治理的挑战 …… （215）

第二节 网络信息内容技术治理存在的缺陷与问题 …… （226）

第三节 网络信息内容治理的技术赋能与技术向善 …… （239）

参考文献 …… （252）

后　记 …… （276）

第一章 绪论

建立网络综合治理体系是以习近平同志为核心的党中央着眼信息革命时代大势、把握管网治网规律作出的重大决策部署。纵观全球，互联网进入更加复杂的发展新阶段，世界各国都深刻认识到互联网治理问题的重要性。接入互联网 30 年来，我国积极探索互联网信息内容由管理到治理，积累了丰富的互联网治理经验，得到了国际社会的高度评价。

2017 年 10 月，党的十九大报告首次提出"网络综合治理"，明确要求"加强互联网内容建设，建立网络综合治理体系，营造清朗的网络空间"。[①] 随着互联网特别是移动互联网的发展，社会治理模式正从单纯的政府监管向更加注重社会协同治理转变。网上信息管理，网站应负主体责任，政府行政管理部门也要加强监管，主管部门、企业要建立密切协作协调的关系。《国家信息化发展战略纲要》明确提出，要综合利用法律、行政、经济和行业自律等手段，规范网络信息传播秩序。坚持依法治网，加快建立政府引领，企业、社会组织、技术社群、公民共同参与、相互协作的互联网治理机制。在 2018 年 4 月举行的全国网络安全和信息化工作会议上，习近平总书记进一步阐明了网

---

① 参见习近平《决胜全面建成小康社会 夺取新时代中国特色社会主义伟大胜利——在中国共产党第十九次全国代表大会上的报告》，人民出版社 2017 年版，第 42 页。

络综合治理的内涵，他指出，必须提高网络综合治理能力，形成党委领导、政府管理、企业履责、社会监督、网民自律等多主体参与，经济、法律、技术等多种手段相结合的综合治网格局。① 2019年7月，中央全面深化改革委员会第九次会议审议通过的《关于加快建立网络综合治理体系的意见》明确，要逐步建立起涵盖领导管理、正能量传播、内容管控、社会协同、网络法治、技术治网等各方面的网络综合治理体系。2019年10月，党的十九届四中全会通过的《中共中央关于坚持和完善中国特色社会主义制度　推进国家治理体系和治理能力现代化若干重大问题的决定》，明确要建立健全网络综合治理体系，加强和创新互联网内容建设，落实互联网企业信息管理主体责任，全面提高网络治理能力，营造清朗的网络空间。2022年10月，党的二十大报告进一步明确，健全网络综合治理体系，推动形成良好网络生态。

2023年6月30日在北京召开的网络综合治理体系基本建成总结会明确，按照《关于加快建立网络综合治理体系的意见》的部署安排，2022年年底基本建成网络综合治理体系的任务目标已按期完成，基本建成互联网领导管理、正能量传播、网络内容管控、社会协同治理、网络法治、技术治网等六大体系，推动实现互联网由"管"到"治"的根本转变，进一步丰富完善了中国特色治网之道，形成了丰富的理论成果、实践成果、制度成果。②

至此，中国特色的网络综合治理之路，已走过"提出要求—形成格局—建立体系"的历程，进入党的二十大提出的"健全体系"阶段。持续深化和拓展中国特色治网之道，在基本建成网络综合治理体系的基础上健全完善网络综合治理体系，建设良好网络生态，全面加强网络、数据等安全保障体系建设，推动网络文明建设不断走深走实，

---

① 参见中共中央党史和文献研究院编《习近平关于网络强国论述摘编》，中央文献出版社2021年版，第56—57页。
② 《网络综合治理体系基本建成总结会在京召开》，中国网信网，2023年7月20日，http://www.cac.gov.cn/2023-06/30/c_1689782470067025.htm，2024年5月16日。

是党的二十大提出的重要战略任务。健全网络综合治理体系，形成良好网络生态，对于维护公众权益，保障网络安全，提升网络治理能力，推动社会发展意义重大。

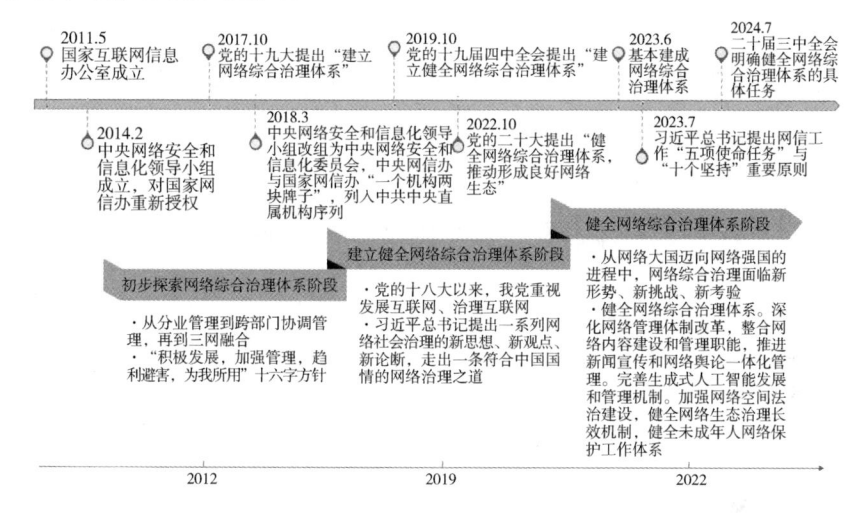

图1-1 我国网络综合治理体系发展进程

时间轴节点：

- 2011.5 国家互联网信息办公室成立
- 2014.2 中央网络安全和信息化领导小组成立，对国家网信办重新授权
- 2017.10 党的十九大提出"建立网络综合治理体系"
- 2018.3 中央网络安全和信息化领导小组改组为中央网络安全和信息化委员会，中央网信办与国家网信办"一个机构两块牌子"，列入中共中央直属机构序列
- 2019.10 党的十九届四中全会提出"建立健全网络综合治理体系"
- 2022.10 党的二十大提出"健全网络综合治理体系，推动形成良好网络生态"
- 2023.6 基本建成网络综合治理体系
- 2023.7 习近平总书记提出网信工作"五项使命任务"与"十个坚持"重要原则
- 2024.7 二十届三中全会明确健全网络综合治理体系的具体任务

初步探索网络综合治理体系阶段
- 从分业管理到跨部门协调管理，再到三网融合
- "积极发展，加强管理，趋利避害，为我所用"十六字方针

建立健全网络综合治理体系阶段
- 党的十八大以来，我党重视发展互联网、治理互联网
- 习近平总书记提出一系列网络社会治理的新思想、新观点、新论断，走出一条符合中国国情的网络治理之道

健全网络综合治理体系阶段
- 从网络大国迈向网络强国的进程中，网络综合治理面临新形势、新挑战、新考验
- 健全网络综合治理体系。深化网络管理体制改革，整合网络内容建设和管理职能，推进新闻宣传和网络舆论一体化管理。完善生成式人工智能发展和管理机制。加强网络空间法治建设，健全网络生态治理长效机制，健全未成年人网络保护工作体系

党的二十届三中全会通过的《中共中央关于进一步全面深化改革 推进中国式现代化的决定》进一步明确了健全网络综合治理体系的具体任务目标：深化网络管理体制改革，整合网络内容建设和管理职能，推进新闻宣传和网络舆论一体化管理，完善生成式人工智能发展和管理机制，加强网络空间法治建设，健全网络生态治理长效机制，健全未成年人网络保护工作体系。

本书聚焦网络信息内容多元主体协同治理这一重点问题，历时性地考察党的十八大以来网络综合治理体系建设历程，重点围绕贯彻落实党的二十大和二十届三中全会精神的重要任务，深刻认识和把握健全网络综合治理体系这项任务的重大意义、工作目标、重点举措、实践要求，立足系统总结网络综合治理体系建设经验，深刻把握网络综合治理体系建设工作规律。第一，研究探索把握正确政治方向，落实党管互联网要求，健全互联网领导管理体制；第二，聚焦网上使命任

务，坚持守正创新，提升网络内容建设管理水平；第三，加强问题导向，研究掌握统筹协调和综合施策方法，探索增强网络综合治理效能；第四，践行网信为民宗旨，研究网络信息内容治理中发挥人民群众主体作用的途径，提升人民群众获得感、幸福感、安全感；第五，研究发扬改革创新精神，深化固本强基，推动管网治网长效建设，探索中国特色治网之道。

第一节　网络信息内容治理的研究现状①

一　对我国互联网信息管理制度的基本认识

从1994年接入互联网以来，我国构建起一套行政主导下的互联网信息管理制度。政府部门、官方媒体一直强调政府监管互联网信息的正当性和重要性，主张通过以管理为导向的部门立法、普遍的行政许可和运动式执法来维持网络秩序。近年来，学术界对该制度存在的问题进行研究。周汉华（2019）、王利明（2016）等认为，简单搬用事前限制加事后处罚的现实社会管理方法来管理互联网，管理观念和手段陈旧，缺乏多元治理结构支撑，管理对象只能局限于互联网的服务提供者，对海量的网络用户以及互联网信息内容缺少普遍有效的管理手段。②③ 喻国明（2016）等认为，2000年之后的网络管理法规对网络服务提供者等主体提出信息管理责任要求，虽形式上属于自上而下的合作规制模式，但仍有较浓厚的命令—控制色彩。④ 匡文波等（2015）认为，之所以选择合作规制，是因为现行的以党和政府为主

---

① 本部分主要内容参见张文祥、杨林、王思文《网络治理的中国经验和中国智慧——全球网络治理风暴下2022年中国学术研究全景扫描》，《传媒观察》2023年第3期。
② 参见周汉华《网络法治的强度、灰度与维度》，《法制与社会发展》2019年第25卷第6期。
③ 参见王利明《论互联网立法的重点问题》，《法律科学》（西北政法大学学报）2016年第34卷第5期。
④ 参见喻国明《网络治理的重中之重是什么》，《人民论坛》2016年第24期。

体的单中心管理体制出现了明显弊端，政府不得不寻求社会、业界及公众的协助。① 彭兰（2017）、张咏华（2016）等则认为，互联网的架构导致政府单一主体难以有效规制网络信息内容，客观上存在政府、服务商、网民之间多元协作制衡的关系，但因我国国情的特殊性，缺乏网民权利组织，社会自治功能不足，网络管理的政府主导色彩浓厚。②③ 国内学术界对互联网信息管理制度的走向基本形成共识，认为该制度应从管理思维转变到治理思维，从单一规制走向复合规制，使公私主体间的合作更加密切，规制方法更加复杂和多元，倡导分权、协作的合作规制将成为规制新模式。法学界则把多元主体参与互联网治理称作"软法"和"硬法"的混合治理，把政府以外主体制定或约定的、不能运用国家强制力保障实施的网络规范体系称作"软法"。秦前红、李少文（2014）认为，互联网的特性离不开软法之治，以国家制定法和强制力为基础的硬法规范，难以适应网络特性，其治理范围、治理对象、治理手段等都存在一定缺陷。④ 石毕凡、付浩亮（2018）认为，"软法"具有很强的开放性和包容性，通过成员自律、相互监督以及社会舆论、信誉等机制来保障运行实施，其社会自治性质能更灵活地适应互联网治理需要⑤。

网络综合治理是中国共产党针对网络治理提出的新理念。从党的十九大首次提出"建立网络综合治理体系"，到党的十九届四中全会强调"建立健全网络综合治理体系"，再到党的二十大提出"健全网

---

① 参见匡文波、杨春华《走向合作规制：网络空间规制的进路》，《现代传播（中国传媒大学学报）》2016年第38卷第2期。
② 参见彭兰《自组织与网络治理理论视角下的互联网治理》，《社会科学战线》2017年第4期。
③ 参见张咏华《试论各方合力、公众参与在互联网治理中的意义和重要性》，《新闻与传播研究》2016年第23卷第S1期。
④ 参见秦前红、李少文《网络公共空间治理的法治原理》，《现代法学》2014年第36卷第6期。
⑤ 参见石毕凡、付浩亮《"网络软法"治理与国家法秩序的冲突及整合》，《上海政法学院学报》（法治论丛）2018年第33卷第1期。

络综合治理体系,推动形成良好网络生态",接入互联网近30年的我国,分别走过产业治理、内容治理、安全治理、社会综合治理等四个阶段,从网络综合治理的初建、建立健全进入健全的阶段。[①] 学术界对推进网络综合治理体系建设,探索中国特色的网络综合治理之道的研究呈现多学科力量聚集、从不同专业视角展开的态势。纵观国内学术界对网络综合治理的研究,主要围绕网络治理主体、治理手段、治理困境、治理能力等议题展开,聚焦完善领导管理体系、正能量传播体系、内容管控体系、协同治理体系、网络法治体系、技术治网体系等主要问题,体现网络治理理论与网络治理实践相结合的特点。学术界对我国网络综合治理的基本认识是:当前网络综合治理理念基本形成、治理构架已有整体设计、制度安排初步定型、治理方式方法已具实效,但网络综合治理体系面临一系列新形势、新挑战和新问题,对网络综合治理理念与国家治理理念相契合的认识不够,在制度系统集成、强化落实、组织完善、破解难题、丰富方法等方面仍然存在重要问题有待破解。健全网络综合治理体系,提升网络综合治理水平,构建与国家治理体系和治理能力现代化建设水平动态适应的网络综合治理体系,既是新时代推进网络强国战略的重要决策部署,又是推进国家治理体系和治理能力现代化的内在要求。

二 党管互联网与我国互联网治理基本经验

互联网进入中国以来,对政治、经济、社会各方面产生了深刻影响,引领了社会生产新变革,创造了人类生活新空间,拓展了国家治理新领域。杨峰等认为,中国共产党领导的互联网治理经历了奠基探索、加快发展、深化发展等阶段,在互联网治理理念、治理体系、治

---

① 参见方兴东、金皓清、钟祥铭《中国互联网30年:一种全球史的视角——基于布罗代尔"中时段"的"社会时间"视角》,《传媒观察》2022年第11期。

理方式方面取得了重要成就,形成了坚持党的领导、政府主导、多元主体参与、以人民为中心的互联网治理基本经验,探索出一条中国特色治网之路。① 作为互联网治理体系中的组织角色,中国互联网治理的领导协调机构尤为重要。从国家经济信息化联席会议(1993)、国务院信息化工作领导小组(1996)、国家信息化工作领导小组(1999)、国家信息化领导小组(2001),到2014年成立中央网络安全和信息化领导小组,对2011年成立的国家互联网信息办公室进行重新授权,再到2018年成立中央网络安全和信息化委员会,与国家互联网信息办公室一个机构两块牌子,并列入中共中央直属机构序列,我国互联网领导管理机构的变迁体现了互联网相关领域重大工作的顶层设计、总体布局、统筹协调、整体推进、督促落实。互联网管理和治理的重心和对象也由网络连接管理向媒体融合、网络安全、信息化、网络国际治理等转变,推动了我国互联网治理体系和治理能力的中国式现代化建设。

中国特色社会主义进入新时代,党领导和管理网络的能力面临一系列新形势和新挑战。邓绍根认为,党管互联网是党管媒体原则在互联网时代的体现,也是新时代党的新闻舆论工作党性原则的内涵体现。② 黄莉认为,如何利用网络引导社会舆论是对党执政能力的一个重要考验。③ 谢建东、郑保卫提出,中国共产党互联网传播思想,是中国共产党互联网思想的重要组成部分,主要观点包括牢牢掌握网上意识形态工作领导权、构建高度融合的全媒体传播格局、做大做强网上主流舆论、营造清朗的网络空间、形成网上网下同心圆、高度重视网上舆论斗争、用主流价值导向驾驭"算法"、不断提升互联网国际传播能力、加强网络传播人才队伍建设等。其理论贡献主要在于,拓宽了中国共产党新闻思想的向度,丰富了中国共产党互联网思想的内

---

① 参见杨峰《中国共产党领导的互联网治理:历程、成就与经验》,《国家治理》2021年第38期。
② 参见邓绍根《新时代党的新闻舆论工作党性原则的内涵》,《传媒观察》2022年第10期。
③ 参见黄莉《党的网络执政能力建设的新机遇和新挑战》,《人民论坛》2018年第16期。

涵，推进了马克思主义新闻观的时代化。①

中国共产党领导的互联网治理形成了坚持党的领导、政府主导、多元主体参与、以人民为中心的互联网治理基本经验，探索出一条中国特色治网之路。徐汉明对习近平"网络强国"的重要论述进行解读，认为该论述的核心要义包括"时势论""布局论""性质论""驱动论""融合论""命门论""安全论""治网论""体系论""增量论""人才论""共赢论""保证论"②。宫承波使用内容分析法对习近平关于网络文明建设的重要论述等重要文献进行编码分析，发现其核心内容涵盖了网络技术建设、网络内容建设、网络安全建设、网络舆论建设以及网民素养建设等关键层面，核心内容指向人民、社会与国家三个维度的价值取向③。中国共产党提升网络空间领导力是应对世界百年未有之大变局、实现国家治理现代化、坚持党的全面领导的内在要求。郑洁等认为，新时代提升中国共产党的网络空间领导力，要从党在网络空间的治理水平、宣传力度、服务能力、自身建设四个维度着手，以增强党的政治引导力、思想引领力、群众组织力、社会号召力④。傅昕源、黄福寿提出，中国的网络综合治理经历了分业管理—跨部门协调管理—三网融合三个阶段的历史过程，当前面临的现实问题是，网络综合治理理念基本形成，但对其与国家治理理念相契合的认识不够；治理框架已有整体设计，但基层组织作用明显不足；治理制度初步定型，但制度的实际功能未能充分发挥；治理方法已具实效，但面对新情况需要创新改进⑤。我国的互联网治理虽已超越单

---

① 参见谢建东、郑保卫《中国共产党互联网传播思想的发展历程及理论贡献》，《传媒观察》2022 年第 10 期。
② 参见徐汉明《习近平"网络强国"重要论述及其时代价值》，《法学》2022 年第 4 期。
③ 参见宫承波、王伟鲜《习近平关于网络文明建设重要论述的核心内容与价值取向——基于内容分析视角的探讨》，《当代传播》2022 年第 1 期。
④ 参见郑洁、黄必琼《中国共产党提升网络空间领导力的价值意蕴和实践进路》，《思想政治教育研究》2022 年第 38 卷第 1 期。
⑤ 参见傅昕源、黄福寿《中国网络综合治理的历史生成、现实问题与发展进路》，《湖北社会科学》2022 年第 9 期。

一主管部门集中控制的传统管理模式,形成多部门、去中心化的社会化的管理体系,但离建立科学的互联网管理体系、实现互联网治理能力的现代化还存在着很大的差距。我国推进的多元主体、多种手段的协同与合作治理已经成为各国治理互联网的一种共识。顾洁等认为,世界各国互联网治理从"一元主导"转变为"多元协同",都在尝试以协同治理理念为基础构建具有本体意义的一种治理模式或一套指导原则。构建网络综合治理体系应以努力营造清朗网络空间、构建全球网络治理新秩序、构筑网络空间命运共同体为目标,真正让合理有序的互联网服务于人民,服务于国家,服务于全球。① 虽然合作治理存在很多优势,但也存在失败的风险。林杭锋认为,网络合作治理面临多主体协商不畅而陷入"互相制约"困境、数字信息"茧房化"易引发"舆论操控"危机、多向度赋权不当易造成"各自为战"等合作失败风险。因此,需要进一步健全民主协商体制、构建高效的协商共治体制,适应数字社会特点、提升即时舆情应对能力,立足实践审慎赋权、强化主体赋权监管力度等。② 在国家治理现代化背景下,需要从价值引领、德法共治、技术治网和综合治理等方面来构筑网络治理合力。

三 网络信息内容治理与健全网络综合治理体系

随着互联网特别是移动互联网发展,社会治理模式逐渐从单向管理转向双向互动,从线下转向线上线下融合,从单纯的政府监管向更加注重社会协同治理转变。互联网全面融入社会生产与生活,将人类推进到数字时代,深刻改变了世界格局,重塑了人类社会,互联网管理也成为国家治理体系和治理能力现代化的重要组成部分。王春晖提出,网络综合治理体系是社会综合治理体系的重要组成部分,其中

---

① 参见顾洁、栾惠《互联网协同治理:理论溯源、底层逻辑与实践赋能》,《现代传播(中国传媒大学学报)》2022年第44卷第9期。

② 参见林杭锋《合作治理:优势、失败风险及规避之道》,《理论导刊》2022年第4期。

"制网权"是构建网络综合治理体系的法律基础。"制网权"是国家在网络空间行使主权的具体体现，应该在党的集中统一领导下，凝聚全社会力量，综合运用多种手段，尤其是充分利用法治的手段，治理网络空间的突出问题。① 方兴东等人从网络治理重心的角度，将中国网络治理划分为四个阶段，即从科研主导到产业发展主导，再到媒体的意识形态管理主导，再到网络空间主导的三次重心转移。② 魏永征等人着重于研究中国网络治理中的法治进程，将该进程分为三个阶段：第一阶段将互联网视为通信工具，重在保障互联网系统的设施和运行安全；第二阶段侧重内容规制；第三阶段则细化规范个人之间的行为。③ 网络综合治理被总结为，由政府、企业、社会组织、个人等多元主体，采取平等协商、合作共治的方式，利用政治、经济、法律、技术等多种手段，对网络进行管理，以实现网络生态清朗，维护网络安全和公共秩序，满足公众需要和公共利益。网络综合治理是一个多维度、多主体、多目标、多手段的治理过程，既包括政府对网络的管治和规范，也包括其他主体的治理行为；既包括法律法规、平台自治性规制，也包括各种技术规范等。④ 网络综合治理体系是国家和社会治理的内在组成部分，也是国家治理体系和治理能力现代化的重要方面。

　　网络信息内容是网络治理的重中之重，事关网络空间清朗和网络生态良好。汤景泰认为，网络生态乱象存在反弹反复，一些顽瘴痼疾仍然存在，一些深层次的问题没有解决又出现了很多新问题，这些问题包括：网络社群的舆论表达与集体行动趋于圈层化，会助推网络空间的"巴尔干化"；信息茧房、回音室效应及"过滤气泡"现象更为

---

　　① 参见王春晖《"制网权"是构建网络综合治理体系的法律基础》，《中国电信业》2017年第11期。
　　② 参见方兴东、张静《中国特色的网络治理演进历程和治网之道——中国网络治理史纲要和中国路径模式的选择》，《汕头大学学报》（人文社会科学版）2016年第32卷第2期。
　　③ 参见魏永征《专题导语：持续推进网络法治》，载《中国网络传播研究》（第26辑），中国传媒大学出版社2024年版。
　　④ 参见周净泓《构建安全平衡发展的网络综合治理体系》，《青年记者》2021年第4期。

隐匿化、极端化，暗藏舆论绑架决策的风险；网络水军攻击手段趋向视频化、智能化，网络黑公关潜滋暗长，营造良好的网络生态环境还存在很多挑战。① 网络信息内容生态从传统上依靠政府主体进行网络规制的单向治理转向平台、第三方机构、网民个人、媒体等多元主体协同共治。罗坤瑾提出，从宏观视角审视，网络内容生态的治理逻辑需要遵循以协同治理为具体模式的横向多主体逻辑和以网络社群治理为核心的纵向层级逻辑。从微观视角体察，则可以构建制度、技术、话语三大"稳定器"，以实现网络内容生态的健康发展。② 适应互联网发展圈层化、算法化、智能化的趋势，既发挥监管部门的主导作用，又发挥互联网平台方的主体作用，同时调动网民、媒体等监督力量，实现网络生态治理由局部治理、分散治理、应急治理向全面治理、系统治理、日常治理转变。夏德元等认为，在网络规制的单向治理模式转向平台、生产者与使用者多元协同共治的背景下，网络编辑的角色也有待重建。应当理解编辑在网络内容生态治理中的治理者与被治理者双重身份，呼唤编辑作为内容把关人、文化中间人、文明传承人的职业使命变得迫在眉睫。③

当前网络内容治理以"监管部门—商业平台—网民用户"的纵向结构为主，社会力量相对有限，多元主体的共治效能尚未充分发挥。罗昕等对主流媒体作为网络内容治理主体之一参与网络内容治理的独特行动路径进行考察分析，提出主流媒体在网络内容治理中的重要价值在于"连接"，可促进多元主体之间的原则性接触，从而产生协同治理的共同动机与联合行动，实现治理结构的优化。④ 巢乃鹏等对主

---

① 参见汤景泰《网络生态乱象的新动态与应对》，《人民论坛》2022 年第 22 期。
② 参见林如鹏、罗坤瑾《构建网络内容建设的新形态、新样态、新生态》，《中国编辑》2022 年第 11 期。
③ 参见夏德元、刘博《智媒时代网络内容生态治理与编辑的职业使命》，《中国编辑》2022 年第 5 期。
④ 参见罗昕、张瑾杰《主流媒体参与网络内容治理的行动路径——以南都大数据研究院为例》，《中国编辑》2022 年第 7 期。

流媒体在网络内容治理中的价值和能力进行研究，认为中国的主流媒体被赋予了参与网络内容生态治理的社会责任和时代使命。作为网络内容生态治理的重要参与主体，主流媒体可在信息泛滥中较大程度地满足公众知晓真相的诉求，均衡表达各方关切，正向引导舆论，传播先进文化和主流价值，是社会运行的守望者、舆论监督的执行者、社会主流价值观的弘扬者、网络偏激情绪的"缓释剂"和国民心态的"压舱石"。[①] 网络服务平台是网络空间内容生态安全治理的关键枢纽和底层要素，其自我规制体系内的动力、内容、结构、机制及其效果等决定着平台内部的信息内容生态安全。周毅等认为，网络服务平台内容生态安全决定着网络空间内容生态安全以及总体国家安全的全面实现。网络服务平台内容生态安全自我规制的核心内容是由平台管理规则、平台运行机制等所构成的规制体系，决定着网络空间信息内容生态安全总体目标的实现。[②]

四 依法治网和网络法治建设

完善依法治网的行政法和刑法规范，对提升网络治理法治化水平至关重要。行政约谈是政府治理互联网的重要手段之一。肖燕雄等对网络信息内容规制领域行政约谈的法治化困境进行剖析，认为法制与执法层面存在的约谈立法不完善、层级低，约谈范围、对象与主体泛化，约谈的启动条件偏离预防功能，约谈执法有目标偏移及异化的风险等问题，使约谈陷入形式合法性、实质合法性以及规制资源整合的理论阐释困境。[③] 网络内容治理行政处罚存在的行政处罚认定性难题、

[①] 参见巢乃鹏、王胤琦《主流媒体对网络内容生态治理的价值和能力》，《中国编辑》2022年第8期。

[②] 参见周毅、刘裕《网络服务平台内容生态安全自我规制理论模型建构研究》，《情报杂志》2022年第41卷第10期。

[③] 参见肖燕雄、颜美群《网络信息内容规制领域行政约谈的法治化困境与进路》，《贵州师范大学学报》（社会科学版）2022年第4期。

界定性难题与权责性难题等引起学者关注。张华提出，网络内容治理行政处罚法律制度缺陷、约谈制度对行政处罚的潜在影响及网络内容治理行政处罚机制供给不足是导致现实难题的制度性因素。应当通过体系结构、重点领域、内容分级管理方面弥补网络内容治理行政处罚法律制度缺陷；正确解读与合理运用网络内容治理约谈制度，实现网络内容治理约谈制度法律本位回归；构建完善网络领域行政处罚刑事司法衔接制度、行政处罚执法协作机制、行政处罚程序监督机制，实现网络内容治理行政处罚难题的制度性破解。① 网络安全作为网络空间与现实空间并存的双重社会背景下的产物，已成为总体国家安全的关键内容。国家对作为网络服务提供者的平台企业的内容管理行为有刑事治理的必要。陈洪兵提出，刑法在维护网络安全的任务中，既要发挥保障法的职能，也要更好地平衡安全与自由的价值。拒不履行信息网络安全管理义务罪是刑法维护网络安全的重要武器，而在实践中却面临"僵尸化"困境（而非"口袋化"问题）。② 杨智宇、张庆元就此提出，为适应网络监管采取的国家主导、企业代为管理的治理思路，应运而生的拒不履行信息网络安全管理义务罪被设置了较为复杂的犯罪构成要件，但也因此导致该罪名陷入适用困境，在司法实践中体现为多数情况难以符合犯罪构成要件。应当扩张理解信息网络安全管理义务；责令改正要件应当作为限制性要件；对于法定严重情节应当进行抽象性修正，以符合本罪的整体运行逻辑。③ 网络暴力是依法治网和网络法治建设的一部分。针对网络空间中网络暴力问题频发，陈堂发认为，这并非因为相关法律的缺失或者是缺少匹配的法律资源，强化既有的法律条款适用是遏制网络暴力的主要途径，目前存在网络

---

① 参见张华《网络内容治理行政处罚实践难题及其制度破解》，《理论月刊》2022年第9期。
② 参见陈洪兵《拒不履行信息网络安全管理义务罪条款"僵尸化"的反思》，《学术论坛》2022年第45卷第3期。
③ 参见杨智宇、张庆元《信息网络安全管理义务的刑法规制：理念与适用》，《理论月刊》2022年第4期。

暴力法治效能相对弱化的问题，需要进一步明确网络暴力侮辱性认定细则、补强刑事公诉及民事公益诉讼追责。①

五 网络平台的治理逻辑与治理模式

5G、人工智能、大数据、云计算等技术变革深度重塑传播秩序和传播格局，人类社会被进一步推向深度媒介化和平台化的发展阶段，作为网络治理重要主体的网络平台的性质发生了质的变化，从信息交互的交易中介，发展、壮大为集信息汇集、要素生产、资源配置、规则制定为一体的新型经济中枢，成为政治权力和市场权力之间的第三种力量。②平台还是互联网生态秩序维护的重要抓手，当下的互联网治理很大程度上可看作网络平台治理，平台治理是互联网治理乃至国家治理的核心问题，通过敦促平台履责、强化平台治理来营造清朗的网络空间成为网络治理的突出现象。

从治理角度看，平台既是被治理的对象又是治理的主体，平台还是社会连接和信息传播的枢纽，其运行既遵循商业逻辑，又有公共性的一面。邹军等认为这种双重身份使平台治理与信息失范之间存在关联，平台规制的作用呈现出一定的有序性，同时也存在诸多不容忽视的问题：平台技术的局限性造成信息茧房和圈层区隔；平台运行的商业逻辑造成流量战争与平台垄断；用户自发性活动中存在泛娱乐化、情绪化与极端化倾向。③蒋慧也认为我国目前平台治理面临着平台私人空间与公共空间治理内容偏颇、平台主体治理角色与权利义务模糊不清以及平台信息行为治理监管乏力等问题。④

---

① 参见陈堂发《强化法律适用：网络暴力的法治途径》，《人民论坛》2022年第9期。
② 参见张晨颖《公共性视角下的互联网平台反垄断规制》，《法学研究》2021年第43卷第4期。
③ 参见邹军、柳力文《平台型媒体内容生态的失衡、无序及治理》，《传媒观察》2022年第1期。
④ 参见蒋慧《数字经济时代平台治理的困境及其法治化出路》，《法商研究》2022年第39卷第6期。

针对平台治理尤其是超级平台治理这一难题，我国的学术研究既在理论和制度构建上有所突破和创新，又在治理实践层面有所发展。方兴东、钟祥铭聚焦于"守门人"的概念来探索平台治理制度创新，认为"守门人"不仅是平台治理的简单概念，更是构建体系性制度设计的关键要素，"守门人"的现实困境就是人类治理机制的困境，要走出这个技术演进带来的历史性困境，就必须寻求范式转变。结合欧盟《数字市场法》提出新制度范式的内在逻辑，包括：抓住主要矛盾，平衡发展与治理；谋求多层次、去中心化的治理体系；既要部署多层次的治理体系，更需要"一锤定音式"的关键法律。① 对平台的社会化治理模式如何构建、如何落实的问题，李文冰提出互联网平台治理的完善需涵盖治理主体、治理方式、治理内容和治理手段等模块，构建政府主治、平台自治、用户参治与机构协治相结合的多元共治体系。② 张新平建议网络社会法律治理应以平台为重点具体展开，在制度型构维度建立以宪法为基础，以信息内容规范管理法在内的专门性法律为主干，由其他若干法律法规协调配套的法律制度体系。③ 与国外平台治理不同，中国的治理实践具有独特性。在平台治理实践和具体治理路径的研究推进方面，张志安等从内容、竞争与数据三重维度对我国互联网平台治理的制度化过程进行了回顾，发现我国互联网平台治理具有应激式、多主体、社会化三个基本特征，其治理模式具有政府主导社会参与、商业利益与公共利益平衡、以意识形态为主兼顾经济发展等特点。④ 常江等分析提出，在社会用户需求和法规及行政

---

① 参见方兴东、钟祥铭《"守门人"范式转变与传播学转向——基于技术演进历程与平台治理制度创新的视角》，《国际新闻界》2022年第44卷第1期。
② 参见李文冰、张雷、王牧耕《互联网平台的复合角色与多元共治：一个分析框架》，《浙江学刊》2022年第3期。
③ 参见张新平《以平台为重点：网络社会法律治理的新思路》，《中南大学学报》（社会科学版）2022年第28卷第2期。
④ 参见张志安、冉桢《中国互联网平台治理：路径、效果与特征》，《新闻与写作》2022年第5期。

管理的引导、制约下，中国的互联网平台始终与主流意识形态和民意保持同构性，以"响应性"治理为认知导向。中国政府的监管、治理具有为技术赋予价值观、引导技术服务于社会治理的意识，使平台治理手段体现出"用规则、行动对抗算法风险挑战"的权变性形态，因而平台治理与国家治理具有同构性。① 方兴东、钟祥铭基于多学科交叉与融合视角，结合互联网平台的三种属性（技术属性、经济属性和社会属性）提出互联网平台的 TES（技术—经济—社会）框架，由三种属性出发从不同侧重点入手分析互联网平台的社会影响，提出互联网平台"数据—竞争—安全"三大治理路径，构建了相对完备的制度体系和多元治理体系。②

我国平台已在现有监管秩序和国家发展大背景下发展了一套独特的治理逻辑和治理模式。晏青等研究发现，微博通过将法律、社会规范、算法技术统筹起来进行粉丝文化治理，国家、社会与用户三者之间共同构成了平台治理的主体框架和逻辑秩序，生成"正能量粉丝"与新粉丝文化逻辑。③ 平台是网络治理中的重要一环，但完全依靠平台治理也存在很多问题，如平台营利性质与公共管理角色间的冲突。网络平台权力在网络表达领域具有赋权和控制两种权力形态。内嵌于"服务协议"中的网络平台权力逃逸了与公权力相伴相生的权力监督体系，由此产生权力的恣意性，如对政府网络信息监管行为缺乏有效法律制约，对网络平台过度限制公民网络表达自由缺乏合理救济等。李延枫提出，可将基本权利第三人效力理论应用于网络信息内容公私法混合治理的实践中，用于调整网络平台与用户间内容监管法律关系。在互联网服务协议中引入公法的实体正义价值和程序正义价

---

① 参见常江、杨惠涵《基于数字平台的信息失范与治理：全球趋势与中国经验》，《中国出版》2022 年第 12 期。
② 参见方兴东、钟祥铭《基于 TES 框架透视平台社会影响与治理路径》，《未来传播》2022 年第 29 卷第 3 期。
③ 参见晏青、杜美玲《培养"正能量粉丝"：粉丝文化的平台治理研究——基于对微博平台的考察》，《新闻记者》2022 年第 12 期。

值，从而既对网络平台行为进行公法约束，又可防止公法对私法的不当干预。① 确定网络平台信息内容监管的边界，消除公众关于网络平台监管权限扩张的担忧，建立规范的网络平台信息内容监管机制，具有重要意义。李玉洁认为，为了在维护社会公共利益和保护公民权利之间保持平衡，网络平台信息内容监管边界应遵守辅助性原则、促进网络发展原则、行政均衡原则。确定网络平台信息内容监管的合理界限，需要明确监管义务依据，构建审查范围的负面清单，消解审查对象语义的模糊性，引导和约束平台技术规制手段，强化平台运行的程序性和透明度。②

六　作为网络治理新命题的数据治理

2020年我国全面开启了以数据为中心的整个网络治理转向。在当下的数字经济时代，数据作为一种战略性的、基础性的资源，被列为五大要素市场之一，在创造价值和增强地位方面的推动作用日益凸显。数据治理是健全网络综合治理体系、推进我国治理体系与治理能力现代化的重中之重，同时关系到我国在全球数字经贸中的地位和国际竞争力，还与全球技术博弈、人工智能等深远议题关系密切。2022年12月19日，中共中央、国务院发布《关于构建数据基础制度　更好发挥数据要素作用的意见》，提出二十条政策举措，要求从数据产权、流通交易、收益分配、安全治理等方面初步搭建我国数据基础制度体系。方兴东、何可、钟祥铭以"滴滴事件"作为互联网治理转向的标志节点，认为数据已经全面崛起，成为互联网产业的主导性驱动力，正在重构互联网沟通、生活、娱乐、工作以及政治、文化等各个层面的变革方式。互联网走出了过去单纯依靠资本驱动的阶段，数据保护上升为整个社会的基本意识和观念，数据背后的权力边界和再平衡也成为

---

① 参见李延枫《网络平台内容治理的公法规制》，《甘肃政法大学学报》2022年第2期。
② 参见李玉洁《网络平台信息内容监管的边界》，《学习与实践》2022年第2期。

数字时代公共政策的新方向。全面深刻认识这一技术、产业和制度的全球性历史性转向，对于我们理解这场平台治理背后的历史逻辑，以及把握互联网产业的未来方向，至关重要。"滴滴事件"标志着数字时代数据秩序这一当今世界最具挑战性制度构建的开始，昭示了网络治理全新的使命和路径选择。①

数据治理发生了一个新的转向，即逐渐从数据保护转向规范数据的社会化利用，构建数据资源利用秩序。高富平等指出，发端于欧盟的个人数据保护制度似乎过度强调个人权利，尤其是在各国移植过程中普遍存在"简单粗暴"甚至私法化的趋势，非常不利于大数据时代个人数据的社会化利用。② 王春晖率先就数据基础制度的主要内容、我国数据规模和数据应用优势、如何建立现代数据产权制度、建立合规高效的数据要素流通和交易制度等进行了论述。③ 数据要素商品化、社会化形成数据生产要素市场，是数字经济时代数字新生产力发展和技术进步的重要标志。围绕数据要素商品化形成的数据生产要素市场，王春晖提出要构建包括数据交易标的、数据要素交易机构、数据交易平台、数据交易行为、数据交易安全在内的数据要素交易的五大合规制度规范。④ 网络安全审查与数据安全审查是我国《网络安全法》《数据安全法》和《关键信息基础设施安全保护条例》确立的两项重要国家安全审查制度。王春晖深度解析了关键信息基础设施运营者采购网络产品和服务、数据处理者开展数据处理活动，影响或可能影响国家安全的风险因素。他通过对滴滴赴美上市案例的分析，论述了网络平台运营者赴国外上市须申报网络安全审查的重要性和必要性，分析了

---

① 参见方兴东、何可、钟祥铭《数据崛起：互联网发展与治理的范式转变——滴滴事件背后技术演进、社会变革和制度建构的内在逻辑》，《传媒观察》2022年第10期。

② 参见高富平、尹腊梅《数据上个人信息权益：从保护到治理的范式转变》，《浙江社会科学》2022年第1期。

③ 参见王春晖《构建数据基础制度需确立现代数据产权制度》，《中国电信业》2022年第8期。

④ 参见王春晖《构建数据要素交易的五大合规制度规范》，《中国电信业》2022年第6期。

赴港上市申报网络安全审查的条件，以及申报网络安全审查的流程和审核期限等。①数据安全出境评估是我国《网络安全法》《数据安全法》《个人信息保护法》确立的一项重要的国家数据安全出境评估法律制度。王春晖通过分析《数据出境安全评估办法》出台的背景及法律依据，围绕该办法确立的规则，深度解析了数据出境与数据出境安全评估规则的适用、数据出境评估的基本原则和需要申报数据出境评估的情形、数据提供者开展数据出境风险自评估的要点、国家数据出境安全评估的程序和风险点，以及签订数据出境标准合同应注意的事项等。②

与数据崛起同步，算法在信息传播中的应用开启了智能传播时代。宋亚辉等提出，算法成为塑造网络空间的重要支点，驱动着人类生存范式与发展逻辑的转向。③然而，算法应用中仍然存在显在的伦理与技术异化问题，李智等提出，算法从资本显性统摄走向价值扩张风险，具体表现在价值异化、资本异化和人媒关系异化的风险方面，算法在强大力量的支撑下开始对媒介信息进行深度操纵。④从信息处理来看，虽然算法技术带来极高的信息处理效率，但李龙飞、张国良发现算法推荐带来的信息问题是一种社会风险源，其透明度和多样性程度关涉社会民主、公平，甚至是系统性风险，故算法技术裹挟下的信息茧房等问题不可避免。⑤温凤鸣等发现短视频推荐算法反映出流量至上、商业利益优先的算法价值观，以此为依据的短视频算法实践带来了隐

---

① 参见王春晖《〈网络安全审查办法〉规则与适用》，《南京邮电大学学报》（社会科学版）2022年第24卷第1期。
② 参见王春晖《数据安全出境评估规则与适用——〈数据出境安全评估办法〉解读》，《南京邮电大学学报》（社会科学版）2022年第24卷第4期。
③ 参见宋亚辉、陈荣昌《整体治理：算法风险治理的优化路径》，《学习与实践》2022年第7期。
④ 参见李智、张子龙《算法赋权与价值隐喻：智媒时代算法扩张的异化风险与规则调和》，《编辑之友》2022年第3期。
⑤ 参见李龙飞、张国良《算法时代"信息茧房"效应生成机理与治理路径——基于信息生态理论视角》，《电子政务》2022年第9期。

私泄露、信息窄化和算法歧视等伦理问题。① 许加彪等认为,平台推送无原则迎合用户口味、谣言在热搜榜单中病毒式传播、明星负面新闻屡屡成为舆情热点等,算法机制的先天缺陷致使网络内容生态不断恶化。②

面对算法应用中存在的巨大风险和潜在伤害,2022年3月出台的《互联网信息服务算法推荐管理规定》昭示着我国对算法伦理的规范从道德自律转为义务约束,但该规定的落实和效果仍存在不确定因素。邱泽奇认为,该规定本质上依旧是一部以安全为导向的行政指令,我国在形成法理逻辑明晰、操作路径明确的算法治理模式之路上依旧任重道远。③ 陈昌凤、李鲤、党东耀等从提升用户新型信息素养④、赋予行业组织对算法的技术审查权⑤、构建风险防范的透明度伦理规约体系⑥、建立算法协同治理机制⑦等方面提出规范算法应用的建议。法学界重点对算法立法、算法解释权与个人信息保护问题展开研究。面对算法立法的重大问题,任颖对算法的匹配、推荐、决策、筛查等行为分别提出了构建路径。⑧ 针对算法解释权的相关争议问题,丁晓东认为应当以信任关系重构算法解释权为基本原理,将算法解释权的性质视为一种程序性权利。⑨ 对于算法推荐侵犯个人隐私的问题,陈堂发

---

① 参见温凤鸣、解学芳《短视频推荐算法的运行逻辑与伦理隐忧——基于行动者网络理论视角》,《西南民族大学学报》(人文社会科学版)2022年第43卷第2期。
② 参见许加彪、付可欣《智媒体时代网络内容生态治理——用户算法素养的视角》,《中国编辑》2022年第5期。
③ 参见邱泽奇《算法治理的技术迷思与行动选择》,《人民论坛·学术前沿》2022年第10期。
④ 参见陈昌凤、吕婷《"去蔽"的警示:算法推荐时代的媒介偏向与信息素养》,《中国编辑》2022年第5期。
⑤ 参见成曼丽《大数据时代算法歧视的协同治理》,《中国流通经济》2022年第36卷第1期。
⑥ 参见李鲤、余威健《平台"自我治理":算法内容审核的技术逻辑及其伦理规约》,《当代传播》2022年第3期。
⑦ 参见党东耀、党欣《计算传播学视角下的智能推荐系统建构与算法治理》,《郑州大学学报》(哲学社会科学版)2022年第55卷第5期。
⑧ 参见任颖《算法规制的立法论研究》,《政治与法律》2022年第9期。
⑨ 参见丁晓东《基于信任的自动化决策:算法解释权的原理反思与制度重构》,《中国法学》2022年第1期。

认为，算法能够整合"合成型隐私"并形成新型隐私侵害，因此，个人信息收集使用必须遵守"最小够用"原则。① 也有学者聚焦算法认知战，试图探寻数字时代的军事新规则。钟祥铭、方兴东以俄乌冲突为研究对象，指出以大威力、强效果、低成本为优势特征的算法认知战必将在未来人工智能军备竞赛中占据重要地位，率先挑战 AI 伦理与规范。② 基于此，方兴东、钟祥铭提出调整数字传播与舆论战范式、营造具备强大积极防御能力的舆论环境、建设整体性全球性态势感知系统等应对策略。③ 总之，技术在网络信息内容治理中的重要性越来越突出。政府和网络平台应对各种网络虚假和有害信息时，在人工甄别和判断的同时还需借助人工智能、算法等技术手段，否则法律规范和政府监管的要求就难以实现。但技术过滤和处理也有机械生硬、限制过宽等弊端。研究评估网络治理信息技术工具应用现状，系统研究人工智能技术条件下涵盖身份识别技术、网络内容获取技术、图片和语音识别技术、取证技术等的信息技术工具体系和理论，探索建立网络信息治理中技术工具的应用范围、使用程序、操作规范、评价标准，有利于促进网络信息技术治理的善治化。

七 网络空间国际治理与规则博弈

在网络空间国际治理领域，国家主席习近平面向世界提出了我国的"四项原则"和"五点主张"，明确提出"尊重网络主权、维护和平安全、促进开放合作、构建良好秩序"，主张"加快全球网络基础设施建设，促进互联互通；打造网上文化交流共享平台，促进交流互

---

① 参见姜晨、颜云霞《"何以向善"：大数据时代的算法治理与反思——访上海交通大学媒体与传播学院教授陈堂发》，《传媒观察》2022年第6期。
② 参见钟祥铭、方兴东《算法认知战背后的战争规则之变与 AI 军备竞赛的警示》，《全球传媒学刊》2022年第9卷第5期。
③ 参见方兴东、钟祥铭《算法认知战：俄乌冲突下舆论战的新范式》，《传媒观察》2022年第4期。

鉴；推动网络经济创新发展，促进共同繁荣；保障网络安全，促进有序发展；构建互联网治理体系，促进公平正义"①。王春晖认为，我国提出的全球互联网治理"四项原则"和"五点主张"根植于联合国宪章的宗旨和原则，不但反映了互联网时代各国共同构建网络空间命运共同体的价值取向，而且反映了互联网时代"安全与发展"为"一体双翼"的主潮流，是规范国际网络空间关系的重要准则。② 世界各国对互联网的管理大致被分为两类："政府主导模式"和"政府指导行业自律模式"。我国的互联网管理模式带有较强的"政府主导型"特点。随着网络和数字技术发展，信息生产方式、传播范式等都在发生根本性变化，由政府主导的一元主体治理模式难以适应新的变化，因此政府要坚持协同理念，引入社会资源共同参与，发挥不同参与主体在治理体系中的制度、市场和地位等优势。③ 在西方国家，无论是互联网发展还是治理，以科学共同体、私营部门、政府和社会公众等共同推动发展和形成协同治理的"多利益攸关方模式"，一直备受国际社会的广泛推崇。

西方国家依法治理互联网的最大经验是保持国家管制和公民权利之间的平衡。通过政府的行政力量、行业自律与其他力量的协调管理，促进互联网的自由协调发展。④ 在互联网法治实践中形成了国家和社会间合理的平衡机制。⑤ 网络国际治理中的多边模式和多方模式有相互融合的趋势，与网络综合治理有很多共同特点。综合协同治理不是分权，而是建立分层次、立体式的治理体系。在很大程度上政府和各

---

① 参见本刊编辑部《习近平"四项原则""五点主张"成全球共识》，《网络传播》2016年第12期。
② 参见王春晖《稳步推进全球网络空间命运共同体的构建》，《中国电信业》2019年第11期。
③ 参见马长山《数字法治的三维面向》，《北大法律评论》2020年第21卷第2期。
④ 参见程昊琳《我国互联网管理的现状及对策探讨——中外互联网管理模式比较及经验借鉴》，《视听》2018年第3期。
⑤ 参见王江蓬《中国互联网生态治理的演进脉络、内在逻辑及基本经验》，《中国编辑》2022年第11期。

级组织等都会被迫纳入透明体系中，这也是在鞭策和要求政府具备更强的执政能力和应对危机能力。①

当下是一个数据经济的时代，数据作为一种战略性的、基础性的资源，在创造价值和提高地位方面的推动作用日益凸显，国际规则辩论的真正战场是在数字经济领域，占据数字经济领域的制高点，才能够在国际规则辩论中占据有利地位。②③ 数据治理是健全网络综合治理体系、推进我国治理体系与治理能力现代化的重中之重，同时关系到我国在全球数字经贸中的地位和国际竞争力，还与全球技术博弈、人工智能等深远议题关系密切。

从中外学者对主要国家和地区互联网治理模式的归纳看，依靠政府一元主体管理，或者单纯依靠行业和社会自我约束都无法实现互联网的良好治理，包括我国在内的诸多国家和地区开始探索采用"多元主体协同治理"的模式，并通过加快制定和修改相关法律制度，为互联网多元主体协同治理提供制度保障，实现互联网善治。

美国学者马斯登（Marsden）把网络空间的规制划分为三个阶段：20世纪90年代以自我规制（self-regulation）为先导，21世纪初期为重建国家规制（re-regulation）阶段，2005年之后逐渐过渡到合作规制（co-regulation）阶段。多数研究者认为，欧美各国对网络的规制，越来越重视社会团体、业界组织和公众的参与。这种多主体的合作规制不仅是研究者的归纳，也体现在不同国家的互联网政策法规中。发达国家的互联网治理普遍强调多利益相关方的共同责任，充分发挥市场机制、技术标准、行业自律与社会自治等治理机制的作用，构筑多元治理格局。沃尔冈（Wolfgang）将互联网治理生态系统形

---

① 参见方兴东《"互联互通"解析与治理——从历史维度与全球视野透视中国互联网深层次问题与对策》，《湖南师范大学社会科学学报》2021年第50卷第5期。
② 参见徐培喜《网络信息内容全球治理：现状、争议与视角》，《中国新闻传播研究》2020年第3期。
③ 参见毛维准、刘一燊《数据民族主义：驱动逻辑与政策影响》，《国际展望》2020年第12卷第3期。

象地比喻为"热带雨林",有无数的网络、服务、应用、体制共存于相互依赖的沟通、协调和协作机制中,各参与者在不同的层面上——地方、国家、地区和国际——受到技术创新、用户需求、市场机会和政治利益的驱动。① 欧盟在网络安全、儿童保护与信息过滤、标准设定、网络隐私等方面进行多元治理。美国在反儿童色情、反恐、保护版权等方面也逐渐采用多元治理。英国互联网观察基金会(IWF)被学者视作互联网行业自律的代表,从其运作机制看,也是公民社会组织、网络服务提供者、政府合作的多元治理模式。

围绕网络空间国际规则制定,网络空间成为中美等大国间博弈的主战场和重要载体,现实空间的地缘政治博弈关系在网络空间继续存在,而网络空间国际治理是一项复杂的议题。构建网络空间全球新秩序既成为全球社会的当务之急,也是网络空间国际治理关注的重点,如何为构建网络空间全球秩序贡献中国智慧和中国方案成为我国学者关心的问题。王滢波、鲁传颖撰文认为,当前全球网络空间秩序生成还处于早期阶段,这给中国参与网络空间全球秩序构建既带来机会也造成挑战,既让中国获得了平等参与网络空间规则制定的机会,赋予中国将丰富的实践经验转化成国际规则的能力,也对中国相关职能部门开拓国际视野和塑造国际规则的能力、非国家行为体参与和规则制定能力、研究成果支撑等方面提出了挑战。② 国际规则是各国在网络空间中的行动纲领,并且谁掌握了规则制定权谁就掌握了网络空间治理的话语权和主导权,国际规则体系的成熟也会促进网络空间国际治理的进步。在网络空间国际治理中,网络空间国际规范是热点研究领域,包括宏观规则和技术标准,目前世界各国尚未构建出一套各方都能接受且具备执行力的国际规范。耿召认为联合国体系内各类专业机

---

① 参见熊澄宇、张虹《新媒体语境下国家安全问题与治理:范式、议题及趋向》,《现代传播(中国传媒大学学报)》2019年第41卷第5期。
② 参见王滢波、鲁传颖《网络空间全球秩序生成与中国贡献》,《上海对外经贸大学学报》2022年第29卷第2期。

构与论坛平台紧密配合，在网络空间宏观规则和技术标准治理上均采取了一系列措施，发挥了突出作用。政府间的国际组织作为国际制度和国际规范的重要推动力量，凭借自身权威性和成员的广泛性，可以在推进网络空间国际治理中发挥更为关键的作用。①

全球互联网治理规则制定不仅涉及网络社会中问题与风险的应对，也关乎从个体权利争取到国家利益博弈的政治问题。洪宇认为，随着网络结构与信息流动的结构性重组，美国政府以安全风险和主权对决为显现的替代框架，重点强化外国投资委员会与网络安全框架这类"全政府"网络安全机构，结合主权与联盟手段，以期重塑互联网生态圈、重组国家间权势趋势。可以说，随着"互联网自由"的可行性瓦解，美国政府在根本上改写互联网媒介叙事，从而激活安全措施和安全机构。鉴于"互联网自由"框架的位移以及网络安全框架的确立，美国政府有望延续全政府模式的安全架构，继续联合所谓"自由世界"国家对华采取强硬措施；同时，为了巩固美国在制定全球通用规则过程中的领导力，美国政府将以伸张基本隐私权为由，对商业技术寡头加以规制。互联网物质空间以及互联网媒介叙事已成为大国战略博弈的焦点。为化解大变局风险、推动信息和平与网络安全，我国所采取的复合化手段不仅需要以壮大自身实力与能力为目标的物质性思路，还应当充分关注美方在这场数字冷战中所调用的互联网地缘政治话语，由此实现以观念应对观念的传播性策略。②研究发现，网络安全、数字经济、隐私与数据治理的议题近年来逐渐兴起。不同议题有其核心治理平台，G20、APEC 等国际合作机制正成为新的重要规则制定平台。不同议题规则的约束力等级存在差异。罗昕等认为，中国应在参与主体、参与平台、参与方式等维度有针对性地采取措

---

① 参见耿召《政府间国际组织在网络空间规治中的作用：以联合国为例》，《国际观察》2022 年第 4 期。

② 参见洪宇、陈帅《"数字冷战"再审视：从互联网地缘政治到地缘政治话语》，《新闻与传播研究》2022 年第 29 卷第 10 期。

施，将我国互联网发展成就和经验转化成参与国际规则制定的优势，提升全球互联网治理制度性话语权。在主体层面应加强网络外交，与各国形成网络化治理格局，同时发挥国内各类非国家行为体的作用；在平台层面根据议题选择重点参与平台，积极利用灵活的新型国际合作机制；在方式层面可遵循规范倡导与规则推进的双轨路径。中美两国是网络空间竞合的关键国家，应妥善处理中美关系，积极就数字贸易、网络安全等核心议题开展双边谈判，继而推进全球规则的形成。① 目前学界对全球互联网规则制定的研究多从国际法与全球治理两个视角出发，议题多集中在相关规则制定的历史、现状、障碍、方法、趋势、发展路径等方面，重点呈现多元主体尤其是大国之间的博弈和协调。

八 对国内外研究现状的评析

目前学术界对网络信息治理的研究，国内学者主要围绕网络治理主体、治理手段、治理困境、治理能力等议题展开，探讨了谁来治理互联网，怎样治理互联网，为谁治理互联网等关键问题。总体看，研究成果还较为有限，研究主题相对较为分散。具体来看，一是围绕治理主体，探讨了"五大主体"的立体化构建，认为网络综合治理体系的构建依赖于不同主体的深度参与，要激发不同主体的能动性。二是围绕治理手段，认为网络综合治理具体方法运用须包括加强组织领导、依靠人民群众、重视应用新技术、把控核心关键节点等，才能将中国共产党的领导力全面体现在网络治理中。三是围绕治理的问题与困境，认为网络治理及其资源的综合依然存在诸多限制，其中主要是治理主体的主动性和积极性不足，协同合作以短期性和浅层次为主，综合治

---

① 参见罗昕、蔡雨婷《全球互联网治理规则制定的分布格局与中国进路》，《现代传播（中国传媒大学学报）》2022年第44卷第3期。

理未必带来更大的治理力度,专项整治存在运动式治理的弊端等;从模式转变中的体制机制障碍、要素关联的逻辑结构不畅、制度施行的政策碎片和责任缺失等方面探讨了网络综合治理体系构建的困境。四是围绕网络综合治理能力,认为须具备更强的凝聚共识手段,更高的信息供给技巧,更深入的价值观塑造能力,才能在5G时代构建更高水平的网络综合治理体系。五是围绕网络综合治理体系构建,提出从"实践—现实—技术—文化"四重维度构建网络综合治理体系;还有学者探讨了通过党的领导、管理机制、法规制度、信息技术、协同联动、宣传引导和监督评估等方面对网络综合治理体系进行模式构建与路径建设。

国外学者则主要聚焦网络合作治理、网络国际治理中的多边模式和多方模式的演进历程和博弈,总结两者模式的特点及优劣势,认为两种治理模式各有所长,各有自身擅长领域,同时有相互融合趋势。提出应当摒弃"二选一"的传统对立思维,通过把两者模式有机融合,实现网络治理能力和治理效用的提升。认为中国应积极拥抱多方模式,与多边模式一起,双管齐下,提高治理能力,扩大中国在国际网络治理的包容性,提升中国在国际网络治理中的话语权和领导力。

尽管学者们提出了不少有关中国网络综合治理的研究议题,但总体看,聚焦中国网络综合治理历史生成、现实问题等的共识性研究成果还不多,尤其对其历史、现实、发展等还没有展开整体性研究,对于网络综合治理体系面临的新时代、新形势和新挑战的研究不足,在理论创新方面的突破也相对有限。对综合治理模式的提炼和审视缺乏系统性的分析,还没触及更深层次"以人民为中心"的互联网发展和治理理念,未能从治国理政的高度把握习近平关于网络综合治理论述的精神实质,未能从完善网络综合治理对于支撑国家治理体系和治理能力现代化的关系上充分认识和把握网络综合治理的核心内涵。

总之，从党的十九大提出"建立网络综合治理体系"到党的二十大提出"健全网络综合治理体系"，到2022年年底网络综合治理体系基本建成，基本建成互联网领导管理、正能量传播、网络内容管控、社会协同治理、网络法治、技术治网等六大体系，推动实现互联网由"管"到"治"的根本转变，进一步丰富完善了中国特色治网之道。当前网络综合治理理念基本形成、治理构架已有整体设计、制度安排初步定型、治理方式方法已具实效，但网络综合治理体系面临一系列新形势、新挑战和新问题，对网络综合治理理念与国家治理理念相契合的认识不够，在制度系统集成、强化落实、组织完善、破解难题、丰富方法等方面仍然存在重要问题有待破解。健全网络综合治理体系，提升网络综合治理水平，构建与国家治理体系和治理能力现代化建设水平动态适应的网络综合治理体系，既是新时代推进网络强国战略的重要决策部署，又是推进国家治理体系和治理能力现代化的内在要求。从我国网络综合治理的现实问题出发，克服对网络综合治理理念与国家治理理念相契合的认识不够、消除基层组织作用不足、充分发挥制度的实际功能、与时俱进地创新应对新情况新问题的方式方法，是未来健全网络综合治理体系的基本进路。

就网络信息内容多元主体协同治理问题，当前我国学术界分别从新闻传播学、法学、政治学、公共管理学、社会学等学科视角，就互联网治理提出了"多元主体协同治理""合作治理""合作规制""软硬法混合治理""多元共治""公私合作伙伴关系"等相似概念，对治理原则、规则等做了阐述，对国外的互联网治理情况也做了介绍和分析，认为我国互联网信息管理应向多元主体协同治理转变。但现有研究对协同治理的运作机制和政府、网络服务提供者、行业组织、技术社群、网络用户等多元主体之间的权责划分、运行规则等重要理论和制度问题缺乏系统研究，未能对我国互联网信息治理制度进行创新设计，因而难以有效发挥对实践应用的指导作用。

第二节　协同治理理论与网络信息内容多元主体协同机制

一　协同治理理论的渊源和内涵

网络信息内容的多元主体协同治理来源于管理学的协同治理（collaborative governance）理论，该理论的源头被认为是赫尔曼·哈肯在1971年提出的"协同学"。之后罗西瑙、罗茨等学者对该理论作了进一步阐述。罗西瑙认为协同治理是"没有政府的治理"[①]，罗茨则突出多元主体之间的互动性，并强调自组织的重要性。[②] 2004年，美国学者约翰·多纳休在《关于协同治理》（*On Collaborative Governance*）一书中首次使用"协同治理"的概念，协同治理理论逐步发展成型。随着世界全球化的演进和政府管理职能遭遇挑战，协同治理理论的重要性凸显。国内学者对西方学者提出的这一理论进行了系列梳理和阐述，认为协同治理理论是一门新兴的交叉理论，作为自然科学的协同论和作为社会科学的治理理论是它的两个理论基础。协同治理理论的提出和完善对于改善治理效果、实现"善治"的治理目标具有重要价值。[③] 国内学者提出该理论的核心特征、核心要素和核心机制，其中核心特征包括治理主体多元化、自组织协同、自我管理、政府机构的公共性，核心要素包括协同主体、协同动机、多元主体的相互关系、协同环境，协同机制是多元治理主体之间维系协同治理关系的互动、协同模式。[④] 协同治理的理论内涵包括治理主体的多样化、治理对象的协商化、主体关系的扁平化。

[①] 参见韩建力《政治沟通视域下中国网络舆情治理研究》，博士学位论文，吉林大学，2020年。
[②] R. A. W. 罗茨：《新的治理》，《马克思主义与现实》1999年第5期。
[③] 参见李汉卿《协同治理理论探析》，《理论月刊》2014年第1期。
[④] 参见田玉麒《协同治理的运作逻辑与实践路径研究》，博士学位论文，吉林大学，2017年。

总体上协同治理是政府部门、市场组织和社会组织相互协调、充分沟通，发挥多元主体的功能优势和资源条件，通过多元协同提升公共物品和公共服务的供给质量，形成网络化的公共服务供给结构，为公众提供整体性、无缝隙的公共服务。协同治理理论丰富了治理理论谱系，回应了现实治理难题，但学术界对协同治理的理论研究还落后于实践，需要在协同治理内涵的本质属性、利益相关者的相互关系以及运行机制的内在机理等方面进行深入研究。[①] 21 世纪以来，随着"治理"这一概念在学术语境中越来越强调政府分权和社会共治，"协同"也就成了治理的内在要求和应有之义。[②]

二　互联网治理中的多元主体协同模式

互联网的复杂性使网络信息内容治理早已不是单一政府部门的内部事务，甚至也不是仅仅依靠政府一元主体可以实现的治理任务。网络信息内容治理成为协同治理理论的重要应用领域，构建网络信息内容多元主体协同互动机制和模式也成为各国讨论的热点。

多元主体协同的主要问题是推进政府和非政府主体之间如何通过互动来实现治理目标。国外学者把治理框架分为政府主导（regulation）、自我规制（self-regulation）和协同治理（co-regulation）三种，其中政府主导的规制公权力过于强大，容易产生权力滥用、效果不佳等问题。自我规制则存在规范性不够、合法性不足、行业共识缺乏、执行效力不足等问题。在协同治理的框架下，政府将部分职能以赋权的方式交给行业、企业（私人组织）和公众，协调整合多元主体的力量，以解决政府权力过大和能力不足的问题，通过多主体合作的方式

[①] 参见张贤明、田玉麒《论协同治理的内涵、价值及发展趋向》，《湖北社会科学》2016 年第 1 期。

[②] 参见顾洁、栾惠《互联网协同治理：理论溯源、底层逻辑与实践赋能》，《现代传播（中国传媒大学学报）》2022 年第 44 卷第 9 期。

更好地维护公共利益和公民权利。协同治理在互联网治理领域主要表现为"多利益攸关方模式"（也称作多方模式）。这一模式是2005年由联合国互联网治理工作组首次提出，该工作组将"互联网治理"（internet governance）界定为"政府、私人部门和公民社会根据各自的职能，制定并应用影响互联网发展与使用的共同原则、规范、条例、决策流程与纲领。"围绕互联网全球治理，主要形成多方模式（多利益攸关方模式）和多边模式（以国家为主体），两种模式的根本区别是政府在治理中角色的不同。多数学者认为，全球互联网治理正在向多方模式过渡。联合国提出的多方模式中的协同主要体现在政策和规则的商讨与审议，实践性不强。该模式经修正后主要体现为不同主体之间的多层次模式，如政府委托私营企业来进行网络监管、内容审查、阻止违法信息等的"政权代理形式"。[①] 多利益攸关方模式自诞生之初就以体现多方参与、责任共担、透明民主的协同理念为目标，首先被用于应对全球互联网连接秩序、域名分配等问题，现在逐渐从技术物理层面向内容文化层面拓展，其中平台服务、内容生产和用户管理等也被纳入治理视野。[②]

国内学术界的研究则主要围绕党的十九大、二十大报告提出的要求展开。党的十九大报告首次明确"建立网络综合治理体系"的目标，并提出"要提高网络综合治理能力，形成党委领导、政府管理、企业履责、社会监督、网民自律等多主体参与，经济、法律、技术等多种手段相结合的综合治网格局。"[③] 国内学者对网络综合治理体系要求的由一元主体的管理模式转向多元主体的治理模式，以及多元主体参与及多种手段的协同等问题进行研究，但对多主体之间互动、协商、

---

① 参见刘锐、徐敬宏《网络视频直播的共同治理：基于政策网络分析的视角》，《国际新闻界》2018年第40卷第12期。
② 参见顾洁、栾惠《互联网协同治理：理论溯源、底层逻辑与实践赋能》，《现代传播（中国传媒大学学报）》2022年第44卷第9期。
③ 参见中共中央党史和文献研究院编《习近平关于网络强国论述摘编》，中央文献出版社2021年版，第56—57页。

合作的机制和运行模式等还缺乏更明确的论述。

三 作为网络综合治理体系理论基础的协同治理理论

2013年11月,党的十八届三中全会首次提出"推进国家治理体系和治理能力现代化,加快形成科学有效的社会治理体制"的改革目标,"国家治理现代化"被认为是继"工业、农业、国防和科学技术四个现代化"之后的"第五化"。[①] 社会治理取代社会管理,单向的政府监管转向以"党委领导、政府负责、社会协同、公众参与、法治保障"为基本格局的"社会综合治理"。[②] 在社会治理的过程中,协同治理由多元主体参与、组织、协调、互动与合作,实现社会治理资源的有机整合,最终实现化解社会矛盾、维护社会稳定、提高社会治理能力、提升社会效益、促进社会和谐的目的。社会协同治理是多元合作治理的过程,即多元主体在政府主导下发挥自组织作用,既相互合作又相互制衡,使社会治理形成合力,实现社会的"善治"。[③]

党的十九大明确的网络综合治理是社会综合治理在互联网领域的体现。在网络治理中,就是要在党委领导、政府主导下,把互联网企业、行业组织、网民等非政府力量纳入治理主体,形成多元主体协同治理的格局,让多元主体在网络治理中发挥相应的作用。

协同治理理论构成健全网络综合治理体系的理论基础,但该理论在网络治理领域的应用还不够成熟和系统,亟待进一步研究以明确化和体系化。

---

① 参见许耀桐《国家治理如何为中国式现代化赋能加力》,新华社,2023年5月22日,xinhua.net.cn,2023年7月20日访问。
② 参见王丛虎、王晓鹏《"社会综合治理":中国治理的话语体系与经验理论——兼与"多中心治理"理论比较》,《南京社会科学》2018年第6期。
③ 参见骆毅《走向协同——互联网时代社会治理的抉择》,华中科技大学出版社2017年版,第28页。

第三节　网络信息内容多元主体协同治理的研究价值

网络治理是新技术发展背景下中国社会治理现代化的重要部分。网络治理酝酿于互联网诞生之初，崛起于20世纪90年代末互联网商业化浪潮，逐渐成为一个相对独立的研究领域。而今天，随着数据驱动的智能物联时代全面到来，网络治理和社会治理的边界逐渐模糊，开始快速相互渗透与融合。网络治理初步实现了社会化的进程，社会治理也进入深度数字化的阶段。原来固有的网络治理领域，虽然也有着鲜明的跨学科特性，如在新闻传播学、法学、国际关系、政治学、社会学、公共管理以及计算机领域都有着一定的显示度。而今，随着网络治理与社会治理走向融合，网络治理的跨学科特性将迎来爆炸性的扩张，网络治理研究的复杂度和精彩程度也将进入一个全新的高度。

新闻传播学在过去的网络治理领域，并不占据主导性地位，尤其是随着全球地缘政治的激化，法学、公共管理和国际关系等学科的力量更加凸显。新闻传播学虽然比起哲学、政治学、社会学和经济学等缺乏基础性理论体系，但因为底层的传播机制是数字时代的基础，是人类社会权力运行的方式，是各领域变革的底层逻辑，因此，新闻传播学可以贯穿各个学科，连接各个学科，成为支撑网络治理的基础性学科。

网络治理的范围，与数字治理、社会治理等越来越走向交叉与重合，从技术治理到产业治理，从平台治理到数据治理，从区域治理到领域治理，从社会治理、国家治理到国际治理和全球治理，都昭示着数字时代权力重构和秩序再造的艰巨性和复杂性。

让新闻传播学成为网络治理的基础性学科，既是我们面临的挑战，更是我们面临的机遇。我们需要进一步深入数字时代传播的基础理论研究，同时大阔步与各个学科进行交叉与融合，这将是网络治理未来学术研究的长远趋势。

中国网络治理既是互联网技术发展的治理，更是新技术发展背景下中国社会治理现代化的重要组成部分。中国网络治理的探索，将为中国全面迈向数字时代的社会治理提供宝贵、丰富的实践经验，具有不可替代的先导性和引领变革的参照性。这些"治理经验"将在新的网络时代与时俱进，在引领全球网络治理上发挥更大作用，成为中国网络强国的重要保障。总之，我们在客观面对问题和不足的同时，要充分肯定中国特色的互联网治理模式创新，找出其中的规律和最有价值的逻辑，为全球正在面临的网络空间治理挑战贡献中国经验。

本书立足新闻传播学理论前沿，兼采法学、政治学、公共管理学、社会学等多学科理论和方法，在中外比较研究的视野下，突出问题导向，全面研究阐明政府在协同治理机制中的角色与作用、网络服务提供者协同治理的权责依据与限度、网络自治的运行机制等重要问题，为我国网络信息内容管理制度革新寻求理论支撑，推动我国网络传播法理论的进步，提升其研究达到更高的层次。同时，本书具有较强的问题意识和现实针对性，研究的主要目的是解决我国互联网信息内容治理实践中的问题。本书结合我国互联网信息管理实际，对网络信息多元主体协同治理体系和机制做出深入分析和前瞻设计，服务我国信息传播管理制度创新和互联网治理实践。

第二章 移动互联网下的传播变革与网络信息内容治理[①]

互联网展现了有史以来最快速的沟通媒介穿透率[②],从诞生之日起就深刻地影响着社会结构,推动着社会转型与变革的进程。从1994年4月20日,中国通过一条64K的国际专线,全功能接入国际互联网至今的近30年来,互联网的快速发展推动了社会信息传播格局和传媒行业发生颠覆性变革。

与国外相比,互联网在我国发展的速度和发挥的作用更加惊人:经过30年发展,我国以10.67亿的网民规模、75.6%的互联网普及率居世界第一,互联网颠覆了传统媒体的信息垄断,创造了全新的信息生产传播格局。[③] 当下,互联网技术与移动通信技术结合开启的移动互联网时代,被称作人类传播活动的第五次变革。这一变革使得传播行为得以随时随地发生,"泛媒""智媒"和"万物皆媒"成为注解该时代的关键词。移动智能互联网正在重新定义人类的生活和习惯,对

---

① 本章内容主要参见周妍、张文祥《移动互联网下的传播变革及其社会影响》,《山东社会科学》2019年第2期。

② "在美国,收音机广播花了30年才涵盖6000万人;电视在15年内达到了这种传播水准;全球信息网发展之后,互联网只花了3年就达到了。"参见[美]曼纽尔·卡斯特《网络社会的崛起》,夏铸九等译,社会科学文献出版社2003年版,第437页。

③ 第54次《中国互联网络发展状况统计报告》,中国互联网络信息中心(CNNIC),2024年3月2日,https://www.cnnic.net.cn/n4/2023/0303/c88-10757.html,2024年5月10日访问。

社会变迁的影响进入新的阶段。与大数据、人工智能结合的移动互联网完全不是传统媒体意义上的"媒体",而是一种重新构造世界的结构性力量。① 移动互联网正在推动社会传播结构的分化与变革,对社会交往方式重构、社会表达方式再造以及社会价值观念变迁产生影响。移动互联网与大数据、人工智能、物联网、VR/AR等技术联手,正在创造一个众媒、智媒的时代,传媒业的边界趋于消解,新闻信息生产主体极大扩容,网络信息生产与分发加速分离,产生了众多新型内容分发平台和周边服务主体。网络信息传播主体的多元化、传播模式的去中心化和多层次化,对我国媒体管理及互联网监管制度提出了全新课题。在我国国家治理体系和治理能力现代化的任务背景下,网络综合治理体系和治理模式创新成为重要课题。聚焦作为网络综合治理最重要对象的网络信息内容治理,如何建立一套符合我国国情、适应互联网发展要求的互联网信息内容治理体系,提高我国互联网治理水平,已成为党和政府高度重视的重要问题。

第一节　移动互联网引发的社会传播结构变革

一个社会在传播格局和传播手段上的重大改变都直接决定着这个社会的组织方式、构造逻辑和运作法则。② 互联网的威力首先体现在对传统信息生产和传播模式的颠覆,以及对政府控制信息传播权力的打破。借助互联网技术支撑的网络媒体和其他平台,过去"沉默的大多数"获得了前所未有的发声机会,前互联网时代"一对多"的大众传播模式被"所有人面向所有人进行的传播"所取代。互联网对公众的"技术赋权",使公众能够更为自由地获取信息、表达意见,改变了他们在社会运行与治理过程中的被动地位,不仅推

---

① 参见陈力丹、王敏《2017年中国新闻传播学研究的十个新鲜话题》,《当代传播》2018年第1期。

② 参见喻国明《互联网环境下的新型社会传播生态》,《社会科学文摘》2017年第1期。

动了社会转型，更推动了管理型政府的转型。作为传统信息传播方式的颠覆性力量，互联网改变了社会性传播系统和权力结构，作为个体的网民取代以媒体机构为基本单位的社会信息传播，媒体与民众之间的传播关系和权力关系也被重构。移动互联网则以社会化分享与传播的革命性力量，使信息传播更加便捷，过去阻碍传播的时空被极大压缩，社交媒体和手机移动终端等新型媒介发展迅猛，"即时在线"成为人们交往的新常态。"网络化生存"成为我国主流人群每天工作、生活的方式，移动互联网对社会的影响更加彰显，其广度和深度均超出了人们的预期。移动互联网与大数据、人工智能、物联网、VR/AR、可穿戴设备等技术联手，正在开启传媒业生态的新一轮重构。一个突出表征是传媒业的边界趋于模糊和消解，传媒业的领域在空前扩张，社会化传播的特征正在凸显，社会传播结构的最新变化在新闻信息生产、分发、用户平台、传播方式等关键维度已有体现。

一 移动互联网下的新闻信息生产和分发系统重构

互联网早已打破传媒业新闻生产格局，移动互联网则正在进一步重构新闻生产系统。主要体现在：一是新闻生产者的大扩容。作为人工智能与传媒业联姻的产物，机器人/算法新闻的运用，使新闻内容生产范式从媒体精英式内容生产（PGC）和用户内容生产（UGC）转到人工智能（AI）生成内容（AIGC），智能机器和带着传感器的万物都在成为信息的采集者、加工者。IT公司、物联网企业和电商平台都在加入新闻生产系统，使新闻生产者的阵容空前扩张。二是新闻资源的大扩张。用户数据（UGC等用户生成内容数据和用户行为数据）和物联网数据也成为新闻生产的信息资源。其中，"用户在各种社交平台发布的信息、意见以及蕴含的情绪，都是社情民意的具体表现。对这些用户数据进行有效收集和分析，可以为新闻报道提供新的拓展维度"①。用户数据是智媒时代传媒个性化信息生产与服务的基础,同时构成移动互联网环境下社会沟通的基本依据。而物联网的推进,使无处不在的传感器成为新的"人的延伸",其分布更广,到达的领域更丰富,在人不能到达的地方,无人机等传感器可以持续地监测环境、传递信息,履行媒体的职责。可以说,物联网的信息数据,也会成为重要的公共信息资源,在社会运行和公共治理中发挥作用。三是新闻信息处理系统的大转移。在近年来推进的媒体融合探索中,很多媒体已尝试打破以自身编辑部为边界的新闻信息处理内部系统,实现不同介质、多个媒体内容生产处理的"中央厨房"模式。而在移动互联网环境下,独立于媒体的公共平台将为不同专业媒体的内容生产提供更为丰富的资源和技术支撑。以今日头条为代表的新闻信息处理系统的社会化转移,将为拥有数据资源和算法优势的技术公司带来新闻生产的话语权,使它们从新闻分发的边缘地带进入新闻生产的核心领域。

在传统媒体时代,一直捆绑在一起的新闻内容生产和分发部门,在移动互联网环境下加速分离,产生了众多不为传统媒体掌控的新型内容分发平台。这些平台有资讯整合类平台(门户网站、App)、搜索引擎、社会化媒体、个性化推荐平台、专业化服务平台等。新闻内容生产与分发的分离,构成网络环境下传媒业变革的关键表现。媒体机构的平台化成为媒体融合的重要方式,催生出人民日报新媒体等主流媒体融合型平台媒体、今日头条等互联网原生型平台媒体、BAT等互联网拓展型平台媒体(腾讯新闻、百度新闻)。② 平台型媒体将掌控传媒业生存发展的命脉,对社会传播格局有决定性影响。

---

① 参见彭兰《未来传媒生态:消失的边界与重构的版图》,《现代传播(中国传媒大学学报)》2017年第39卷第1期。
② 参见周蔚华、杨石华《技术变革、媒体转型及对传媒业的新挑战》,《编辑之友》2018年第10期。

二 社交媒体的泛在化与社会化传播

互联网使社交取代传统媒体时代的内容和形式，成了媒体的核心要素。媒体内容生产的动力来自社交，人们在社交媒体编织的关系网络为媒体提供了信息传播的主要渠道。移动互联网把社交媒体（social media，也称社会化媒体）带入了全新时代，社交媒体已成为互联网第一大流量来源，媒体平台的社交化使社交几乎成为新媒体的别名。社交媒体把社会关系和内容生产两者融合在一起，赋予用户创造并传播内容的能力，从 2008 年成为互联网热门话题至今，"无社交不传播"已成为现实。① 从最早的社交媒体 BBS 的出现，民众首次在大众媒体之外找到了聚集和交流的平台，获得有别于单向大众传播模式的双向互动交流机会。经过博客、个人门户、QQ 空间的渐次发展，即时通信、UGC、社群、共享已成为社交媒体的鲜明特征。互联网从单向信息传播的超链接网络，转变成以人联网为特征的人际网络，这种关系网络的突出特征是以社交媒体为平台、以人为节点。其中，媒体属性较强的微博，为人们提供了虚拟关系网络的信息分享和讨论广场。微信则借助现实联系人的强关系后来居上，成为社交媒体的领头者。微博和微信的共同之处是让用户在互联网上构建自己的社会关系网络，2016 年开始井喷式发展的网络直播则把社交推向社会的每一个角落。依托移动终端，网民个人在社交媒体平台"编织"自身社会关系网络的同时，能力得到极大解放，在信息传播中的角色也由被动接受的客体变成传播的主体。

移动互联网突破 PC 互联网的空间限制，移动社交已广泛存在于各类媒体和非媒体中，社交媒体呈现出一种泛在化的态势。② 网络直

---

① 参见彭兰《移动化、社交化、智能化：传统媒体转型的三大路径》，《新闻界》2018 年第 1 期。

② 参见谭天、汪婷《接入、场景、资本：社交媒体三大构成》，《中国出版》2018 年第 8 期。

播也属于这类泛在化的社交媒体。在移动互联网时代,社交媒体的连接能力成为各类网络运营者竞相发掘的对象,均把"连接一切"当作自己的运营理念。作为互联网最主要的连接口,二维码无处不在,智能手机的"扫一扫"功能让用户可以不受场景、时空的限制和媒体平台实现连接。语音识别等更便捷、更安全的接入,无疑将会进一步拓展社交媒体的领地。万物皆媒的"泛媒"时代正在到来,而在大数据、云计算、人工智能、物联网、VR/AR、ChatGPT等新科技推动下,智能化和人性化的智能社交已离我们的现实生活越来越近,传播方式的变革和传媒业生态的重构正在发生。

三 移动互联网下的传播方式变革

移动互联网下传播方式的变革,突出体现在场景传播、沉浸传播和共享传播三方面。

传播媒介的移动化和智能化促生了传播的场景化。内容、社交、服务分别构成移动互联网的三个重要领域,相应生成的内容、社交、服务平台在移动互联网推动下正在进一步深层交融。移动媒体在向内容媒体、关系媒体和服务媒体三个方向的拓展中,"场景"的重要性越来越凸显。"移动传播的本质是基于场景的服务,即对场景(情境)的感知及信息(服务)适配。换句话说,移动互联网时代争夺的是场景。场景成了继内容、形式、社交之后媒体的另一种核心要素。"[1] 最早从传播学科视角研究"场景"的美国学者罗伯特·斯考伯和谢尔·伊斯雷尔提出"场景五力",即移动化场景时代依赖的五种科技力量:移动设备、社交媒体、大数据、传感器、定位系统[2]。当下,这五种科技力量已获得广泛应用,以为用户个性化定制、精准推送、即时交

---

[1] 参见彭兰《场景:移动时代媒体的新要素》,《新闻记者》2015年第3期。
[2] 参见〔美〕罗伯特·斯考伯、谢尔·伊斯雷尔《即将到来的场景时代》,赵乾坤、周宝曜译,北京联合出版公司2014年版,第11页。

互为特征的移动化信息生产方式成为现实。智能手机下载安装的微信、微博等应用软件,把人带入了各种场景,甚至连软件的使用者也被数字化、场景化,生成 App 人格。作为移动互联时代的新生力量,场景重新定义了商品的符号价值,传统的通过媒体买版面、买时段的广告营销正在被摒弃,个性化和精准触达消费者的场景式广告渐成新的趋势。如学者指出的,场景改进,提高了传播的有效性,弥补了传统广告的很多不足,增强了部落和亚文化的凝聚力,场景链接下的流行也变得更加容易。①

与场景化相关联,传播出现沉浸化趋势。移动互联网空前拉近了人类社会的时空距离,不仅创造了突破时空阻隔的在线交互社交,还与 VR/AR 等技术一道消弭了作为记录者的用户和新闻现场的边界,提供逼真而丰富的图文视听感受和虚拟环境,使用户"沉浸"其中,成为新闻现场的一部分。VR/AR、360 度全景视频、网络直播等沉浸传播技术的运用,使传统记录事实的新闻变成了参与式创作、全民直播式的"沉浸新闻",即基于泛在连接和沉浸传播,无时不在、无处不在、无所不能的新新闻。②沉浸技术打通了虚拟世界和现实世界,传统的"在场"变成了无处不在的"泛在",对用户的 LBS 地理定位和信息定位,可以做到对用户信息需求的精准把握,把个性化定制融入新闻信息采编制作全过程。沉浸传播时代,新闻信息的生产、分发流程呈现更明显的社会化趋势,全民参与的"泛众生产"和"泛众传播"成为沉浸新闻的主体特征。

人工智能等技术的使用,推动传播从 Web2.0 时代的"社交分享"走向 Web3.0 智媒时代的"共享"。当下的"社交分享"与"共享"有质的差别,前者是"我把体验的结果告诉你",后者则变为"我的

---

① 参见蒋晓丽、梁旭艳《场景:移动互联时代的新生力量——场景传播的符号学解读》,《现代传播(中国传媒大学学报)》2016 年第 38 卷第 3 期。
② 参见李沁《沉浸新闻模式:无界时空的全民狂欢》,《现代传播(中国传媒大学学报)》2017 年第 39 卷第 7 期。

体验就是你的体验",是在"人与机器、物体甚至环境全面融合"的基础上,人与人、人与物、物与物之间互为彼此、关系平等。共享传播的基础性条件是物联网下的人与物、物与物之间的信息交互,即"人物共生"。当下人们依靠社交媒体已实现信息交互和分享,在物联网技术普及化的不久的将来,"物体泛终端化"将打开人与物的信息交互共生通道。共享传播的最高境界是人类摆脱中间介质的束缚,进入"人媒合一"的智媒时代。

第二节 传播结构变革对社会交往方式的重塑

视野从传播格局移到社会格局上,以信息技术为代表的新一轮科技革命方兴未艾,互联网日益成为创新驱动发展的先导力量。移动互联网下"万物互联"的传播格局已把人类社会带入全新的"互联社会",信息即时交互,人与人交往空前便捷。

社会存在的重要基础是社会交往。没有交往和互动,社会便难以维系。交往是人的社会本性,是人们传递信息、共享资源、形成共识的途径。互联网颠覆了传统媒体的介质阻隔和传播的时空限制,其全球性、匿名性等特征空前降低了信息生产的门槛,扩大了信息传播范围,提高了信息传播的速度。网络带来的社交工具变革,使中国人社会交往的方式发生了根本变化。移动互联网把我们带入一个高度媒介化的社会,给社会交往带来的最显著变化是"缺场交往"的常态化。微信、微博等社交工具之所以成为人们热衷的交流沟通工具,不仅因为这种网络交流平台释放了人们在传统技术条件下难以满足的交流需求,创造了认识更多陌生人的机会,也由于移动互联网弥合了线下和线上边界,虚拟交往和现实交往不再是相互替代和此消彼长,而是可以相互补充、共同作用,虚拟社会和现实世界相互交叠、相互影响和发挥作用。因此激发巨大的网民群体在虚拟的网络世界集结,促进社会观念的更新,特别是有助于平等、自由和民主观念的形成。

一 微信的点赞、"红包社交"和"圈子"文化

微信兼具即时通信、信息发布、工作、社交、娱乐、支付等功能,诞生至今已发展成为影响力超过微博的社交平台,对人们的社会交往和社会关系产生深刻影响。

微信平台支撑的网络社交,既能加强熟人间的强关系,也有助于维系和发展陌生人之间的弱关系,成为社会不同群体联结沟通的桥梁。朋友圈是熟人交际圈,既可以作为一个社交媒体的信息发布平台,也能作为一个社会交往的场景,成为人们生活和社交的重要方式。微信的信息传播兼具人际传播、群体传播和场景传播特征,还是一个接近实名制的信息传播场域,在即时通信技术的支撑下,微信用户个体的人际关系和社会关系都实现了网络化,甚至在网络虚拟空间还被植入现实传播的场景,网络虚拟交往和现实生活交往实现重叠与融合。

点赞作为微信朋友圈的一项社交功能,成为微信好友之间最节约时间成本的便捷交往方式。一个"赞"的表情或其他象征性符号,能反映出人际社会关系的密度和温度。移动社交下信息接触和人际交往成本的极大降低,为微信好友即时互动、交流、分享和支持提供了极为便利的条件。被点赞和评论的次数成为测量获得身份认同和社会接纳的标尺。依靠点赞和被点赞,"个人由此在群体间找到自己的身份定位和群体属性,在心理上获得群体支持与情感归属,从而构建起'我们'的群体认知,消除了游离于群体之外、作为孤独个体的那种无助感和被遗弃感。这种认同感奠定了我们对于生活和社会的信心与希望"[①]。但点赞

---

① 参见范红霞《微信中的信息流动与新型社会关系的生产》,《现代传播(中国传媒大学学报)》2016年第38卷第10期。

的泛滥，也可能降低交流的实际意义。特别是出于从众心理或下意识的点赞行为，缺乏真实交流的内涵，只产生信息冗余，对增进感情和促进人际沟通并无益处。

微信红包从2014年春节前上线以来，已成为微信支付中使用频率最高的功能，成就了移动新媒体的"红包经济"，同时作为微信的一项突破性社交功能，刷新了网络人际交往的内涵。从节庆延伸到平日，发红包、抢红包成了微信群成员之间的一种集体游戏或仪式，不仅在有趣有益的群体双向互动交流中完成人情往来，还实现了社会关系的建构与维系。借助微信社交媒体的互动传播，红包和礼物作为人类社会交往中的分享式馈赠模式在网络虚拟空间焕发了新的人际交往和社会关系价值，成为维系和巩固群体关系、确立共同遵守的行为规范和价值观、促进社会交往的集体仪式。

微信把现实中的人际传播、群体传播带入移动网络社区，实现了个体社会关系的网络化呈现，在现实交往与网络虚拟交往的聚合中重塑了人们的社会关系。微信提供的新型社会交往方式，突破了传统熟人社交的信息传播和交往模式，创造了基于互动、分享以至于共享的传播文化。人们通过使用社交媒体增加共享资源，扩大社会交往的范围，实现社会关系的重建和再生产。但同时应看到，点赞和红包社交发生的微信平台是一个半封闭的网络社区，成员彼此之间只有成为好友，才能相互浏览彼此发布的信息内容及相互联络沟通。微信这种"带围墙的社区"架构，就形成一种偏向于熟人社会的"圈子"文化。"圈子"内外有别，圈内成员间交流沟通频繁，能建立群体认同感和归属感，对圈外人则联系不多，甚至会有排斥。微信"圈子"尽管并非完全封闭，但对信息流通和观念更新有不利之处。因此，在发挥微信促进社会交往、构建社会认同作用的同时，应防止微信传播方式降低网络信息传播的包容性和民主性。

二 微博粉丝社群的准社会交往

新浪微博的信息传播和公共讨论功能在政府强化网络管控后趋于衰落,其媒体属性让位于社交功能。使用微博来传递情感、表达情绪的用户趋多,其中以大众明星为核心的虚拟粉丝社群成为不同于传统媒体时代的新型准社会交往的途径和渠道。"准社会交往"(Para-social Interaction)概念是由美国心理学家霍顿和沃尔提出的,有别于真实的社会交往,这类交往的对象不是现实中的人,而是他们喜爱的电视人物或角色。受众因对自己喜爱的这类媒介人物产生依恋,继而发展出一种想象的、而非真实的社会交往关系。准社会交往被看作是媒介化社会的产物。移动互联网加剧了媒介化社会的影响,改变了传统媒体环境下信息流动和交往过程的单向性,赋予准社会交往新的功能和内涵。2014年新浪微博推出具有私信群聊功能的"微博粉丝群",大大方便粉丝与知名博主之间的交流互动。博主通过自建粉丝群,粉丝也可给博主创建粉丝群,通过"互粉"或私信交流,形成双向互动的交往情境,难以计数的粉丝群成了年轻网民聚集和交流的场所,在微博平台上的准社会交往还会延伸到现实生活中的交往,成为移动互联网时代重要的社会交往模式。这种基于网络技术构建的群体,使"人与人超越传统的种种限制,基于共同喜好、兴趣和经历,灵活高效地采用多种社会化媒介工具联结起来,一起分享、合作乃至集体行动,构建的是一种充满人情、重视具体、回到现象、关注情感的关系"[1]。这种关系不同于现代工业文明下干巴巴的社会关系,而是一种充满人情味的黏性社会关系。移动互联网提供了成本极低、途径多样的传播工具和交往平台,使得打通人际传播、群体传播、大众传播等

---

[1] 参见隋岩、陈一愚《论互联网群体传播时代媒介成为资源配置的重要环节》,《中国人民大学学报》2015年第29卷第6期。

传播形态边界，突破时空阻隔的"在场"式的社会交往变成现实。因此形成的一个个网络社群，以成员基于共同兴趣爱好的信息和情感"分享"为起点，随着相互交流和对话实现"合作"，在此基础上还可能产生"集体行动"。因为用户数量的巨大，网络替代现实空间成为群体聚合的空间和粉丝准社会交往的场所，因身份的虚拟和表达的匿名性，网民比现实空间表达更自由、行动更大胆。一个个虚拟粉丝社群成为粉丝联络沟通互动的最佳渠道，成为有别于真实社群的一种社会新势力，见证了移动互联网时代准社会交往的影响力。

因互动追踪、信息聚合和社会化传播等功能突出，新浪微博成为粉丝们首选的信息发布和分享平台，借助新浪微博的跟随、分享、话题、投票、点赞等功能，粉丝可以进行丰富而活跃的网络准社会交往，经常引爆网络热门话题，甚至爆发参与人数众多的网络骂战，有时还会演变成网络暴力。这种极端情绪的宣泄和情绪化的集体行动，表征了粉丝们非理性的网络狂欢和群体极化现象。在微博由公共讨论功能向娱乐社交转向的背景下，如何防止网络交往的失范和失控，把准社会交往引导到理智有序的轨道，是一个需要解决的重要问题。

第三节　传播结构变革创造新的社会表达方式

以舆论来体现公众意见、反映利益诉求的社会表达，是社会生活的重要方面。在前互联网时代，我国的报刊、广播电视等传统媒体掌握在国家手中，以正面宣传和舆论引导为主要职能。从1994年接入互联网以来网络舆论的兴起和一系列热点网络事件引发的社会影响可以看出，中国人意见表达、利益诉求的方式已被互联网深刻改变。互联网为人们搭建了表达和分享的渠道，让民众在同一个平台上有平等的交往和相对自由的沟通。移动互联网创造的新的传播方式，为民众的社会表达创造了更为便利的条件，呈现不同以往的新特征。

一 移动互联网下的影像表达

在移动互联网的推动下,一个"随走、随看、随播"的移动直播时代正式到来,人们拿的不是"麦克风"而是"摄像头",每个直播用户都有可能成为新闻事件的现场报道者,随时向公众呈现正在发生的事件。人们传递信息和表达意见的符号形式由文图转换成了移动短视频或视频直播,"移动互联网影像是基于个人化、个性化基础上进行的意义生产,具有隐晦表达对抗性意义的习性,它突破了传统媒体影像的严肃、庄重的政治话语方式,以'冷幽默'式的大众话语方式来参与社会阶层对话,伪装无知地揭露真相,戏剧性地实现批判效果"[①],这构成当下网络表达的一种实践样态:影像画面隐藏着社会大众的观点表达。移动互联网环境下,手机成为内容制作和表达的通道,影像生产和传播极为便利,民众不需严谨的文字修养,更无须对信息发布进行把关与审批,影像可以表达一切。在现实环境中,移动互联网对民众的"赋权"和"启智",使他们获得了意义生产和话语争夺的能力。而"有图有真相"的影像内容比文字修辞更客观真实,同时还有一种证据的说服力。尽管"图像"不一定等于"真相",PS 技术、影像借用、场景模拟、深度伪造等技术还在制造以假乱真的社会假象、幻象,但民间话语权在移动影像传播中的发挥,有利于保障民众的表达和监督权利,发现真相并促进对话与沟通。

二 移动互联网下的语言表达

语言是交往和表达的信息载体和符号系统,网民用于表情达意和

---

① 彭华新:《移动互联网影像与社会阶层表达:符号、技术、身体》,《现代传播(中国传媒大学学报)》2017 年第 39 卷第 9 期。

交流思想的网络语言则是一种特殊语言，这种语言是"在汉语、英语、数字、标点等符号基础上，通过谐音、联想、挪用、赋予新含义等手段，创造、使用、推广并使之固定下来的特殊符号表意系统和语言表达风格"①。传统语言与互联网的自由、开放、平等、交互等特性结合，网络语言横空出世，获得了极为迅猛的发展，成为网络文化的重要内容。以网络热词为代表的网络流行语，是网民创造的一种网络大众文化，记录网民对社会、生活的观点和看法，成为网络民间舆论场的一种表征。移动互联网时代，表情包已然成为活跃于微博、微信等社交平台的流行文化，甚至出现了"能发表情绝不打字"的互联网社交文化新生态。②表情包融合眼神、表情、语气等多种符号元素，成为网民普遍接受的线上交流方式，在网络交往和沟通中能够弥补文字表达的不足，更直接、更丰富地传递感情，使网络社交更为轻松有趣。

当前最具影响力和传播力的网络语言是弹幕语体，这种语言是在年轻网民广泛接受的"二次元"审美基础上形成的一套代表网络流行文化的新语言系统，遵循评论、吐槽等情绪化、倾向性表达原则，以萌化、娘化、少女化、无厘头、吐槽式的语言手法，软化现实世界冰冷坚硬的运行法则，带有强烈的游戏感和青春乌托邦色彩。③弹幕语体已由准社会交往和表达的网络空间进入现实社会空间，成为社会人际交往和表达的流行用语，并且还演化为一种具有文化内涵的消费品，在网民的线上线下追捧中助推了网络文化产业的发展。

作为网络社群成员使用的语言，网络语言是网络准社会交往的符号工具，同时代表了网络社群成员共同的价值观念和解释世界的意义体系，

---

① 隋岩、陈一愚：《论互联网群体传播时代媒介成为资源配置的重要环节》，《中国人民大学学报》2015年第29卷第6期。
② 参见李政葳、张紫璇《能发表情绝不打字》，《光明日报》2017年4月17日第5版。
③ 参见马志浩、葛进平《日本动画的弹幕评论分析：一种准社会交往的视角》，《国际新闻界》2014年第36卷第8期。

推动了网络虚拟社群的准社会交往聚合和表达,具有强大的生命力。

三 移动互联网下的社会表达

无处不在的网络传播使公共空间和私人空间的界限不再清晰可辨,个人照片、实时位置、生活体会等私人事项可通过手机晒微信朋友圈,也可在媒体属性更明显的微博发布;而公共事件的事实真相、来龙去脉和是非调查,也多是绕过公共媒体的报道,以私人转发、评论和围观的形式更快捷地得到传播和扩散。而社会话语权力随着这种社会表达方式的改变得到重新分配,普通的社会大众获得了前互联网时代由政府和少数人掌握的表达权、传播权和知情权。移动互联网环境下,"全民发声"的社会舆论生成机制得到进一步强化,网民通过实时传递信息,对热点事件发表意见、表达看法,以"围观"来对政府和其他公共机构处理突发事件和应对热点舆情发挥舆论监督作用,形成强大的舆论压力,对促进社会公平正义发挥日益深刻的影响。[①]

社会表达渠道变化带来的社会群体心理变化,使得网上动员和集体行动变得更加便利。网络上的集体行为表现为对社会事件的批判或更为激烈的网上抗议。互联网为社会表达带来了显著变化,重构了中国社会动员和抗争的场景,主要表现在:第一,互联网打破传统媒体对话语权的垄断。过去的公共舆论被传统媒体垄断,但随着以往传统媒体上遭到禁止或限制的信息在网络上获得传播空间,网络实现了公共话语资源的重新分配。第二,互联网重塑社会信息扩散的通路。互联网模糊了私域和公域间的界限,个人活动与集体活动更容易结合。

网络言论是人们思想意识的体现,也是社会现实的一种反映。互

---

① 如 2017 年发生的"辱母杀人案"于欢案就是在网络舆论监督的压力下,司法机关及时启动调查,最终认定于欢杀人行为具有防卫性质,二审予以改判。最高人民法院等总结认为,热点案件引发网络舆情后,应积极回应舆论,争取司法与舆论的良性互动,舆情不仅无害,还会变为有益社会的"全民共享的法治公开课"。

联网特别是移动互联网提供的意见表达渠道对社会大众都是一视同仁的。一方面，部分群体通过网络传播思想和表达意见，成为影响甚广的"意见领袖"；另一方面，网络也为大众的利益诉求和思想情绪表达提供了释放渠道。互联网还为民众之间的沟通互动搭建起平台。

第四节　传播结构变革下的社会共识凝聚与网络信息内容治理新课题

习近平总书记指出，"互联网是一个社会信息大平台，亿万网民在上面获得信息、交流信息，这会对他们的求知途径、思维方式、价值观念产生重要影响"①。移动互联网为大众提供交往和表达的新平台，把原子化的个体相互联结，深刻影响着公众的思想观念，潜移默化地重构着社会的价值观，为网络信息内容治理带来了全新的课题。

一　后真相时代的情绪与真实

在移动互联网时代，移动终端的普及和各种应用的出现，推动互联网认识论由参与、分享向"追求在场"转化。个体与新闻事件及媒体的关系，从"我要记录""我要分享"发展为"我在现场""要记录我"。② 尽管移动互联网打破时空局限，内容生产的主体空前多元，开放的生产过程可以做到即时以文图、视频直播的形式呈现各种新闻现场和新闻事件，本应可以更丰富和完整地呈现事实真相，但因为在场的多是未受过专业训练的普通人，他们只能把握新闻事件的某个局

---

① 习近平：《在网络安全和信息化工作座谈会上的讲话》，《人民日报》2016年4月26日第2—3版。
② 参见彭兰《移动互联网时代的"现场"与"在场"》，《湖南师范大学社会科学学报》2017年第46卷第3期。

部和瞬间，提供的只是其有限视野下、带有主观色彩的碎片化记录。而从近年来屡屡发生的"反转新闻"事件看，专业媒体也难免会被卷入移动互联网时代的新闻信息生产洪流中。媒体人如不坚守专业标准，过于依赖"在场者"的碎片记录或道听途说，随时可能落入假新闻的陷阱，偏离社会主流价值观。如前所述，微信圈、粉丝群等社会化传播本身带有较明显的情感色彩，其传播的事实往往是一种情绪化的事实，虽非虚构但也不完全客观，由娱乐戏谑或赞美崇拜包裹的真实难免带有主观偏向。这种传播现象被西方学者称作"后真相（Post-truth）"，指的是在谎言和客观事实之外，还存在一种介于两者之间的"第三种现实"，这种现实具有相对性、情绪化和速溶性等三个明显特征，信息内容是介于现实和谎言之间，传者迎合受众情绪、戏谑调侃、玩弄真相，受者则注重立即发声、情绪表达、漠视真相，网络信息快速更迭，看后即忘。"传者和受者都表现出先断言后反转、重共鸣轻真相、长情绪短记忆的特征，背离了客观公正的媒介伦理。"[1] 西方学者认为"后真相"的特点是情感大于事实，事实常常被带有情绪色彩的言论遮蔽，消解事实或对事实做认识论意义上的解读成为移动自媒体的常态。但也应看到后真相其实是新媒体语境下基于复杂事实的一种真相，是一种反思和对价值的审视，并能促进社会问题的解决，因此对后真相不应过度悲观。[2] 另外不容忽视的是，由于缺乏理性、认同和共识，使社会戾气大量充斥于网络表达和公共讨论中。网络言论中的谩骂攻击、情绪宣泄和"网络暴民"现象，与公共领域的理想相距甚远，甚至带来了网络低俗文化泛滥的隐忧。网络舆论与"偏颇的民意"彼此混杂，共识稀缺与意见撕裂相互错乱，这些问题导致网络空间生态不佳，对社会生态产生不良影响，损害了社会共识的形成。

---

[1] 参见江作苏、黄欣欣《第三种现实："后真相时代"的媒介伦理悖论》，《当代传播》2017年第4期。

[2] 参见张庆园、程雯卿《回归事实与价值二分法：反思自媒体时代的后真相及其原理》，《新闻与传播研究》2018年第25卷第9期。

二 社会共识凝聚与网络治理的新课题

移动互联网下的信息生产和传播更加倚重社会化媒体，但并不意味着专业媒体可以无所作为。在移动互联网重构的传播格局中，专业媒体在告知"发生了什么"方面已无优势，但在"加强原创深度新闻和调查性报道的生产，注重对事实的延伸、挖掘，强化相关拓展，赋予海量同质化信息更多的意义，为民众提供有价值的信息和有意义的价值观"方面应大有作为。① 新闻现场有普通民众在场，并不能等同于专业媒体在场，也并不能说明媒体的在场已不再重要。相反，正因为有普通人在场，媒体更不能缺席，专业媒体人的信息采集、调查能力在"后真相时代"显得更加稀缺。

媒体作为不同社会群体交流对话的平台，承担着社会整合和凝聚共识的功能。但这一功能，依赖人工智能在传媒领域的应用，即机器和算法未必可以实现，还易造成"信息茧房"效应，对公众和社会形成不利影响。② 因此，媒体的社会监督功能，并不会因为机器和算法的加入而变得不重要。相反，深入新闻现场报道真相、对复杂议题进行专业调查，更需要专业媒体人的不懈努力。未来传媒业的专业性，是一种多元主体共同实践的专业性。其中专业媒体人应成为专业性的标杆，其专业性还需要一些新的专业能力做支持，包括跨媒体协作能力、社会化媒体应用能力、内容运营能力、数据素养与人机协同能力等。③ 引入算法等新技术来打造智媒体已成为国内传统媒体转型的必由之路，专业媒体应着手解决人工智能的短板，注重解决机器学习带

---

① 参见毕诗成《价值观：全媒体江湖混战的终极"神器"》，《青年记者》2016年第31期。
② 从2017年9月18日开始，人民网连续三天发表评论文章，指出以今日头条为代表，单纯依靠算法推荐的平台存在价值观缺失、制造信息茧房、竞争手段屡破底线三大问题。参见人民网，http：//media.people.com.cn/n1/2017/1005/c40606-29572922.html。
③ 参见彭兰《无边界时代的专业性重塑》，《现代传播（中国传媒大学学报）》2018年第40卷第5期。

来的"信息过载"和"信息过窄"问题，突出信息的价值匹配，既让用户实现信息内容的"因人而异"，又让用户实现价值链接；既恢复与广大受众的联结，又能发挥移动互联网下的主流价值传播和舆论引导功能。①

总之，互联网技术的兴起，使人们认识世界和改造世界空前依赖媒介。这种媒介化社会已对人们的思想观念和价值取向、社会交往和表达方式等造成明显改变。在移动互联网环境下，社会更加维系于信息网络，各种风险和危机不时袭来，我们亟须建立一种网络社会的交往、表达以及活动模式，促进各种参与信息生产与传播的主体具备一定的专业素养和专业伦理。一个缺乏共识的社会，会有诸多不稳定因素，甚至会有撕裂的可能。而凝聚社会共识肯定不能绕过移动互联网下的各类媒体。党的二十大报告提出，要"健全网络综合治理体系，推动形成良好网络生态"。这是继党的十九大提出"建立网络综合治理体系"，党的十九届四中全会要求"建立健全网络综合治理体系"之后，以习近平同志为核心的党中央对加快形成良好网络生态的再升级与总要求，为做好网络信息内容治理工作指明了路径，提供了根本遵循。在媒介化社会的结构中，我们需要在适应、把握和遵循移动互联网传播规律的基础上，探索建立一种新的社会建设和管理模式，来面对互联网信息内容治理和网络舆论引导的问题。

---

① 参见李鹏《打造智媒体 提升传播力》，《新闻战线》2018年第13期。

第三章 网络信息内容治理的演进与趋势

第一节 网络信息内容治理与治理理论

一 作为研究对象的网络信息内容

本书立足网络信息传播变革和中外互联网治理实际,研究我国互联网信息多元主体协同治理体系的构建与完善。作为研究对象的"网络信息内容"是指通过网络向公众传播的信息内容,广义指网络空间的一切内容,包括网民发布传播的事实性信息和意见性信息,也包括电商平台中的商品、个人信息和数据;狭义的"网络信息内容"仅指前者。互联网作为治理对象通常被划分为三个层次:底层的物理层、中间层的逻辑层或代码层、顶层的内容层。与这三个层次相对应,互联网治理包括分别针对物理层的关键信息基础设施、逻辑层(代码层)的通信协议与应用软件、内容层的互联网信息的治理。

有关互联网平台对网络信息内容给出了较为完整和具体的定义,《微博服务使用协议》第4.12条规定:"微博运营方有权对用户使用微博服务的行为及信息进行审查、监督及处理,包括但不限于用户信息(账号信息、个人信息等)、发布内容(位置、文字、图片、音频、视频、商标、专利、出版物等)、用户行为(构建关系、@信息、评论、私信、参与话题、参与活动、营销信息发布、举报投诉等）等范畴。"从互联网治理的角度看，网络信息内容是区别于互联网的基础设施、技术标准和协议、软件应用程序的网络内容层。

部门规章《网络信息内容生态治理规定》首先界定了"网络信息内容生态治理"的概念，即指"政府、企业、社会、网民等主体，以培育和践行社会主义核心价值观为根本，以网络信息内容为主要治理对象，以建立健全网络综合治理体系、营造清朗的网络空间、建设良好的网络生态为目标，开展的弘扬正能量、处置违法和不良信息等相关活动。"该规定分别明确了网信部门、网络信息内容生产者、网络信息内容服务平台、网络信息内容服务使用者、网络行业组织在网络信息内容生态治理中的责任和义务。从制度上突破了以往政府与市场单一主导、二元主体参与网络信息内容管理的模式，明确建立政府、企业、社会、网民等多元主体共同参与的网络信息内容协同治理模式。在数字经济时代，要以平台思维和社会化思维的模式重新审视政府、企业、社会、网民这四大主体在网络生态治理中的功能和作用。他们已经不是主体支配和被支配的关系，而是基于共同利益和目标的伙伴式关系。[1] 按照该规定，参与网络信息内容生态治理的四大主体各司其职，表现为网信部门和其他有关主管部门的政府，职责是监管；表现为网络信息内容生产者、网络信息内容服务平台的网络企业，其义务是履责；表现为网络行业组织的社会，其功能是监督和自律；表现为网络信息内容服务使用者的网民，其义务是自律和参与治理。

具体而言，国家（地方）网信部门负责统筹协调全国（本行政区域内）网络信息内容生态治理和相关监督管理工作，各有关主管部门（地方各有关主管部门）依据各自职责做好网络信息内容生态

---

[1] 参见王春晖《深度解读〈网络信息内容生态治理规定〉》，中国网信网，2020 年 3 月 2 日，http：//www.cac.gov.cn/2020 - 03/02/c_1584692437514622.htm? eqid = 8ccaa8100000de6000000006642a81cc, 2023 年 7 月 30 日访问。

治理工作。

网络信息内容生产者应当遵守法律法规，遵循公序良俗，不得损害国家利益、公共利益和他人合法权益，明确了三类信息内容，即鼓励制作、复制、发布的 7 种"正能量信息"，11 种不得制作、复制、发布的"违法信息"，9 种应当采取措施，防范和抵制制作、复制、发布的"不良信息"。

网络信息内容服务平台企业应当履行信息内容管理主体责任，加强本平台网络信息内容生态治理，培育积极健康、向上向善的网络文化。应当建立网络信息内容生态治理机制，制定本平台网络信息内容生态治理细则，即安全用户注册、账号管理、信息发布审核、跟帖评论审核、版面页面生态管理、实时巡查、应急处置和网络谣言、黑色产业链信息处置等制度。要求加强信息内容管理方面，明确要求平台要积极呈现"正能量信息"，不得传播"违法信息"，防范和抵制传播"不良信息"。发现"违法信息"和"不良信息"，应当立即采取处置措施，保存有关记录，并向有关主管部门报告。

因此，作为本书多元主体协同治理对象的"网络信息内容"指用户在网络空间制作、复制、发布、传播的，表现为文字、语音、图片、视频等形式的事实性、知识性、思想性、意见性的信息内容，以及网络平台各种形式的服务性信息内容。

二 治理、管理与网络治理

本书使用的主概念是"治理"，但也会用到"管理""监管""规制""审核""把关"等概念，这些概念所指向的主体、对象和内涵语义有所差异。监管、规制多指向国家对社会主体和市场活动的控制和干预行为，属于政府的权力范畴。审核、把关主要是指媒体机构及其从业者所行使的一项职能，而治理和管理的主体则更为广泛和多元，既可以是企业、第三方机构或个人，也可以指向国家行为。

按照国际共识,"治理"指的是公或私的个人和机构管理公共事务的诸多方式的总和,是使相互冲突或不同的利益得以调和并且采取联合行动的持续的过程。我国的互联网从"管理"走向"治理",体现的是政治理念的深刻变化。按照政治学的理解,治理的性质是平等协商,而非单一的、强制性的管制。治理主体是多元的,治理手段包括强制性的法律和非强制性的契约,治理的理想状态是善治,也就是政府等多元主体对社会公共事务进行协同治理,实现公共利益最大化。① "良法"是"善治"的重要条件,法治是治理的题中之义。推进国家治理体系和治理能力现代化,必须建立成熟完善的国家制度体系,推动多元治理主体的深度协作,构建多元治理主体、多种治理手段结合的网络综合治理体系。

互联网治理(internet governance)与"网络治理"(network governance)不同,后者是公共管理学术语,指建立在自愿相互依赖基础上的一种新的公共管理模式,也称作"网络化治理"或"基于网络的治理"。② 因具备无国界性和多主体性,互联网难以被管理(regulate)或统治(governed),只能被治理(governanced),以实现技术标准化、资源分配和处置以及公共政策制定,最终确保互联网合理而有序运作,服务公众。③ 2004 年举行的联合国信息社会世界峰会(World Summit of Information Society,WSIS)制定了《日内瓦行动计划》,该计划第 6 章第 13 条明确要求联合国秘书长成立互联网治理工作小组,确定"互联网治理"的概念。随后,联合国互联网治理工作小组制定出一个至今被全球普遍接受的概念,即"互联网治理是政府、私营部门和民间社会根据各自的作用制定和实施旨在规范互联网发展和使用的共同原

---

① 参见俞可平《推进国家治理体系和治理能力现代化》,《前线》2014 年第 1 期。
② 参见章晓英、苗伟山《互联网治理:概念、演变及建构》,《新闻与传播研究》2015 年第 9 期。
③ Mueller M., Mathiason J. and McKnight L. W., "Making Sense of 'Internet Governance': Defining Principles and Norms in a Policy Context", in Don Maclean (Eds.), *Internet Governance: A Grand Collaboration*, NY: United Nations, 2004, pp. 100 – 121。

则、准则、规则、决策程序和方案"。① 这一概念较为宽泛,所包含的治理对象涉及基础设施及法律、经济、文化等领域,强调"共同原则、准则、规则、决策程序和方案"则体现了互联网全球治理的"多利益相关方模式",不是诉诸法律、政策等强制性力量,而是倾向于多主体协商沟通达成共识。

在本书的语境中,审核、把关、管理、治理都指向政府、互联网企业等主体影响和控制信息内容和公众网络活动访问、接近、传播顺利与否的行为。鉴于本书从治理视角并结合治理理论来探讨网络信息内容的治理问题,因此,对互联网治理和网络治理取相同含义,主概念使用"治理",在具体语境下也会使用规制、管理、审核、把关等概念。

三 互联网治理体系与治理理论

互联网治理涉及治理对象、治理主体、治理行为等多方面问题。互联网治理的议题,一般以分层模式分为基础设施层面(光纤宽带、无线网络、通信卫星等)、技术层面(互联网名称和数字地址、互联网域名系统、根服务器运作与管理、云计算等)、内容层面(网络视频、社交网络、移动互联网、垃圾邮件、网络交易等)、社会层面(网络安全、网络人权、网络隐私、网络犯罪等)。

面对不同层面的治理议题,互联网治理主体呈现多元化。不同主体的参与程度、角色、功能和话语权分配以及相互协作,是网络综合治理体系的重要研究问题。而政府是否当然作为互联网治理的主导者或核心角色,是其中的核心问题。如前所述,互联网全球治理主要分为多方(多利益攸关方)模式和多边(以国家为主体)模式,两种模

---

① Bossey C. D., *Report of the Working Group on Internet Governance*, 2005, Retrieved from http://www.wgig.org/docs/WGIGREPORT.pdf.

式的根本区别是政府在治理中角色的不同。多数学者认为，全球互联网治理正在向多方模式过渡。这种多利益攸关方治理模式，可以打破互联网治理中单一力量独大的局面，实现政府、商业机构、社会组织、技术团体、国际组织等相互协同。如联合国互联网治理论坛（IGF）就专门成立了多利益攸关方专家组（Multi-stakeholder Advisory Group），互联网名称与数字地址分配机构（ICANN）的组织架构指导原则就是多利益攸关方模式。

互联网治理涉及新闻传播学、法学、公共管理学、政治学等学科的多种理论。其中与互联网治理关系密切的治理理论产生于西方，与以往的管理或监管理论相比，强调破除政府作为单一权威治理主体、邀请多主体参与治理，主张治理是一种多主体、多中心参与的过程。由于互联网具有明显的去中心化的结构特征，这种属性与管理学的网络治理理论强调非科层、分散治理、多元主体参与的理念不谋而合，因此网络治理理论顺理成章地被很多学者应用于互联网治理研究中，如彭兰教授从网络治理理论出发诠释互联网的自组织式自治，认为作为平台性节点的网络服务提供者在互联网传播秩序、商业秩序及社会秩序的构建、网民信用体系建设、网民权利维护等方面发挥重要的作用。[1] 随着互联网信息内容治理的重要性凸显，对互联网治理的关注从技术转向政策和内容层面，网络服务提供者的治理责任被不断强调，平台作为守门人的理念正是在这一不断深化背景下不断发展累积起来的。网络治理理论去中心化多主体治理的主张，与非政府主导的多利益攸关方治理模式和政府主导的综合治理模式有异曲同工之处，但过分强调分散和弱化政府治理力量、赋权其他社会主体，不符合我国的治理实践和现实需要。从治理角度出发，多方协作、协同治理也并不是各个治理主体的权力职责均摊。在我国构建的网络综合治理体系中，

---

[1] 参见彭兰《自组织与网络治理理论视角下的互联网治理》，《社会科学战线》2017年第4期。

党政机关是网络治理的主导者,占据"权力点"的核心地位。其他多元主体的治理边界和关系往往难以廓清和调和,导致治理低效等问题。国际惯例在治理互联网中所采用的"多利益相关方"模式主要是在互联网基础设施、软件协议层面。在内容层,各国政府和网络服务提供商是治理的主导力量,这种治理的主导力量也引申出治理互联网的权力主体。

为了改变现有治理理论鸿沟(theory gap)的不适切情形,一种新的治理理论——元治理理论——被提出来。元治理(meta governance)即"治理的治理",这一概念最早由政治理论家杰索普提出,也是控制权下放的治理过程,以期达到自治和控制的平衡。[①] 元治理理论看到了每一种治理方式的不足之处,因此提出要统合和发挥科层治理、市场治理、网络治理等多种治理模式的优点,同时为了弥补网络治理中的去中心化、去权威性导致的治理失效,元治理在承袭多元主体参与治理的基本观点上强调国家(政府)在治理中担当关键性角色、发挥重要作用,简单说就是建构"一核(政府)多元(其他多主体)"的治理体系。

元治理"治理的治理"的视角能够帮助我们更好地理解网络信息内容多元主体协同治理中的多元主体协同,与近些年互联网治理中国家权威和角色强势回归不谋而合,各个国家的政府纷纷调整角色来重塑网络空间新秩序,也与学者提倡的互联网"守门人的守门人"理念非常相近。[②] 在我国网络综合治理体系中,突出体现党委领导、政府管理、企业履责、社会监督、网民自律等多主体参与,经济、法律、技术等多手段相结合,元治理理论和协同治理理论均比较契合我国的治理现状,为更好地理解、分析和阐释网络信息内容多元主体协同治

---

① 参见孙珠峰、胡近《"元治理"理论研究:内涵、工具与评价》,《上海交通大学学报》(哲学社会科学版)2016年第24卷第3期。
② 参见方兴东、钟祥铭、张权《"守门人"的守门人:网络空间全球治理范式转变》,《湖南师范大学社会科学学报》2023年第52卷第1期。

理问题提供了恰切的理论工具。

本书的主要目标是在协同治理理论、元治理理论等多学科理论框架下研究界定网络信息内容治理中多元主体角色与权责边界，构建网络信息多元主体协同治理体系与治理机制，服务我国信息传播管理制度创新和互联网治理实践。重点是构建网络信息多元主体协同治理的体系与机制。因此要在中外比较研究的视野下，厘清多元主体之间的权责边界，探索建立市场机制、技术标准、行业自律与社会自治等治理机制，构筑合法有效的多元治理格局。研究政府在网络治理中的理念和角色转换，网络服务提供者私利性与媒体公共性之间的平衡，行业组织自律机制和行业规则的建立，网络信息判断的第三方核查机制，信息技术工具在网络信息治理中的作用机制等重点难点问题。

第二节 网络信息内容治理的概念内涵及其演进

我国自 1994 年接入互联网以来，随着网络信息传播格局的不断演进，网络信息内容的概念不断演变，日益丰富。在 BBS 电子公告栏时代，网络论坛、聊天室、留言板首次赋予网民发布网络信息内容的权利，各类电子公告栏的内容既包括新闻爆料、对公共事务的讨论，也有一些低俗负面甚至极端言论。2000 年 9 月，信息产业部制定《互联网电子公告服务管理规定》，对各类电子公告服务实行备案管理，同时列出禁止发布的信息条目和处罚条款。这一时期刚刚起步的网络内容管理制度，主要是政府部门作为管理主体对网络服务商这一管理对象进行强制性管理，管理手段包括备案、禁止、惩处等。

进入 21 世纪，随着新浪、搜狐等商业门户网站和传统媒体设立的新闻网站出现，网站成为网民上网的主要入口，也是网络内容发布和传播的主平台，其中网络新闻成为信息内容的主流核心组成部分。随着网络内容的重要性提高，网络内容的管理开始出现多元主体、多种手段的趋向。管理主体除政府外，出现了介于政府和网络企业之间的行业协会，如2001年5月成立的中国互联网协会等。该协会作为中介沟通层的出现使网络治理对象从发布内容的网民转向了生产和传播专业内容的门户网站。由此，网络内容管理模式开始向治理模式发展，从单一的集权式管理模式转向治理模式的"多元主义"。[①]

2010年前后，随着博客、微博、微信等社交媒体平台出现，网络的移动化、社交化进一步推进信息内容生产和传播的低门槛和碎片化，信息内容的生产和传播主体趋于海量多样，治理主体更趋多元复杂，企业、网民等作为治理主体的参与作用得到制度确认。2012年12月28日，《全国人大常委会关于加强网络信息保护的决定》以法律文件方式首次明确网络服务提供者对用户发布信息的管理义务，发现法律、法规禁止发布或传输的信息，承担"停止传输""消除处置""保存记录""向主管部门报告"等义务，同时还明确实行网站接入和电话入网双重实名制。

在互联网发展的早期阶段，我国主要遵循传统管理的理念，即以政府为中心，依靠政府的权威和强制力来管理互联网，具有刚性、封闭和单一等特征。政府是网络管理的唯一主体，政府对网络是全方位的管理、自上而下的管理、以行政手段为主的管理和主要为了控制政治风险的管理。随着互联网技术迭代和传播功能升级，网络内容的海量和复杂使得政府对网络管理力不从心，接入互联网之初形成的以政府为主体、以业务许可制为基础、以规范有序为管理目标的自上而下的单向度管理模式陷入困境。政府分部门、按条块进行垂直管理，工信、宣传、公安等多部门分兵把守、九龙治水的格局下，参与互联网管理的政府部门曾多达16个。随着互联网媒体属性越来越强，网上媒体管理和产业管理远远跟不上形势发展变化，要求管理体制从政府主导的权威的自上而下的单向管理走向政府、市场、社会共同参与协作

[①] [英] Stephen P. Osborne 编著：《新公共治理?——公共治理理论和实践方面的新观点》，包国宪、赵胜军等译，科学出版社2016年版，第1页。

的上下互动、彼此合作、相互协商的多元共治模式。2013年11月,党的十八届三中全会通过的《中共中央关于全面深化改革若干重大问题的决定》,明确推进国家治理体系和治理能力现代化的改革总目标,对互联网治理专门做出要求。摸清并遵循互联网技术和信息传播的规律,推动互联网监管的现代化,建立现代科学的互联网监管体系,成为亟待解决的重大课题。从管理向治理的转变就是对这一课题做出的时代回答。

随着2015年至今算法技术在信息生产和分发中的应用,今日头条等智能化新闻聚合平台出现,网络信息内容形态更加丰富多元。我国的网络信息内容管理制度进一步从"权威管理"转向"共同治理",即从政府自上而下的管理转向强调政府、企业、社会组织和公民多方参与合作,以事中和事后监管为重点、发展与规范双目标并重。[1] 网络内容治理的技术支持,即依托人工智能、大数据、区块链等技术,实现网络信息内容的智能化治理。

我国接入互联网30年来,网络信息内容日渐丰富、复杂和重要,生产和传播主体趋于多元,包括专业媒体、机构媒体、自媒体、网络平台方以及用户自身,信息生产与传播的表现形式多样。[2] 对网络信息内容治理概念内涵的认识,要在网络综合治理体系的视角下,结合网络信息内容的治理主体、治理对象、治理环节、治理手段、治理技术等,与时俱进地理解网络信息内容治理概念及其内涵。在这一演进过程中,治理对象从网民发帖拓展到了网络新闻、网络视频、短视频等多种类型;治理环节从内容发布扩展为生产、发布、传播、审核等多个环节;治理手段从硬性管理到软硬手段相结合;治理主体从政府扩大为行业协会(社会)、企业(网络平台)、网民(用户)等多个主体;治理技术也不断向大数据、人工智能、内容质量

---

[1] 参见马骏、殷秦、李海英等《中国的互联网治理》,中国发展出版社2011年版,第19页。
[2] 参见谢湖伟、贺哲野、王卓《我国网络内容生产平台版权保护措施研究》,《出版科学》2019年第3期。

控制监管等演变①。

第三节　网络信息内容治理与网络综合治理体系的关系

随着互联网技术的迭代升级，网络信息内容的重要性和治理难度日趋上升。2011年5月成立的国家互联网信息办公室，主要职责就是"加强互联网信息内容管理"。2018年3月，根据《国务院关于机构设置的通知》，国家互联网信息办公室与中央网络安全和信息化委员会办公室"一个机构两块牌子"，列入中共中央直属机构序列，履行网络信息内容主管部门的职责。2019年12月国家网信办制定的部门规章《网络信息内容生态治理规定》明确，国家网信部门负责统筹协调全国网络信息内容生态治理和相关监督管理工作，各有关主管部门依据各自职责做好网络信息内容生态治理工作。网络信息内容生态治理，是指政府、企业、社会、网民等主体，以培育和践行社会主义核心价值观为根本，以网络信息内容为主要治理对象，以建立健全网络综合治理体系、营造清朗的网络空间、建设良好的网络生态为目标，开展的弘扬正能量、处置违法和不良信息等相关活动。网络信息内容多元主体协同治理成为网络综合治理体系的关键组成部分，既是网络治理的具体抓手，更是党和政府新闻舆论工作的核心所在。

如我国政治学者所提出的，"治理"是需要严格界定的一个学术概念，也是一个具有特指含义的现代概念。现代国家的治理体系要求构建民主、法治的现代国家机制，国家、社会与市场的多元共治则是现代国家强大治理能力的保障。因此，"治理"不能词义模糊地泛化使用，特别是现代化治理与中国传统治理不能毫无矛盾地共享"治

---

① 参见谢新洲、朱垚颖《网络综合治理体系中的内容治理研究：地位、理念与趋势》，《新闻与写作》2021年第8期。

理"一词。不能把治理等同于中国传统的治国理政，需要在现代转变的条件下，确立国家治理体系现代化，同时在激活国家、社会与市场活力的情况下，提升国家治理能力现代化。在健全网络综合治理体系的格局下，网络信息内容治理要走向"以人民为中心"的善治，既要尊重网民表达、交流的权利，也要依法构建良好网络秩序，保障广大网民的合法权益，营造清朗有序的网络空间。

一 网络信息内容治理与网络综合治理体系建设目标一致

党的十八大以来，党和国家对建立健全网络综合治理体系和加强网络内容建设多次做出部署安排，网络信息内容治理和网络信息内容生态建设成为网络综合治理体系制度建设的重点。网络信息内容治理和网络综合治理体系具有目标的一致性。两者均属于"党管互联网"的重点领域，要重点落实党管意识形态、党管网络内容、党管网络舆论的原则，以实现网络内容建设目标，助推网络综合治理，实现网络内容生态良好、网络空间清朗。

二 网络信息内容治理是网络综合治理体系的建设基础

网络信息内容治理与网络综合治理体系之间不是简单的部分和整体的关系，前者是网络综合治理体系建设的关键基础和前提。《网络信息内容生态治理规定》明确，网络信息内容治理的最终目的是建立健全网络综合治理体系、营造清朗的网络空间、建设良好的网络生态。通过明确三类信息，即7种鼓励制作、复制、发布的正能量信息，11种不得制作、复制、发布的违法信息，9种应当防范和抵制制作、复制、发布的不良信息，网络信息内容成为网络空间繁荣发展的决定性要素。网络信息内容治理就是要对标三类信息，推进以"正能量信息"为核心的互联网内容建设，禁止网络违法信息制作传播，防范和抵制"不良信息"制作传播，实现网络信息内容生态良好。

三 网络信息内容治理是网络综合治理的切入点和着力点

网络信息内容生产和分发的主体分散而多元，但这些主体都要"群聚"在各种网络平台，借助互联网的赋权，来完成信息内容的生产和传播。这种群体聚集从传统的身体聚集转向互联网的注意力聚合和表达聚合。有学者认为，互联网虽具有人际传播、组织传播、大众传播等多种属性，但本质属性是传播主体极端多元的群体聚集性传播，即"群聚传播"。互联网传播的特殊性背后是网络信息内容的特殊性。这种特殊性使网络平台成为网络信息内容治理的主要抓手，也成为网络综合治理需要破解的重要难题。通过对平台的治理与监管，既能实现对网络内容的治理，又为网络综合治理找到了得力的抓手，使网络综合治理有了切入点和着力点。

四 网络信息内容治理是新时代新闻舆论工作的核心内容

互联网成为新的社会基础设施，网络新媒体平台很大程度取代传统媒体的信息传播和舆论引导功能，新闻舆论工作空前地与网络信息内容生产和传播密切联系在一起。构建良好的网络舆论环境，离不开网络信息内容的有效治理。网络信息内容治理不仅影响网络内容产业发展与内容商业模式创新，更事关新时代党的新闻舆论工作的整体部署，是掌握意识形态工作领导权的重要手段。网络内容治理会对我国社会的政治、经济、文化等领域产生深远影响，在意识形态工作、新闻舆论引导上具有重要意义。①

---

① 参见谢新洲、朱垚颖《网络综合治理体系中的内容治理研究：地位、理念与趋势》，《新闻与写作》2021年第8期。

第四节　网络信息内容治理的发展趋势

在网络综合治理体系视角下，网络信息内容治理应当推动治理技术的智能化、治理制度的法治化和治理体系的系统化，构建多元主体、多种手段、多个环节相衔接的系统化、体系化治理模式。

一　网络信息内容治理技术的智能化

互联网是技术催生的产物，依靠技术对网络信息内容进行治理的理念和做法由来已久。莱斯格在论述网络治理中技术的重要性时认为，"根植于软件和硬件中，指引着网络空间的塑造，构成了社会生活的预设环境和架构"[①]。在智能传播的环境下，仅仅靠人工对网络信息内容进行审核处理已远不能适应需要，技术在信息内容治理中的应用越来越普遍。从早期的简单拦截、过滤等直接管控技术，逐步发展到借助过滤软件等技术发现问题后及时处理。随着人工智能、算法、大数据等智能技术的应用，将能构建起综合化、体系化的网络信息内容预警系统，实现信息内容的全面检测、提前预警、应急处理。政府、网络平台等网络治理主体可独立开发或与技术公司合作构建网络信息内容安全系统，对违法有害信息、谣言和虚假信息、低俗和不良信息等内容，借助技术进行收集汇总、分析研判和处置。在突发公共事件中，同时要发挥各级网信部门开通的违法和不良信息举报中心作用，强化投诉举报机制在发现违法和不良信息线索的功能，结合相关技术提高网络信息内容治理的反应速度。

[①] ［美］劳伦斯·莱斯格：《代码2.0：网络空间中的法律》，李旭、沈伟伟译，清华大学出版社2009年版，第136页。

二 网络信息内容治理制度的法治化

网络法治是全面推进依法治国的重要部分,依法治网是网络综合治理体系的基石,同样是网络信息内容治理要遵循的核心制度。推动网络信息内容治理制度的法治化,实现网络信息内容的善治必须先有良法,即符合法治原则和要求的网络信息内容法律制度,包括实体制度、规则体系和程序规范。目前,我国已初步搭建起网络信息内容的法律制度,法律有《网络安全法》《个人信息保护法》《数据安全法》《全国人大常委会关于加强网络信息保护的决定》等,行政法规有《互联网信息服务管理办法》《计算机信息网络国际联网安全保护管理办法》《互联网上网服务营业场所管理条例》《电信条例》《计算机信息网络国际联网管理暂行规定》等,部门规章有《生成式人工智能服务管理暂行办法》《互联网信息服务深度合成管理规定》《互联网用户账号信息管理规定》《互联网信息服务算法推荐管理规定》《网络信息内容生态治理规定》《互联网新闻信息服务管理规定》《网信部门行政执法程序规定》《网络出版服务管理规定》《互联网视听节目服务管理规定》《互联网等信息网络传播视听节目管理办法》《互联网信息内容管理行政执法程序规定》,其他规范性文件有《互联网跟帖评论服务管理规定》《互联网弹窗信息推送服务管理规定》《互联网用户公众账号信息服务管理规定》《微博客信息服务管理规定》《互联网群组信息服务管理规定》《互联网论坛社区服务管理规定》《互联网直播服务管理规定》《互联网新闻信息服务单位约谈工作规定》《互联网用户账号名称管理规定》《即时通信工具公众信息服务发展管理暂行规定》。有了较为完善的法律制度,是网络法治的基础条件。要推动网络信息内容治理制度的法治化,还需满足三个方面的要求:一是法治要有最高权威,网络治理主体和治理对象都必须遵守,这是法治的规范要求;二是法治要体现公平正义原则,遵循权利保护和权力制约原则,法律不仅治民更要治官，防范权力滥用，这是法治的价值要求；三是法治必须与经济、社会协调发展，不能与经济、社会脱节，这是法治的功能要求。① 三个要求兼顾才是全面的法治观，才能做到权利与秩序、公平与效率、规则与原则、一般正义和个别正义、程序公正和实体公正等多元价值兼顾，避免顾此失彼，陷入法律形式主义或虚无主义的困境。推进网络强国建设，需要提升网络法治水平，充分发挥法治在网络治理中的基础性作用。

三　网络信息内容治理制度的系统化

建成网络综合治理体系后，网络信息内容治理不能固守"出现问题再处理"的问题应急式管理模式，而是要推进网络信息内容治理制度的体系化、系统化和现代化。我国网络法治的现状存在立法体系性不强，科学性不够，立法层级较低，主体为部门规章和其他规范性文件，重要立法与配套规定缺位，执法体制分散，执法方式传统，执法手段有限，应急式管理与日常规范执法"两张皮"，执法有效性与执法公信力难以兼顾，执法裁量权过大，执法对象的守法意识不强，违法成本低收益高，执法监督体系不健全，司法审判人才与经验欠缺等问题。增强网络法治的强度与权威的同时，不能简单地将网络治理归纳为国家中心主义的规则之治，要以共治思维推动网络信息内容问题系统解决，对照网络综合治理体系的要求，在网络治理中落实党委领导、政府负责、社会协同、公众参与多元主体协同，法治、德治、自治、智治相结合，构筑多元主体参与、多种治理方式并用、激励约束并重、依法治理与数据治理互相补充的网络共治新格局，推动网络共治迈上新台阶。②

---

① 参见周汉华《网络法治的强度、灰度与维度》，《法制与社会发展》2019年第6期。
② 参见周汉华《网络法治的强度、灰度与维度》，《法制与社会发展》2019年第6期。

第四章 网络信息内容多元主体协同治理的基本内涵与体系构建

第一节 网络信息内容多元主体协同治理的基本内涵

网络信息内容治理是互联网治理的重中之重。网络信息内容多元主体协同治理是网络综合治理体系的核心组成部分。

网络综合治理就是在各级党委领导下,由政府承担管理主导责任,各有关职能部门充分发挥职能作用,依靠企业、社会以及网民的自律与他律,融合经济、法律、技术等多重手段,化解矛盾、完善管理,切实维护网络空间清朗,保障各行为主体的合法权益[①]。

网络综合治理体系的核心要义就是要解决多元治理主体整合和多元治理手段联动,明确各自的治理权责,调动各类治理资源,形成完善协同共治的治理过程,实现良法善治的治理效果。因此网络信息内容多元主体协同治理体系与网络综合治理体系的构成要素具有内在的同一性。

具体而言,网络信息内容多元主体协同治理体系涵盖以下五方面的构成要素。

其一,治理主体。互联网已成为社会基础设施,深刻地改变和重

---

① 参见韩志明、刘文龙《从分散到综合——网络综合治理的机制及其限度》,《理论探讨》2019年第6期。

塑政治、经济、文化和公众生活，网络空间成为亿万民众共同的精神家园。网络空间表达自由和秩序之间冲突与平衡成为各国需要面对的重要问题。互联网的匿名性、去中心化和强交互性等特征，使得传统社会的集中化管理难以实现这一目标，单一依靠政府一元主体不能维护网络空间的信息秩序。需要网络空间的多元主体承担相应的责任和义务，发挥多元主体的优势，形成多种治理手段和治理资源协同的效果。

其二，治理手段。要对网络空间的信息内容和不同主体的各种行为进行规范，需要综合采用经济、法律、技术等多种治理手段，其中多元主体的参与治理行为包括党委领导、政府管理、企业履责、社会监督、网民自律等。

其三，治理权责。无论是构建综合治理体系，还是形成网络信息内容多元主体协同治理体系，都需要明确多元治理主体的权利（权力）、义务和责任边界。不仅要为政府治理网络的公权力划清边界，防范政府滥用管制性权力，过度限制网络表达自由和经营自由，扼杀网络活力，也要明确网络平台的私权力边界，让平台善尽责任，同时防止平台承担过重责任和义务。其他主体也要根据自身特性，明确在网络治理中的职责，廓清不同主体的治理权界，推动多元主体承担网络治理的相应责任，实现网络信息内容协同治理的良好效果。

其四，治理过程。多元主体协同治理的内涵就在于不同主体之间构建协商、协同机制，形成网络治理合力。具体包括党和政府部门的协同，党政部门与网络企业、社会组织和网民之间的协作。

其五，治理资源。在网络治理中，没有哪个主体可以凭借单一主体的资源、能力来解决网络治理的难题，必须依靠多元主体间的治理资源整合与共享，以超越单一治理主体的限度与不足，实现网络信息内容的多元主体协同治理。[①]

[①] 参见李超民《新时代网络综合治理体系与治理能力建设探索》，《人民论坛·学术前沿》2018年第18期。

在网络综合治理体系中，多元主体协同治理是其突出特征。只有调动多元主体、丰富治理手段、明晰权责边界、协同治理过程、共享治理资源，才能真正提高治理效果和效能。

第二节　构建网络信息内容多元主体协同治理体系的重要性

中央确立建立健全网络综合治理体系的基本方针以来，全国上下依照中央全面深化改革委员会通过的《关于加快建立网络综合治理体系的意见》，持续探索中国特色治网之路，全面提升治网管网能力水平，集中破解网络信息内容多元主体协同治理体系这一难点问题，以真正形成"党委领导、政府管理、企业履责、社会监督、网民自律等多主体参与，经济、法律、技术等多种手段相结合的综合治网格局"。当前，虽然网络综合治理体系基本建成，基本形成互联网领导管理、正能量传播、网络内容管控、社会协同治理、网络法治、技术治网等六大体系，但依然面临着实现互联网由"管"到"治"根本转变的一系列障碍困境，多元主体协同治理的一系列重点难点问题亟待破解。

一　网络信息内容多元主体协同治理亟待破解的重点、难点问题

（一）多元主体的协同治理效能有待进一步提高

我国自接入互联网以来形成的网络管理制度，突出体现为强化政府的主导地位，政府依据行政主导形成的网络法律和政策，对各类网络违法违规行为和内容施以命令性、禁止性、任务性治理措施，一般体现为行政主体的直接行为，如专项整治行动、行政处罚或责令互联网企业代为删帖等行为，较少体现为对政府之外多元主体力量的调动和协作。而随着网络综合治理理念的提出，党委、政府、企业、社会、网民等多元主体越来越被要求参与到网络治理之中。

近年来我国颁布的网络治理的法律法规和政策性文件,都明确要求多主体参与网络治理,并设定了党管互联网、政府主管责任、平台主体责任、网络信息内容标准、用户自律机制、违法有害信息举报投诉等制度。互联网行业组织和行业规范逐步建立起来,畅通了用户参与网络治理的渠道,提高了网络治理的社会监督力度。但由于多元主体协同治理的体制机制尚未理顺,党委、政府、企业、社会、网民等不同主体参与网络治理的程度差异很大,有的主体尚未实质性参与。如党委和政府主管部门治网管网的意愿和动力很强,但掌握的治理手段、治理资源有限,难以解决所有的治理难题。平台等互联网企业具备技术优势,法律法规也通过明确网络服务提供者主体责任而赋予其信息内容管理等义务,但法律法规偏笼统模糊的要求尚未变成具体明确、符合法治要求的内容审核标准,这些标准在实际运行中,平台审核判断和处理规则、保障用户权利的规则还不够明确,企业常作为被动参与者,没有内在的积极性参与常态化的网络治理行动。而社会组织和网民群体,则要么缺乏参与网络治理的强烈愿望,要么缺乏参与网络治理的必要素质和能力。

(二) 协同治理的机制尚未完全建立

建立有效的协作关系,发挥多元主体的合力,是治理有别于传统统治和管理的重要特点。[1] 从实践看,面对互联网技术和应用飞速发展,我国互联网管理体制存在明显弊端,主要是多头管理、职能交叉、权责不一、效率不高。究其原因,主要在于不同主体之间的协同性不够,各自的治理手段碎片化,没有形成合力,缺乏协同治理的长效机制。一方面,网络综合治理体系还需进一步健全,相关的网络治理政策制度还需加强顶层设计,网络信息内容治理的法律法规还需完善。另一方面,网络综合治理中的多元主体协同的环节和

---

[1] Salamon L. M., Elliott O. V., *The Tools of Government Action: A Guide to the New Governance*, Oxford University Press, 2002.

标准不够明确，多元治理主体的权责内涵和边界不够清晰，整体协同合作还未实现制度化、常态化。因网络空间基础资源和技术资源在不同主体间的不均衡分布，面对不同治理问题，同一层级主体在平行方向的资源整合和力量协同较难实现，更多依靠自上而下的治理力量整合和落实。

（三）协同治理的前瞻性和系统性不足

在国家治理现代化背景下，网络综合治理就是要在多元主体、多种治理手段的协同配合下，持续深化互联网领导管理、正能量传播、内容管控、协同治网、依法治网、技术治网体系建设，推动网络治理由事后管理向过程治理转变、多头管理向协同治理转变，净化网络生态，推动网络空间清朗。①从我国网络治理实践看，最常见的治理形态还是运动式治理，2013年至今，每年通过各种专项整治行动对网络谣言、网络色情、网络直播、短视频、自媒体等网络空间特定问题乱象进行集中整治，以达到网络主管部门确定的治理目标。先后发起"净网""剑网""清源""护苗"等专项行动。据国家网信办发布的信息，2022年，国家网信办共组织开展13项"清朗"专项行动。2023年"清朗"系列专项行动，将以"推动形成良好网络生态"为工作目标，聚焦新情况新问题以及影响治理成效的难点瓶颈，开展一系列专项整治，其中9方面问题是重中之重，具体包括：整治"自媒体"乱象；打击网络水军操纵信息内容；规范重点流量环节网络传播秩序；优化营商网络环境，保护企业合法权益；整治生活服务类平台信息内容乱象；整治短视频信息内容导向不良问题；整治暑期未成年人网络环境；整治网络戾气；整治春节网络环境。②为做好第三十一

---

① 参见杨立群《健全综合治理体系，营造良好网络生态》，《红旗文稿》2023年第1期。
② 2022年，国家网信办组织开展的13项"清朗"专项行动，共清理违法和不良信息5430余万条，处置账号680余万个，下架App、小程序2890余款，解散关闭群组、贴吧共26万个，关闭网站7300多家，有力维护网民合法权益。参见刘欣《国家网信办持续开展"清朗"系列专项行动 今年重点整治九方面网络生态突出问题》，法治网，2023年3月30日，https：//baijiahao. baidu. com/s? id =1761752307821921358&wfr = spider&for = pc，2023年7月20日访问。

届世界大学生夏季运动会保障工作，中央网信办秘书局和成都大运会执委会决定自 2023 年 7 月 18 日起开展为期 20 天的"清朗·成都大运会网络环境整治"专项行动。专项行动围绕大运会举办，集中整治涉及大运会及相关地区公共政策、社会民生领域虚假信息、捏造可能引起恐慌的灾难事故、违法犯罪、食品产品质量问题有关谣言的 6 类突出问题。要求各地网信办提高政治站位，深入开展专项整治工作，督促属地网站平台严格履行主体责任，加强排查处置，对工作落实不力的网站平台，依法依规进行处罚。[①]

  网信部门推进的专项行动聚焦的是近年来最为突出的、亟待解决的、影响面广的、危害性大的重要问题，体现了我国网络主管部门对网络乱象整改的突出做法。专项整治行动涵盖政府、平台（包括 MCN 机构）、行业组织、网络用户等多元主体，综合运用政治、法治、德治、自治、智治等治理手段，抓住当下网络治理的重点和要害问题，对不合规、不合法的网络行为全力整改，针对性强、覆盖面广；对网络违法有害内容等进行清理，恢复网络秩序，优化行业风气，清朗网络生态，能在短时间内取得明显治理效果。通过层层压实责任，会对相关行业产生极大的警示作用。同时使网友能够正确认识网络，分辨网络违规违法行为并做出正确判断，用法律武器保护自身的合法权益。[②] 专项行动是一项系统工程，需要各方协同发力，涉及多元治理主体协同合作和多种治理手段的综合运用，但它属于运动式治理的范畴，不应该成为网络综合治理实践的主要形态。[③] 从专项整治这种运动式治理中积累制度化、法治化长效治理的资源，防止形成过度依赖运动式治理的习惯，是构建网络信息内容多元主体协同

---

① 参见中央网信网《关于开展"清朗·成都大运会网络环境整治"专项行动的通知》，2023 年 7 月 18 日，http://www.cac.gov.cn/2023-07/18/c_1691330434832775.htm，2023 年 7 月 30 日访问。
② 参见钟茜《2022 年"清朗"行动剑指十大乱象》，《综艺报》2022 年第 7 期。
③ 参见卢剑峰、张文祥《"清朗"专项行动：网络治理的"五治"协同》，《综艺报》2022 年第 7 期。

治理的常态化机制。

二 网络信息内容多元主体协同治理机制的健全与完善

当前我国基本建成网络综合治理体系，网络空间生态环境日益清朗。伴随互联网新技术、新应用、新业态不断涌现，网络空间还存在网络谣言、网络诈骗、虚假宣传、泄露个人隐私等新问题，如何更好地加强互联网内容建设、推进网络信息内容治理，构建网络生态和数字文明成为重要课题。互联网平台企业应当继续完善内部管理机制，强化内容审核管理，搭建起常态化生态治理工作机制，进一步聚焦网络生态中的深层次问题，共同打造网络生态协同共治的"同心圆"。互联网平台企业要不断强化社会责任，强化对新技术的治理，推动企业科技向善，不断完善企业内部技术治理的组织体系和制度体系，持续提升内容治理、算法治理效果。① 要推进网络信息内容多元主体加强协同性，形成合力，构建协同共治的长效机制。

（一）完善基于五大主体的协同治理结构

网络综合治理体系的内在要求就是调动多元主体的积极性，形成多元主体对网络信息内容协同合作治理基础上的"共建共治共享"关系，实现网络信息内容合法合理和有效治理。要提高网络综合治理能力，形成党委领导、政府管理、企业履责、社会监督、网民自律等多主体参与，经济、法律、技术等多种手段相结合的综合治网格局。这为网络信息内容多元主体协同治理提供了制度基础。

"党委领导"是网络综合治理体系的核心要素，是贯彻落实"党管互联网"要求的必然体现。习近平总书记强调，必须旗帜鲜明、毫不动摇坚持党管互联网，加强党中央对网信工作的集中统一领导，确

---

① 《我国网络综合治理体系基本建成》，法治网，2023 年 7 月 26 日，http：//www.legaldaily.com.cn/newzt/content/2023－07/26/content_ 8880342.html。

保网信事业始终沿着正确方向前进。① 党中央负责对互联网治理进行顶层设计和决策部署，各级党委负责将党中央的理念和决策贯彻落实。作为互联网治理体系中的组织角色，我国互联网领导管理机构的变迁体现了互联网相关领域重大工作的顶层设计、总体布局、统筹协调、整体推进、督促落实。中国特色社会主义进入新时代，党领导和管理网络的能力面临一系列新形势和新挑战。党管互联网是党管媒体原则在互联网时代的体现，也是新时代党的新闻舆论工作党性原则的内涵体现，更是网络信息内容多元主体协同治理体系的核心关键。

政府在我国接入互联网以来一直是网络管理的主导者，在网络综合治理体系和多元主体协同治理中也承担着最重要的管理者角色和使命。不仅负责网络治理的政策举措出台、行政立法制定，还从事行政执法，落实网络意识形态引领、网络内容建设等要求。但是，随着互联网发展，特别是随着网络的移动化、社交化、智能化发展，社会治理模式正在从单向管理转向双向互动，从线下转向线上线下融合，从单纯的政府监管向更加注重社会协同治理转变。当前，政府在网络治理中存在的主要问题集中在：传统管理思维与互联网管理之间的排异性与无效性，管理理念过于保守，开放程度与创新能力不足；顶层设计较为分散，统一性不强，各部委机关各自对互联网进行规划，既不利于互联网的发展，还会降低互联网管理的效率；互联网管理中行政的"有形之手"过长，市场的"无形之手"运用不够，具体表现为"外行领导内行"和管理部门处于"疲于应付"的状态等，亟须推进网信等政府部门对网络管理的体制机制进行建设和优化。一是切实树立全局意识，培育协作观念，创新治理结构，明确政府各部门的主要职责，实现网络治理从单一管理向统筹协调管理、硬性管理向柔性管理转变，提升多元主体的治理效能。二是完善和细化网络治理相关的

---

① 参见中共中央党史和文献研究院编《习近平关于网络强国论述摘编》，中央文献出版社2021年版，第10页。

实体制度和程序规定，构建"合理分工、过程调适、齐抓共管、优势互补"的网络综合治理运行机制。

互联网企业兼具治理主体和治理对象双重角色，是网络综合治理体系中最重要的主体之一。一方面，互联网企业要发挥平台优势，积极承担网络治理的主体责任，配合政府主管部门推进协同合作治理，落实网络共治共享要求。另一方面，互联网企业要约束自身行为，在信息内容审核和经营行为中，要努力承担社会责任，不得滥用私权力，建立健全网络安全风控机制，信息发布应当确保导向正确、事实准确、来源规范、合法合规，实现商业利益与公共利益的平衡。

社会监督是指调动行业协会、社会组织等各类社会力量参与网络治理。社会主体的网络治理行为不具备强制力，主要是通过自律倡导、监督评价、沟通协作、社会教育等方式来实现。首先，应当建立和完善网络行业自律规范和公约，促进行业成员间对网络治理目标形成共识。其次，密切行业成员与社会的沟通协作，建立通畅的意见反馈渠道。最后，要构建网络社会化治理机制，吸纳整合行业、高校、科研机构、民间团体等社会力量参与，推进网络治理的社会化交流合作。

网民在网络空间的行为，如信息上传、浏览、阅读、转发、点赞、打赏、付费等行为和数据本是网络治理的重要对象。在网络综合治理体系中，网民也成为多元治理主体中的一员，成为网络空间治理的重要参与者。当前我国网民规模已达到近11亿，网民都兼具信息传者和受者双重身份，提高网民的网络新媒体素养，培育网民自律意识，发挥他们在网络治理各个环节中的监督作用，完善网络空间违法有害信息举报投诉机制，鼓励对网络空间的违法有害信息内容和非法行为的投诉举报，保护网络用户权利，就成为发挥广大人民群众的治理主体力量，以及实现网络综合治理、建设网络文明的重要方面。

（二）探索多种治理手段的协同

党的十九大明确的综合治网格局，突出特点是经济、法律、技术等多种手段相结合。网络治理是信息时代国家治理的新领域新问题，不能照搬传统管理模式，也不能依靠单一管理手段，需要发挥各方作用，运用多种手段，提升全方位、多维度的综合治网能力。① 在多元主体协同治理的体系中，不同主体的权责设定和参与治理方式要与多样化的治理手段相匹配。

依法治网是网络综合治理的基础性手段。与其他治理手段相比，法律更具基础性、根本性、权威性、稳定性。② 网络综合治理体系要求做到依法管网、依法办网、依法上网，就要以法律来约束和规范网络治理主体和其他网络行为主体的各类行为。我国接入互联网 30 年来，以网络信息内容管理为重点，已基本形成比较系统化的网络法律法规体系。特别是党的十八大以来，加快网络立法步伐，推动出台《网络安全法》《数据安全法》《个人信息保护法》《关键信息基础设施安全保护条例》等法律法规，《互联网信息服务算法推荐管理规定》《互联网新闻信息服务管理规定》《互联网用户公众账号信息服务管理规定》等部门规章和规范性文件，通过执法约谈、责令整改、下架、停更、罚款、通报等手段，加大网络行政执法处罚制度建设，初步构建起国家和省（区、市）两级网络执法队伍和工作体系。

经济手段指的是网络综合治理需要遵循市场经济运行规律，以经济手段调控网络利益。网络谣言、网络色情、隐私和个人信息泄露等网络安全问题的出现，背后都隐藏着相应的经济利益问题。在网络综合治理的具体操作中，以经济手段有效调控利益关系是缓和冲突的根本方法。③ 通过经济手段，调动互联网企业等各类主体主动参与和主动合规的积极性，推动网络空间形成良好市场秩序，有效抵制各种形

---

① 参见盛荣华《加快建立网络综合治理体系　全面提升治网管网能力水平》，澎湃新闻，2022 年 6 月 9 日，https://m.thepaper.cn/baijiahao_18492519，2023 年 7 月 20 日访问。

② 参见陈廷《中国特色的网络综合治理体系研究：建构逻辑与完善进路》，《国家治理现代化研究》2019 年第 2 期。

③ 参见张卓《网络综合治理的"五大主体"与"三种手段"——新时代网络治理综合格局的意义阐释》，《人民论坛》2018 年第 13 期。

式的网络寻租，实现网络生态的自我净化。

技术手段是互联网形成和发展的基础，也是全球网络治理最早采取的手段和方式。当前互联网治理的方式虽然日渐丰富多样，但技术治理手段依然十分重要，特别是随着算法、大数据等技术在网络空间获得广泛使用，信息的智能传播和网络的智能化治理（简称"智治"），网络信息传播及治理中技术应用的重要性更加凸显。网络信息技术的研发、网络与数据安全的维护、网络智能化监管体系的构建与完善，成为网络治理亟待研究破解的重要问题。具体在网络信息内容多元主体协同治理的视域下，对各种网络虚假和有害信息的治理，在依靠人工甄别和判断的同时还需借助技术手段，否则法律规范和政府监管的要求就难以实现。但技术过滤和处理也有机械生硬、限制过宽等弊端。对网络治理信息技术工具应用现状进行评估，系统研究人工智能技术条件下涵盖身份识别技术、网络内容获取技术、图片和语音识别技术、取证技术等的信息技术工具体系和理论，探索建立网络信息治理中技术工具的应用范围、使用程序、操作规范、评价标准，为网络空间的技术治理纠偏和把关，促进网络信息智能化治理的法治化、规范化就成为本课题研究的重点问题。

三 综合治理体系下的网络信息内容治理理念

网络治理的综合协同，不仅体现在治理主体和治理手段的多元协同，还应当体现在网络治理的系统性谋划、综合性治理、体系化推进，在治理目标、治理思维、治理策略等方面实现综合协同，必须在网络综合治理体系下的实现网络内容治理理念创新，才能推动网络生态持续向上向善向好。

（一）网络信息内容的系统治理理念

党的十八届三中全会和党的十九届四中全会都把"系统治理"放

在网络治理制度体系的首位,要求"形成系统完备、科学规范、运行有效的制度体系"。网络信息内容治理是一项系统性工程,"系统治理"应当成为网络内容治理的核心理念。系统治理理念要求把互联网内容看作一个整体,要进行点面结合的治理,既要有点对点的具体问题处理,还要有对网络生态环境治理的总体规划和治理目标整合。不仅要着眼网络内容本身的治理,还需要结合政治、经济、文化、社会等系统,来生态化地认识和推进网络内容治理。

(二) 网络信息内容的多方协作治理理念

多方协作强调党委、政府、企业、社会、网民等多主体之间的合作,这种治理理念和制度能够比单一治理模式更有效和更合理地达到治理目标。但多方协作也不是各主体权责均摊,而是要有各自具体的权力分工配置。在中国特色的网络内容治理体系中,党委和政府是内容治理的主导者,通过制定和执行网络内容治理的政策、法律等"硬法规范",对违法有害行为和内容进行规制。行业协会和网络平台则更多依靠行业规范、平台规则等"软法规范"对网络内容进行规范,不同主体之间进行分工合作,达到治理效果。软法是指不能运用国家强制力保证实施,而主要依靠国家激励、当事人自愿服从或者社会自治力等方式的软法规范,包括政策、纪律、自治规范。软法可弥补单一硬法之治的结构性缺陷,提高法的正当性和实效,降低法治与社会发展成本,回应公共治理,推动法治目标的全面实现。软法之治在弥补单一硬法之治的结构性缺陷方面具有重要意义,但它并非完美无缺,在相当程度上,软法之治也是把"双刃剑",非理性的软法之治很有可能蜕变成为"法治底下的人治",背离法治目标,与硬法之治势不两立。网络内容的多方协作理念主要体现在党委领导、政府管理、社会监督、企业履责、网民参与以及传统媒体与新兴媒体深度融合、跨界协作、多元互动的网络内容生态建设规划,着力于改变网络内容的多头管理模式,实行多元主体参与下的集体共建,描绘出网络内容生态治理的"一中心、多主体、立体化、协同化"

的"同心圆"结构。①

（三）网络信息内容的源流兼顾治理理念

网络信息内容治理中，既要对信息内容的生产和发布源头进行预防性、预警性治理，还要关注网络信息内容的传播轨迹和信息流动，以动态和整体的视角对待网络信息内容治理，并纳入网络内容治理中。因为有的网络内容在生产、发布环节没有问题，但在传播过程中发生信息内容失真、变形，产生负面效应或消极影响。对这类内容传播中出现的问题要有长远的治理方案，要对网络内容生产、发布以及内容的平台分发、传播等环节进行源流兼顾式的全方位、全覆盖治理。

（四）网络信息内容的标本兼治治理理念

标本兼治治理理念的确立是为了解决网络内容治理中存在的头痛医头脚痛医脚、治标不治本的弊端。网络内容环境存在问题的复杂性，导致网络舆论和网络生态治理面临诸多困难，仅仅着眼问题处理，对网络内容进行封删堵，难以从根本上解决网络空间存在的问题。需要着眼网络内容治理体系的多领域、多环节、多主体、多手段，构建标本兼治的治理价值理念，推动网络治理由专项整治行动转向常态化、长效化的综合治理。

---

① 参见谢新洲、朱垚颖《网络综合治理体系中的内容治理研究：地位、理念与趋势》，《新闻与写作》2021年第8期。

第五章　党管互联网：网络信息内容多元主体协同治理的核心关键

党的十八大以来，我国以建设网络强国为目标，把网络信息内容治理作为网络综合治理体系建设的重点，调动多元主体的积极性，推进形成多元主体"共建共治共享"的协同合作治理关系，实现网络有效治理。明确要求提高网络综合治理能力，形成党委领导、政府管理、企业履责、社会监督、网民自律等多主体参与，经济、法律、技术等多种手段相结合的综合治网格局。这些要求为网络信息内容多元主体协同治理提供了制度基础。2021年3月，国务院政府工作报告首次对加强互联网内容建设和管理作出论述，明确要"加强互联网内容建设和管理，发展积极健康的网络文化"。

目前，党的十九大提出的网络综合治理体系已基本建成，初步形成网络信息内容多元主体协同治理的机制。习近平总书记就网络信息内容治理问题指出，"企业要承担企业的责任，党和政府要承担党和政府的责任，哪一边都不能放弃自己的责任。网上信息管理，网站应负主体责任，政府行政管理部门要加强监管，主管部门、企业要建立密切协作协调的关系"。[①] 党委、政府、企业、社会、网民在网络信息

[①] 参见中共中央党史和文献研究院编《习近平关于网络强国论述摘编》，中央文献出版社2021年版，第10页。

内容治理中的职责、功能应当得到进一步明确，以真正实现治理主体多元化、治理手段多样化、治理权责清晰化、治理过程协同化、治理资源共享化。

"党委领导"是网络综合治理体系的核心要素，是贯彻落实"党管互联网"要求的必然体现。必须旗帜鲜明、毫不动摇坚持党管互联网，加强党中央对网信工作的集中统一领导，确保网信事业始终沿着正确方向前进。党中央负责对互联网治理进行顶层设计、决策部署和方针政策把握，各级党委负责将党中央的理念和决策贯彻落实。作为互联网治理体系中的组织角色，我国互联网领导管理机构的变迁体现了互联网相关领域重大工作的顶层设计、总体布局、统筹协调、整体推进、督促落实。[①] 中国特色社会主义进入新时代，党领导和管理网络的能力面临一系列新形势和新挑战。党管互联网是党管媒体原则在互联网时代的体现，也是新时代党的新闻舆论工作党性原则的内涵体现，更是网络信息内容多元主体协同治理体系的核心关键。

第一节　党管互联网：党管媒体原则在网络空间的延伸

一　党管互联网政治原则的实质内涵

针对互联网日益增强的影响，我国明确要求坚持和加强党管互联网。在党的历史上，曾提出"党管军队""党管宣传""党管干部""党管人才""党管政法"等。"党管互联网"是中国共产党在信息时代条件下再一次提出的一项根本性政治原则。这一原则要从政治全局的战略高度认识和把握。第一，党管互联网，就要管政策、管方向。各级党委要切实担负起推进网信事业发展的政治责任和领导责任。主要领导作为第一责任人，重要问题要亲自研究、重要工作要亲自推动、

---

① 参见郭全中《协同共生：健全网络综合治理体系研究》，《中州学刊》2023年第9期。

重要事件要靠前指挥。要将网信工作成效纳入党政领导干部考核内容，确保中央关于网信工作的决策部署不折不扣落到实处。各级领导干部，特别是高级领导干部，要适应信息化要求，强化互联网思维，自觉学网、懂网、用网，不断提高对互联网规律的把握能力、对网络舆论的引导能力、对信息化发展的驾驭能力、对网络安全的保障能力。要善于运用互联网技术和信息化手段开展工作，要动员方方面面齐动手，全社会共同参与。第二，党管互联网，就要管体制、管机制。党的十八大以来，在以习近平同志为核心的党中央领导下，我国互联网的领导管理体制不断改革完善。2014年2月，成立了中央网络安全和信息化领导小组，明确把中央网信办列入党中央序列，为中共中央直属正部级机构，有政府的行政管理职能。2018年3月，中央印发《深化党和国家机构改革方案》，将中央网络安全和信息化领导小组改为中央网络安全和信息化委员会，强化了网信领域重大工作的顶层设计、总体规划、统筹协调、整体推进和督促落实。2020年2月，习近平总书记在中央网信委第三次会议上指出，要加强管网治网工作的体系建设，使管网治网的体系更加科学规范、运行有效。落实总书记的指示精神，中办、国办于2022年印发通知，对中央网信办内设机构和职责进行了调整，新的工作体系协同高效、运转顺畅、充满活力。落实党和国家机构改革方案，2018年3月，国家计算机网络与信息安全管理中心由工业和信息化部划归中央网信办管理，推进网络执法队伍建设。积极推进中央、省、市网信三级工作体系建设，31个省、区、市和新疆生产建设兵团全部成立党委网信办，全国406个地市均成立了网信办，3000多个县、市、区中95.5%设立了网信办。2021年，中央网信办会同中央组织部印发通知，明确地方党委网信部门领导同志实行双重管理，从体制和机制上保证了网信事业的顺利发展。第三，党管互联网，就要管法治、管制度。党的十八大以来，网络法治取得历史性的进展。一是筑牢法治之基。一批重要法律法规相继出台，包括《党委（党组）网络意识形态工作责任制》《网络安全法》《电子商务法》《数据安全法》《个人信息保护法》《关键信息基础设施安全保护条例》等一批基础性、全局性立法，网络立法的顶层设计基本完成。二是，还出台了治网、管网的一系列法规、制度，同时加大执法力度，提升执法成效，加强执法队伍建设，加强网络普法工作，网络法治建设取得重大进展。第四，党管互联网，就要管干部、管人才。习近平总书记高度重视网信干部队伍建设，将"人才要强"作为网络强国建设"五个要强"的目标之一，多次强调"网络空间的竞争，归根结底是人才竞争"。网信领域是技术密集型、创新密集型领域，千军易得，一将难求，必须聚天下英才而用之。互联网主要是年轻人的事业，要不拘一格降人才，要解放思想，慧眼识才，爱才惜才，在人才建设问题上，网信领域可以先行先试。

二 党管互联网政治原则的重要意义

（一）网络信息内容治理关系到党的网络执政能力建设

在中国共产党领导互联网治理的经验总结中，党的领导是中国互联网治理的根本保证；政府主导是中国互联网治理的根本原则；多元主体是中国互联网治理的重要力量；以人民为中心是中国互联网治理的基本出发点。

党的十八届三中全会明确需求加大依法管理网络力度，加快完善互联网管理领导体制，确保国家网络和信息安全。2018年8月21日，习近平总书记在全国宣传思想工作会议上指出，我们必须科学认识网络传播规律，提高用网治网水平，使互联网这个最大变量变成事业发展的最大增量。[①] 党的十九届六中全会审议通过的《中共中央关于党的百年奋斗重大成就和历史经验的决议》明确提出，过不了互联网这一

---

① 参见中共中央党史和文献研究院编《习近平关于网络强国论述摘编》，中央文献出版社2021年版，第13页。

关就过不了长期执政这一关。党中央高度重视互联网这个意识形态斗争的主阵地、主战场、最前沿，健全互联网领导和管理体制，坚持依法管网治网，营造清朗的网络空间。

网络信息内容治理关系到党的网络执政能力建设。自我国接入互联网以来，互联网对我国政治经济社会的各方面产生深刻影响，不仅引领了社会生产新变革，创造了人类生活新空间，拓展了国家治理新领域，同时也带来许多新挑战。

中国共产党领导的互联网治理经历了奠基探索、加快发展、深化发展等阶段，在互联网治理理念、治理体系、治理方式方面取得了重要成就，形成了坚持党的领导、政府主导、多元主体参与、以人民为中心的互联网治理基本经验，探索出一条中国特色治网之路。作为互联网治理体系中的组织角色，互联网领导管理机构发挥着至关重要的作用。接入互联网 30 年以来，我国互联网领导管理机构经历了国家经济信息化联席会议（1993 年）、国务院信息化工作领导小组（1996 年）、国家信息化工作领导小组（1999 年）、国家信息化领导小组（2001 年）、中央网络安全和信息化领导小组（2014 年）、中央网络安全和信息化委员会（2018 年）的变迁，互联网信息内容的行政主管部门也经历了中央外宣办、国务院新闻办公室、国家互联网信息办公室（与国务院新闻办公室合署办公）、中央网信办（与国家互联网信息办公室合署办公）等不同阶段，网络治理的重心先后经历了网络连接管理、网络内容、网络安全、新型网络服务等阶段。但不管哪个阶段，我国的网信工作始终是在党中央统一领导下，互联网领导管理机构的使命就是保障互联网相关领域重大工作的顶层设计、总体布局、统筹协调、整体推进、督促落实。①

中国特色社会主义进入新时代，互联网的迅速发展使党的网络执

---

① 参见杨峰《中国共产党领导的互联网治理：历程、成就与经验》，《国家治理》2021 年第 38 期。

政能力建设面对新挑战和新机遇。网络信息传播参与者的平民化、草根性以及信息传播方式的交互性,对党的领导权威形成挑战;网络信息传播的虚拟性与匿名性对党的网络应变能力提出挑战;网络信息传播的快捷性与交互性,对相对封闭、从上至下的传统单向党建工作模式提出挑战。如何利用网络引导社会舆论是对党执政能力的一个重要考验。在如何加强党的执政能力建设方面,党政干部要学习网络知识及技术,提升网络执政能力;要重视网络舆论分析,增强舆论引导能力;要加强网络法治建设,形成网络监管机制。

(二) 党的领导是维护网络意识形态安全的根本保证

党的十八大以来,以习近平同志为核心的党中央鲜明地指出网络空间已经成为意识形态斗争的主战场,党的领导是维护网络意识形态安全的根本保证。在发展好、运用好互联网的同时,党中央坚持问题导向,加强互联网意识形态建设和信息内容管理,互联网日益成为党推进治理创新、优化治理方式的重要工具。

在网络舆情治理上,意识形态责任制的工作内容主要包括"维护网络意识形态安全""加强对互联网的管理""做大做强网上正面思想舆论""加强网络信息管控""规范网上信息传播秩序""开展网上舆论斗争"等方面,其中"加强对互联网的管理"和"加强网络信息管控"与网络信息内容治理密切相关。2017年6月1日起施行的《网络安全法》与国家网信办等网络主管部门颁布的部门规章等相配合,进一步丰富了网络信息内容治理的法律依据。党的十八大以来,在建设社会主义法治国家的大背景下,依法治网成为网络信息内容治理的重要课题,也成为依法治国的题中之义,主要目标是规范网络信息生产传播和言论表达,实现表达自由与秩序的平衡。

(三) 网络信息内容治理关系到做好党的新闻舆论工作

网络信息内容治理关系到做好党的新闻舆论工作,关系到网络舆论引导体系的建设。做好党的新闻舆论工作,是治国理政、定国安邦的大事,新闻舆论工作是国家治理能力的重要内容。要牢牢把握正确舆论导向，唱响主旋律，壮大正能量，做大做强主流思想舆论。网络信息内容治理和网络舆论引导都离不开党的领导。在党的领导下，我国对互联网治理的前端设计比较充分，网络治理中始终贯彻了党的领导与坚持党性原则，党政机关是网络治理的核心力量，直接负有网络治理的政治和行政责任。

党管互联网是党管媒体原则在网络环境下的延伸。各级党委系统为了落实"党管互联网"的要求，把党对网络治理的基本方略、指导思想、基本原则等外化为政策文件、法律法规、网络平台规则、行业自律规范等形态，将党确定的网络治理目标内化为多元主体的共识，通过党组织领导的专项整治行动和常规检查等手段，以维护网络空间清朗、网络生态良好。

提高网络舆论引导水平，需要创新完善体制机制，一是要构建全媒体传播体系，二是构建内宣外宣协同联动机制，三是健全重大舆情和突发事件舆论引导机制，提高应对复杂问题与舆情的能力。当下社会已不再是传统大众媒体主导的舆论格局，信息传播的移动化、社交化、智能化带来万众皆媒的传播新形态，公众获取信息的速度更快、渠道更加多元，过去"沉默的大多数"变成了网络空间众声喧哗的活跃主体。

第二节　网络信息内容治理与网络舆论引导

党的十九届四中全会制定的坚持和完善中国特色社会主义制度、推进国家治理体系和治理能力现代化的总体目标，包括了建立健全网络综合治理体系，形成制度和机制，也内在地包含了完善网络信息内容治理和舆情处置与推进新闻舆论工作守正创新这一重大时代课题。

党的十九届四中全会《决定》明确，完善坚持正确导向的舆论引导工作机制。构建网上网下一体、内宣外宣联动的主流舆论格局，建立以内容建设为根本、先进技术为支撑、创新管理为保障的全媒体传播体系。改进和创新正面宣传，完善舆论监督制度，健全重大舆情和突发事件舆论引导机制。建立健全网络综合治理体系，加强和创新互联网内容建设，落实互联网企业信息管理主体责任，全面提高网络治理能力，营造清朗的网络空间。①

在互联网移动化、社交化、智能化发展环境下，信息生产和传播的即时性、便捷性和互动性大为增强，各种社会热点问题、民众的利益诉求矛盾和突发公共事件易发多发，网络信息传播催生的网络舆情事件此起彼伏，处置难度不断增大。健全重大舆情和突发事件舆论引导机制，是做好突发事件舆情处置，提高应对复杂舆情能力和社会治理能力的必然要求。完善网络舆论引导体系，是维护我国意识形态安全、推进国家治理体系和治理能力现代化的现实需要。

一　网络舆论的短期化、治理误区及变革路径②

在移动社交媒体环境下，网络舆情热点事件的快速更迭已成为普遍现象。从网络舆情爆发、公众情绪被点燃，到网友纷纷转发、评论，事件关注度瞬间高涨，再到网民情绪被其他新闻分散注意力，直至事件声量迅速下滑，逐渐消失在网民视野中，有人测算后提出，这个过程一般只需要七天左右，并且把只有短短七天的舆情记忆命名为网络舆论的"七天传播定律"。该定律由知名媒体人和菜头提出，也被称为网络事件七天弥散定律。

（一）网络舆情生命周期长短的影响因素和动力机制

任何网络舆论热点信息传播都有一定的发展演变周期，国内学者

---

① 《中共中央关于坚持和完善中国特色社会主义制度　推进国家治理体系和治理能力现代化若干重大问题的决定》，新华网，2019年11月5日，http://www.xinhuanet.com/politics/2019/11/05/c_1125195786.htm，2023年7月20日访问。

② 本部分内容参见张文祥《警惕"七天传播定律"背后的舆情治理误区》，《人民论坛》2019年第28期。

以"生命周期"或"传播周期"来指称网络舆情在网络中酝酿、发展、爆发、衰退、消亡的过程。一般认为,网络舆情的生命周期包括酝酿期、爆发期、扩散期、恢复期。受事件属性、信息畅通程度、官方回应情况、民众心理等因素的影响,其传播周期的长短具有较大差异。

当前,微博、微信构成最主要的网络舆论场。微博的强媒体属性和传播方式使其成为网民曝光问题的首选平台。微信朋友圈(群)和公众号在舆情事件的情绪调动方面作用巨大,能够加速网络热点发酵。但网络信息传播和讨论平台的多元化,也改变了以往网民集中于一类平台、聚焦同一个问题的状况,使互联网舆论场变得支离破碎,舆论热点趋于分散化,由此形成了这样一个现象:对于某一类人而言很"热"的话题,另一类人可能闻所未闻,这一变化对舆情走向和周期研判的准确性构成了挑战。

网络舆情的爆发看似具有偶然性和突发性,但实际上是多重因素共同作用的结果,理解网络舆论的传播规律离不开对舆情传播动力机制的考察。有学者提出,该动力机制包括议题引爆机制、情感触动机制、互动交流机制和叙事补充机制。前两者构成网络舆论爆发的必要条件或初始条件,后两者则完成了网络舆论的微观生产或意义生成。[①]

从历年的热点舆情来看,我国网络舆论具有明显的"事件驱动"特点,即网络舆论往往由热点事件引发。议题引爆机制与不断变化的社会话题密切相关,拆迁纠纷、社会治安、交通安全、食品安全等与民众切身利益相关的事件更受关注。

情感触动机制与公众的利益诉求相关,舆情事件要有能够触动公众情感的点,以唤起网民的群体情绪和共同经验,带来强烈的情感共鸣,从而在短时间内汇集众多网民的热议。

---

① 参见廖卫民《高转发微博的传播机制及其可视化分析》,《现代传播(中国传媒大学学报)》2014年第36卷第7期。

互动交流机制建立在舆情事件信息自由传播和网民讨论的基础上，网民通过充分交换信息和观点，形成强大的集合性意见，积聚传播能量和舆论声量。

叙事补充机制，表现为网民在转发、点评中发挥群体智慧，对事实进行补充和求证，对观点进行续写和填空，点滴补充表征了网民的积极参与、话语和民意的集纳、汇聚，提高了舆论影响力，使舆情传播周期得到了完整呈现。

（二）网络舆情的"快闪"与"舆情反扑"

网络信息超载和热点的快速更迭，使网民的注意力显得尤为稀缺，因此，当前的社会也被称作是一个舆情"快闪"的时代，一些新闻热点在经历井喷之后，就迅速冷却。一个事件的舆论热度能够持续三天，就已算是重大舆情事件。① 经验地看，似乎网络舆情的"七天传播定律"是存在的，但现实中影响舆情热度和持续时间的因素又是多元的，因此，并不存在一成不变的定律。

首先，舆情传播与事件的重要性有关。一件事只有具备足够的"热源因子"，引发公众讨论并使其关注度上升和保持一段时间，才能被网民发现并逐步形成网络舆情。② 与"热源因子"相似的概念是"信息当量"，事件具有足够的爆炸性，持续时间就会长，反之则短。比如，对食品安全等社会顽疾问题，网民疲态感明显。官方回应之后，久久拿不出有关事件真相的调查报告，网民就会放弃追问和关注，转而被新的热点事件所吸引，舆情周期甚至会少于七天。对于有的舆情事件，一些网民的情绪宣泄多于理性讨论和真相追问，在满足表达欲、泄愤欲后，他们往往难以保持对事件的持续关注，导致舆情热度迅速衰退。但也有一些舆情事件不仅没有快速退热，反而还会出现多个舆

---

① 参见詹婧、李向帅、霍晶莹《如何规避舆情搭车、反转与"烂尾"》，载刘志明主编《中国舆情指数报告（2016—2017）》，社会科学文献出版社 2017 年版，第 53 页。

② 参见向加吾、许屹山《群体性事件网络舆情：演变要素、生命周期与传播效应研究》，《长春大学学报》2018 年第 28 卷第 11 期。

情周期,不仅有单一问题的纵向挖掘,甚至还会引出同类问题的横向联系。网络舆论的波浪式运动反复拉升舆情热度,延长了舆情的生命周期,甚至在网络热点更迭后依然保持一定的话题热度,这一现象在杭州保姆纵火案、江歌案等事件中均有体现。

其次,舆情传播与政府等舆情处置主体的行为有关。政府是最重要的舆情处置主体,对网络舆情的传播扩散具有决定性影响。网络舆情从酝酿到爆发是有一段时间间隔的,如果在爆发点之前及时披露信息,回应民众关切,该舆情就很可能直接趋向消亡;如果任由网络舆情发展,则会先后进入爆发期、扩散期等阶段;如果舆情处置主体故意隐瞒事件真相,或者推诿扯皮,不及时发布信息,很可能会引发民众不满,助长网民的非理性情绪,阻碍网络民意交流沟通,不仅难以达到短时间内化解舆情的目的,甚至还会阻碍网络舆情演化中的观点聚集和信息扩散,使舆情升温并拉长持续时间,导致网络流言、小道消息等舆论次生品泛滥。

最后,舆情传播和媒体的报道行为有关。网络媒体是网民发声的主阵地,拥有新闻采访权的主流媒体承担着事实供应、真相调查和舆论引导的重任,是网络舆情的重要推动力量。媒体通过持续报道,分析舆情事件原因、揭露相关问题,会拉长舆情生命周期,但也可能由于受到一些限制,不能充分及时地进行报道,造成"新闻烂尾",发挥相反的作用。还有媒体出于谋求商业利益的目的,控制新闻信息的发布,追求"新闻反转"效果,以赢得更大的关注,这样一来,舆情周期的呈现就成了一些媒体刻意操作的结果。

客观地说,即使不应对处理,网络舆情事件也迟早会进入衰退期和恢复期。当网络舆情积聚的网民注意力资源被耗尽,或针对的问题得到解决,或有新的舆情事件吸引了公众注意力,舆情就进入了恢复期,原有事件引发的舆情走向衰退消亡,并逐渐淡出网民视野。这三种推动网络舆情衰退的途径,第一种是基于舆情生命周期的自发性衰退,第二种是政府积极解决问题的主动性衰退,第三种是被新议题替代的取代性衰退。

最后，除以上三种途径外，一些舆情处置主体采取强力压制手段造成舆情的衰退消亡，但这种方式不是建立在解决问题、化解矛盾和满足网民诉求的基础上，因而会留下"民意创伤"。一旦有新的同类事件发生，网民的"舆论记忆"就会被唤起，从而产生更为猛烈的"舆情反扑"。

可以说，网络环境、政府对突发事件的态度、媒体行为、网民自身因素等，都会影响舆情的周期演进和热度持续时间。"七天传播定律"只是在一定程度上反映了社交媒体环境下网络舆情生命周期较短的现状，是一种经验性的观察结论，而非有学理支撑的科学理论。

（三）"七天传播定律"认识下的舆情治理误区

有的舆情涉事主体认为，既然有"七天传播定律"一说，那么就索性熬过七天，把静待七天舆情热度记忆失效当作化解危机的"捷径"。对此，有的舆情应对主体常以"进一步调查""进一步处理"之类的回应作为舆情试探，期待新热点的出现能够迅速转移公众视线。个别地方还形成了一套"危机公关"的操作流程，虽然回应比较快，但往往流于"第一时间""高度重视""领导亲临指挥"等说辞，迟迟不见调查处理的实质动作。对此，有媒体把这种应付式处理概括为"表态快，处理慢；发布多，真相少；重道歉，轻问责"，或"表态多，后续跟进少；道歉多，问责整改少；调查多，真相公布少"，公众关切的后续调查成为"半拉子工程"，事件调查结果难觅踪影。"虎头蛇尾"式的舆情应对被称作"舆情烂尾"，表现出一些舆情处置主体的鸵鸟心态、侥幸心理。

在信息传播即时化、碎片化的新媒体环境下，舆情热点事件频繁更替，有报道价值的公共议题层出不穷，媒体和网民持续关注同一事件的精力有限，"喜新厌旧"特点明显，新闻舆论监督由此出现了"散光""失焦"等现象，给舆情应对主体"拖冷"新闻提供了条件。

有些媒体为迎合受众需求、追求轰动效应,对社会现象的报道常常流于讲肤浅的故事和制造"标题党"式的"流量新闻",既缺少对热点事件前因后果的深度挖掘,也没有对后续调查情况和处理结果进行追踪,让公众看不到事件真相和调查结果。渲染式的报道对公众的情绪化表达推波助澜,磨钝了公众对负面新闻的敏感性,助长了一些网民的肤浅认知和情绪化表达,致使其难以形成主动搜寻全面信息的意识和能力,正确理解和分析媒介信息的能力远远不足,同时也不具备持续关注某一事态发展、监督事件进程的习惯和意识。

(四) 网络舆论短期化对舆论引导和网络治理提出的要求

当前,舆论引导已经成为当下新闻传播和社会管理领域的研究重点,面对新媒体时代的舆论生态,宣传管理和舆论引导需要由"革命党"范式快速转向"执政党"范式,从注重短期的总体信息调控走向长期的社会心态调适,追求舆论引导的科学化、规律化、长效化。[1] 尽管我们不能一概认定舆情记忆只有短短七天,但舆论短期化无疑已成为移动互联网环境下舆情生命周期的常态,这一形势对舆论引导和舆情治理的策略和方法提出了新的要求。

政府、媒体、公众和意见领袖等都是重要的舆论引导主体,而作为关键主体的政府,在舆论引导中应承担更多的责任与义务。对网络舆情,进行封、堵、捂、压不可行,寄希望于网民遗忘不可靠,仅靠快速回应也不能满足舆情引导和应对的要求。因此,我们要实现开放式的舆论引导,而非侥幸型的舆情躲避。政府应根据新修订的《政府信息公开条例》,进一步完善公共事件调查处理全过程的信息公开制度,建立更加严格的责任追究制度,面对舆情事件不退缩、不失语,勇于承担责任,让网民有畅通的情绪发泄渠道、合理的利益表达途径、有效的冲突解决机制。

---

[1] 参见张志安、张美玲《互联网时代舆论引导范式的新思考》,《人民论坛·学术前沿》2016年第5期。

"新闻烂尾"与"舆情烂尾"往往互为因果。"新闻烂尾"的重要原因是媒体报道空间逼仄,造成真相挖掘受限、事实供应不足。对此,以政府为代表的舆情应对主体应当解决媒体对舆情追踪动力不足的问题,为媒体的调查、监督、报道提供更为宽松的环境。针对公众关心的新闻事件,媒体应持续关注舆情热点,力求拿出正式、严肃的调查结论,有效回应社会关切,推动问题的解决;同时,还应改变"旁观者"心态,避免娱乐化、碎片化倾向,不做刺激眼球式的煽情报道,不仅要将最新情况及时告知公众,而且应当对那些尚未得出结论的事件进行及时说明,以免加深受众疑虑和舆情波动,善尽媒体服务社会、引导舆论之责,以责任和操守唤起公众良知。

媒体报道的改进,有助于提高公众媒体素养和网络素养,激发公众参与舆情事件讨论的热情,改变以兴趣和利益需求为驱动的"浅关注"状态,使其对新闻和舆情反映的深度问题保持持久关注,真正参与媒体对热点事件的报道,和媒体一道解析热点事件、追踪事件进程、追问事件真相,做理性成熟的"积极公民",促进网络善治。

二 网络舆情处置与网络信息传播治理的变革路径[①]

受全球化、人类行为方式的变化以及环境因素等的影响,传染病已取代来自敌对国家直接的军事威胁而成为国际社会及各国政府面对的严峻挑战。[②] 透过重大突发公共卫生事件,公共卫生、政府治理和社会系统中的每一个短板、不足和薄弱环节都被放大凸显。非典和新冠疫情是倒逼我国公共卫生系统改革的两个重大事件,非典纠正了公共卫生改革方向,推动了公共卫生体系的重构;新冠疫情则推动公共

[①] 本部分内容参见张文祥、杨林《多元对话:突发公共卫生事件的信息传播治理》,《山东大学学报》(哲学社会科学版)2020年第5期。

[②] 参见薛澜、朱琴《危机管理的国际借鉴:以美国突发公共卫生事件应对体系为例》,《中国行政管理》2003年第8期。

卫生治理现代化改革，重点是完善疾病防控体制机制，建立重大突发公共卫生事件社会治理体系。① 突发公共卫生事件已不仅仅是卫生系统问题，而是关乎国家信息传播治理和治理能力现代化的全局问题。信息传播治理不同于信息的行政治理，在传统突发事件治理实践中，政府总是被看作突发事件防治的唯一主体，承担着突发事件治理的全部责任②；而移动传播时代的信息治理，单凭行政力量已经无法应对危机，危机的解决依赖于政府、媒体、社会组织、企业、公民等多方主体的参与、配合与协同治理。危机传播治理对话范式的核心主张是多元主体在对话中促进事实之维的真相还原和利益补救，实现价值之维的重建信任和意义分享，并在这两个维度下构建信息发布、危机处置和舆论引导等多级危机处置路径，实现多元对话，化危机为契机。

（一）确立多元主体的信息预警和发布机制

管理体制中信息权力的垄断，是治理体系的结构性缺陷，会严重影响国家治理能力。在传染病等突发公共卫生事件应急管理中，做好疾病预防，需要充分、及时地公开信息，只有在信息公开前提下，才有可能及时有效地进行社会预警、社会动员和社会主体与政府之间的通力合作。③

身处危机时代、风险社会，单纯依赖行政逻辑的新闻发布无法回应、解决社会中存在的各类风险，因此新闻发布应强化专业水平和公共导向，有效平衡新闻发布的专业逻辑和行政逻辑，鼓励公众参与，靠公众的力量制约政府不作为、慢作为、选择性作为等"权力任性"，杜绝再把疫情预警行为当作谣言来处罚的现象，最大限度实现新闻发布的风险沟通和社会对话功能。新闻发布会上通报情况、接受公众的

---

① 参见孙菊《疫情推动公共卫生治理现代化改革》，《人民论坛》2020 年第 S1 期。
② 参见张建荣《"全能主义政府"的公共危机治理困局》，《学术界》2015 年第 7 期。
③ 参见胡百精《危机传播管理的对话范式（中）——事实路径》，《当代传播》2018 年第 2 期。

审视和挑剔，是新时代领导干部提高现代治理能力的必修课。领导干部要把新闻发布会看作与公众沟通的机会，坦诚交流，把公众的批评当作鞭策，提高与媒体打交道的能力。

（二）构建适应互联网时代要求的平等理性对话机制

对话被认为是解决现代性多元价值认同危机的最佳方案。在危机事件中，无论是事实层面的事态应对与损害控制，还是价值层面的道德救赎与意义重构，皆仰赖于多元主体的对话、讨论和协商。[①] 哈贝马斯认为，以主体间交往为核心的理性才能实现社会整合，而任何成功的沟通和交往活动都必须同时符合三个有效性要求，即真实性、正当性和真诚性。通俗地说，说话的人必须向听者证明自己关于外部世界的描述是真实的，关于道德规则的表述是正当的，关于内在情感的表述是真诚的。[②]

适应社会治理的对话转向，政府应当从大众传播环境下形成的管理导向和话语霸权中解放出来，首先，要及时、充分公开信息，积极回应社会关切，在多元主体的平等对话和协商中共同聚焦于解决问题和摆脱危机的建设性话语，这有利于缓解事实危机蔓延，最大限度地降低损害。在信息多元、众声喧哗的移动互联网时代，通过主动公开信息、积极真诚沟通，致力于成为一个负责任和可信赖的行动者。其次，确立并践行平等对话机制，政府的言说视角要从习惯性"俯视"转向"平视"。与传统语境下由官方和主流媒体掌握话语权不同的是，官方话语权的合法性生成与维护机制已经悄然改变——凡未经公共讨论的结论与决策，都可能被质疑。[③] 言说者必须改变高高在上的俯视视角和冰冷的文件传达方式，消弭传统官方与民间之间的主客体严格

[①] 参见胡百精《公共协商与偏好转换：作为国家和社会治理实验的公共传播》，《新闻与传播研究》2020年第27卷第4期。

[②] 参见王晓升《从实践理性到交往理性——哈贝马斯的社会整合方案》，《云南大学学报》（社会科学版）2008年第6期。

[③] 参见李彪《霸权与调适：危机语境下政府通报文本的传播修辞与话语生产——基于44个引发次生舆情的"情况通报"的多元分析》，《新闻与传播研究》2019年第26卷第4期。

划分的思维定式，既要警惕使用官僚主义独白式话语，也要防止单向的灌输宣传和唱赞歌，充分重视民众获取真相、表达意见的事实和价值诉求，用贴近民众的话语内容和形式发布信息，促进政府、民众、专家、权威机构、商业组织等多元主体平等理性对话，致力达成身份认同、情感共鸣、意义生成和价值共创。

（三）让媒体在公共对话和社会治理中发挥重要作用

移动互联网时代，突发公共卫生事件的应对成为国家治理体系的一部分，与国家治理能力相互影响、相互作用。但如果治理理念停留在控制舆情层面，则会产生真实信息匮乏、信息迟滞等问题，导致权威信息缺失、谣言漫天飞舞，阻碍及时应对、降低治理能力。

媒体的主要功能是报道事实、揭示真相，因此要强化媒体对社会的预警功能，为媒体的批评报道创造宽松环境，让媒体有更多的自由报道空间，让媒体在公共对话和社会治理中发挥重要作用。一方面，鼓励媒体在重大突发事件中深入一线，及时、真实、全面报道公共信息，以权威信息阻断谣言传播，沟通官方与民间舆论场，为政府正确决策提供可靠信息，并深度参与政府决策，对国家治理能力提升发挥重要作用。另一方面，在与社交媒体的信息竞争中，主流媒体要及时回应民众关切，以民间舆论关心的问题为导向，对官方和官员的不当行为进行监督报道，切实维护人民群众的利益，促进官民对话与沟通。为了履行这一社会责任，主流媒体应努力提高专业性，提供真实、客观、准确的报道，充当信息把关人和社会公众意见代理人，在引导民间和官方的对话中实现对话的伦理规范。

第六章 网络信息内容多元主体治理中的政府管理与创新

政府在我国接入互联网以来一直是网络管理的主导者，在网络综合治理体系和多元主体协同治理中扮演着最重要的管理者角色，承担使命。不仅负责网络治理的政策举措出台、行政立法制定，还从事行政执法，落实网络意识形态引领、网络内容建设等要求。但是，随着互联网的移动化、社交化、智能化发展，依靠政府一元主体已不能实现网络管理的目标，全球各国的网络规制都逐渐从管理思维转变到治理思维，从单一规制走向复合规制，公私主体间的合作更加密切，规制方法更加复杂和多元，倡导分权、协作的合作规制成为规制新模式。我国的网络管理制度也从单纯的政府监管向更加注重社会协同治理转变。

《网络信息内容生态治理规定》的出台标志着我国网络信息内容多元主体协同治理实现了制度化，多元主体的"共建共治共享"有了制度支撑。作为多元主体协同治理的主导者，政府承担着网络行政立法、执法和对网络企业、社会、网民等多元主体协同治理进行管理、引导的重要职能。

第一节 从强监管到协同监管：网络信息内容政府管理的转型

历时性地考察政府在网络信息内容治理中的角色功能，可以更好地在网络综合治理体系中激发政府的治理效能，实现网络信息内容政府治理的规范化和法治化。

1994年我国接入互联网后，确立"积极利用、科学发展、依法管理、确保安全"的十六字方针，坚持互联网建设、发展与管理相统一，引导、规范和促进互联网发展。该时期制定的《计算机信息系统安全保护条例》《计算机信息网络国际联网管理暂行规定》等构建出网络监管规范体系雏形，重点是计算机信息系统安全管理，体现了较强的政府介入性和事前管理特点。

随着门户网站等网络信息传播载体出现，网络信息内容传播对社会的影响大大提升。网络信息内容管理由政府单一主体"强监管"转向"政府—企业"二元单向线性监管，日渐重视对网站等网络接入服务和信息内容服务提供者行为的管控，通过发挥企业主体的作用，来实现网络信息内容规制的目标。明确了不得制作、复制、发布、传播的"九不准"信息和网络服务提供者的信息内容监管职责。这种由网络服务提供者代监管的模式尚缺乏政府与企业平台双向互动协商。这一时期呈现政府部门对互联网多头监管的局面，被称作"九龙治水"。2011年5月国家互联网信息办公室成立后，这一情形有所缓解。

随着建立网络综合治理体系被提上议事日程，网络空间的平台化发展更为明显，新颁布的《网络安全法》《互联网新闻信息服务管理规定》《网络信息内容生态治理规定》等法律规范对网络信息内容的多元主体、多种手段协同治理做出了制度安排，一是加强党对网信工作的统一领导和统筹协调，构建以政府为主导，网络企业、行业、用户参与的多元主体协同治理结构，在日常监管活动和专项整治行动中均强化不同主体的责任分工和协作配合。二是在建立健全网络综合治理体系的过程中，网络信息内容治理的法律规范日益健全，治理的体制机制日渐规范科学。网络信息内容治理的主要场域明确为微博、微信、今日头条、抖音、快手等智能化社交平台。政府内部形成信息共享、联合执法和会商通报等治理机制，各级网信部门与平台企业、社会和网民建立监督机制与评价机制。①

我国接入互联网 30 年来，政府在网络信息内容治理中的功能从"强监管""线性监管"转向"协同监管"，其始终处于网络治理的主导地位，但其治理角色从单打独斗走向多主体协同，治理方式从"事前控制"逐步转型为"事前—事中—事后"全链条治理，体现了我国网络信息内容治理理念、体制和机制的演进和完善。

第二节　网络信息内容政府管理的现状和问题

我国网络信息内容治理研究很多是从政府监管和网络安全的角度切入，这和我国互联网发展的历史轨迹相关，自 1994 年与国际联网以来，我国的互联网都是在政府主导或推动下发展起来的，在发展的同时确保安全。以政府治理视角和产业发展的历程划分，方兴东将互联网治理划分为四个阶段，分别为 1994 年之前的史前阶段；1994—1998 年，邮电部、电子工业部、信息办（全称先后为国家经济信息化联席会议办公室、国务院信息化工作领导小组办公室、国家信息化办公室）和中国科学院"四驾马车"主导、进入竞争促进发展阶段；1999—2004 年，信息产业部主导的"九龙治水"初步形成、规范竞争秩序保发展阶段；2005—2013 年，国信办（全称为国务院信息化工作办公室）主导的"九龙治水"相对成熟阶段，补充完善监管、引导行业自律良性发展；2014 年至今，网信办（全称国家互联网信息办公室）主导的"九龙治水"升级阶段，互联网发展与安全提升到国家战略高度阶段。② 这种政府主导伴随我国互联网发展的始终，如果以政府不同阶段的监管重点作为划分依据，高宏存等人认为我国的新媒体监管可以分为奠基

---

① 参见陈希《中国互联网信息服务协同治理：应然模式与实践路径》，博士学位论文，吉林大学，2021 年。

② 参见方兴东《中国互联网治理模式的演进与创新——兼论"九龙治水"模式作为互联网治理制度的重要意义》，《人民论坛·学术前沿》2016 年第 6 期。

起步阶段、激励发展阶段、问题治理阶段、综合治理阶段，分别涉及的核心议题包括基础设施保护、信息服务管理、传播权利保护、不良信息整治，① 政府治理的焦点从技术层面转向内容层面。总之，我国政府在管制立法和管制方式上有一定积累，从管理范围看，我国政府对网络内容的管理范围非常广泛，把很多传统法律所规范和调整的内容也纳入其中，管理方式灵活且复杂。②

从宏观监管特征层面，我国的网络信息内容已经从直接介入的"强监管"到单向控制的"线性监管"再到如今的多向协同的"结构式监管"的现实转向。在微观层面，孙逸啸认为我国政府对网络信息内容的治理在治理理念、风险决策、组织体系、治理方式等方面仍然面临着实践困境，在治理策略方面仍然难以摆脱"强监管"的思维，不同治理主体间存在沟通程序不健全、理性沟通不足，在组织体系层面仍存在条块分割及其职责边界不清，"运动式"专项治理行动的不稳定性及过分强调秩序而忽视个体权利。③ 郭栋通过对微博运动式治理的研究也发现，该治理手段非常依赖国家专断权力，无视社交媒介场域中的文化持有者及其文化，造成了治理权力的内卷化和惩罚的弥散性，并引发了大规模的符号抗争，加大了规制成本。④ 目前，我国对网络内容治理仍然存在诸多弊端，易前良就指出当前我国内容治理体系总体存在"重管理，轻保护"的情况，相关的监管以部门规章居多，立法层级较低，对用户的权益保护相对不足。马长山和罗豪才等人也指出了这种治理问题之所在，认为网络空间治理如果仅仅

---

① 参见高宏存、于正《感知国家话语下市场话语的脉动——我国网络新媒体管理政策的宏观思考》，《江汉大学学报》（人文科学版）2010 年第 29 卷第 6 期。
② 参见任丙强、北京大学公共政策研究所课题组《我国互联网内容管制的现状及存在的问题》，《信息网络安全》2007 年第 10 期。
③ 参见孙逸啸《网络信息内容政府治理：转型轨迹、实践困境及优化路径》，《电子政务》2023 年第 6 期。
④ 参见郭栋《运动式治理、权力内卷化与弥散性惩罚——当前微博规制检视》，《国际新闻界》2013 年第 35 卷第 12 期。

依靠单一的硬法和政府监管，将引发规制失灵的问题，失去治理的实质有效性，最终引发互联网规制诸多弊端和互联网自我规制不足的问题。

除网络信息内容政府治理，网络信息内容安全也是我国学界和监管部门非常关注的部分，网络信息内容安全与网络系统的运行安全、网络数据安全等一同构成网络安全的组成部分。我国互联网从发展初期延续至今都非常重视网络安全，在最早发布的《计算机信息系统安全保护条例》和《计算机信息网络国际联网管理暂行规定》这两个规范互联网监管规范体系雏形的法律文件中，就对计算机信息系统危害国家安全、危害社会治安秩序进行了相关规定。在我国，主要的担忧还包括大型技术公司的一些政策参与会挑战国家权力边界、引发系统性风险和危害政治安全。[①] 基于此，谢新洲等人对我国网络信息安全和环境治理的工作设想、安全风险类型、影响因素、保障机制、整体目标等进行了探讨，认为网络内容治理与网络治理体系的整体目标重在维护网络内容安全和推动互联网健康发展，强调网络内容治理、网络治理体系和管理制度的建设要强调党和政府的主导地位，坚持党管意识形态、党管网络、党管网络内容的原则。[②] 孙萍和刘瑞生则认为我国对"硬性恶信息"的治理还亟待加强，应该开发新的更有效的过滤新技术，提高网络过滤的预防性和前瞻性，发展有中国特色的高水平网络内容监管机制。[③]

互联网的本质是信息的连接和交互。作为人类历史上最伟大的技术成就之一，互联网开辟了信息传递的新途径，将个人、企业组织、社会团体、政府机构等都纳入了互联网世界，构建了高速互联互通的

---

① 参见樊鹏《利维坦遭遇独角兽：新技术的政治影响》，《文化纵横》2018年第4期。
② 参见谢新洲、朱垚颖《网络综合治理体系中的内容治理研究：地位、理念与趋势》，《新闻与写作》2021年第8期。
③ 参见孙萍、刘瑞生《网络生态视角下社交媒体的内容管理探析》，《现代传播（中国传媒大学学报）》2019年第41卷第12期。

信息网络。21世纪初，随着"十一五"规划全面贯彻党的十六大精神，强调要"坚持以信息化带动工业化，以工业化促进信息化，提高经济社会信息化水平"，中国互联网的发展进入高涨期。同时也表现出，网络与信息安全问题也日益严重；互联网产业的飞速发展下法律法规建设相对滞后；互联网基础管理工作薄弱，包括对互联网的技术演变估计不足，缺乏前瞻性，网络信息安全建设投入力度不够等。党的十八届三中全会提出，坚持积极利用、科学发展、依法管理、确保安全的方针，加大依法管理网络力度，完善互联网管理领导体制。在通过的《中共中央关于全面深化改革若干重大问题的决定》中，对互联网管理领导体制问题作出相关论述。"网络安全和信息安全牵涉到国家安全和社会稳定，是我们面临的新的综合性挑战……面对互联网技术和应用飞速发展，现行管理体制存在明显弊端，主要是多头管理、职能交叉、权责不一、效率不高……互联网媒体属性越来越强，网上媒体管理和产业管理远远跟不上形势发展变化……面对传播快、影响大、覆盖广、社会动员能力强的微博、微信等社交网络和即时通信工具用户的快速增长，如何加强网络法治建设和舆论引导，确保网络信息传播秩序和国家安全、社会稳定，已经成为摆在我们面前的现实突出问题。"明确提出要"整合相关机构职能，形成从技术到内容、从日常安全到打击犯罪的互联网管理合力，确保网络正确运用和安全"。① 1993年，美国提出"信息高速公路"计划之后，同年，我国提出建设实施"信息准高速国道"，即"三金工程"。自此参与管理互联网的机构逐渐增多，开始形成俗称"九龙治水"的互联网管理模式。在当时，这种去中心化的分散管理，形成了既符合中国国情，有利于有效管理，又符合国际惯例，有利于国际合作与交往的管理模式。同时，"九龙治水"管理架构也存在弊端。一方面，管理者依据过往对传统媒体的管理思维和管理模式对互联网进行管理，导致管理互联

---

① 《习近平谈治国理政》（第一卷），外文出版社2014年版，第467页。

网的部门逐渐增多；另一方面，新技术和新应用层出不穷，行业管理和法治建设没及时跟上快速发展的步伐。①互联网进入社交媒体时代，自媒体逐渐成为新闻传播的重要源头，对于只管理内容还是综合管理等问题和管理盲点一直存在。从"九龙治水"到"顶层设计"，从"管理滞后"到"管理过猛"，我国互联网管理事业正迈入一个新时期。然而，当前离建立科学互联网管理体系、实现互联网治理能力的现代化还存在较大差距，主要的问题集中在：传统管理思维与互联网管理之间的排异性与无效性，管理理念过于保守，开放程度与创新能力不足；顶层设计较为分散，统一性不强，各部委机关各自对互联网进行规划，既不利于互联网的发展，还会降低互联网管理的效率；互联网管理中行政的"有形之手"过长，市场的"无形之手"运用不够，具体表现为"外行领导内行"和管理部门处于"疲于应付"的状态等，亟须推进网信等政府部门对网络管理的体制机制建设和优化，以切实树立全局意识，培育协作观念，创新治理结构，明确政府各部门的主要职责，实现网络治理从单一管理向统筹协调管理、硬性管理向柔性管理转变，提升多元主体的治理效能。同时完善和细化网络治理相关的实体制度和程序规定，构建"合理分工、过程调适、齐抓共管、优势互补"的网络综合治理运行机制。

第三节　网络谣言治理的政府权力边界与协同治理②

信息传播的移动化、社交化、智能化发展在拓宽公众获取信息的渠道、加速信息传播和流通的同时，也打开了谣言滋生扩散的方便之门，使谣言问题显得比传统媒体时代更为严峻。中央网信办违法和不

---

① 参见方兴东《中国互联网治理模式的演进与创新——兼论"九龙治水"模式作为互联网治理制度的重要意义》，《人民论坛·学术前沿》2016年第6期。
② 本部分内容参见张文祥、杨林《网络谣言的行政规制与协同治理：兼论公共权力及其边界》，《新闻界》2022年第5期。

良信息举报中心公布的最新数据显示，2021年全国各级网络举报部门受理举报的网络信息1.66亿件，其中谣言类信息超过500万件。① 2021年腾讯新闻全年处理疑似谣言线索数量2190万条，识别为谣言的数量达183万条。② 国家网信办主办的互联网联合辟谣平台，2022年全年共受理网民谣言举报信息3万余条，汇集谣言样本和辟谣数据2.45万条。③ 据中央网信办举报中心官方微信消息，中央网信办举报中心2023年全年处置网民举报的违法和不良信息2.06亿件，同比增长19.5%。④ 中国互联网联合辟谣平台2023年全年共受理网民谣言举报信息1.48万条。⑤ 网络谣言经过社交媒体溢出网络空间后对现实社会产生深刻影响，并引发诸多公共危机。网络谣言成为网络信息内容治理的重要对象。从2013年至今，网络谣言是政府主管部门年年重拳出击整治的问题。在网络空间发言被认定造谣传谣而被禁言、删帖、封号，行为人被制裁的情形也不鲜见。我国对谣言的制裁有行政处罚和刑事处罚两种方式，其中，行政处罚是最常见、最重要的谣言治理方式，政府部门成为网络谣言等违法有害内容的主要治理主体。对网络谣言的法治化认识、合理化规制与多元化治理是我国网络信息传播治理的重要内容，也是国家治理体系和治理能力现代化的重要命题。

---

① 《2021年全国受理网络违法和不良信息举报受1.66亿件》，中央人民政府网站，2022年2月2日，www.gov.cn，2022年3月5日访问。

② 《腾讯发布2021年内容向善报告：专项整治行动助推网络空间清朗》，《中国日报》2021年12月24日第4版。

③ 《互联网联合辟谣平台：2022年共受理网民谣言举报信息3万余条》，《北京商报》2023年1月30日第1版。

④ 《2023年全国受理网络违法和不良信息举报2.06亿件》，光明网，2024年1月16日，https：//baijiahao.baidu.com/s?id=1788234744453016557&wfr=spider&for=pc，2024年2月10日访问。

⑤ 《2024年，不能再让这些谣言蒙蔽您的双眼！——中国互联网联合辟谣平台2023年度网络谣言盘点》，互联网联合辟谣平台，2024年1月12日，https：//mp.weixin.qq.com/s/QMEPHQSm8ejpSVojxKgvoA，2024年2月10日访问。

一 网络谣言：网络信息内容政府治理的重点违法有害信息

（一）网络谣言的弊害与功能再认知

谣言是一种古老的传播现象，信息传播必然伴随谣言。但对于何为谣言，人们的认识并不一致。《辞海》和《现代汉语词典》都将谣言定义为"没有事实根据的消息"，强调信息来源的不可靠，二者将核心指向信息的内容，内容是否真实，或者是否有事实根据往往是判断一则信息是否为谣言的分水岭。① 《韦氏词典》明确谣言是"未经权威证实的闲话、传闻、舆论、陈述或报告。"从词源上看，谣言即没有事实根据或是未经权威证实的信息。我国实务界对谣言的认识较为模糊，偏于负面评价，对事实和意见部分，认为谣言就是不实的信息，甚至是故意捏造出来的假信息。② 在学术层面，来自传播学、心理学、法学、政治学等多个学科领域的学者对谣言的成因、传播与形成机制、功能等进行了研究。其中，最著名的要数美国学者奥尔波特和波斯曼对谣言进行的研究，认为谣言的产生需具备两个条件：第一，事件的主题对于造谣者和传谣者有某种重要意义；第二，该主题的真相被某种模糊性掩盖。③ 谣言与事件的重要性和模糊性成正比，事件越重要，真相越模糊，在没有客观权威信息引导的情况下，产生谣言的概率就越大，传播的范围也就越广。谣言作为一种工具，帮助人们解读当前模糊而重要的情境，迎合了公众的某种心理需求。④ 另外，谣言也是对话语权的一种争夺和反抗，是对权威信息的质疑，法国学者卡普费雷就指出"谣言是对权威的一种返还。……谣言是一

---

① 参见周安平《谣言可规范概念的探讨》，《政法论丛》2015年第6期。
② 参见王绍光《知之为知之，不知为不知》，载［美］卡斯·R.桑斯坦《谣言》，张楠迪扬译，中信出版社2010年版，（序一）。
③ 参见［美］奥尔波特等《谣言心理学》，刘水平等译，辽宁教育出版社2003年版，第18—19页。
④ 参见周裕琼《当代中国社会的网络谣言研究》，商务印书馆2012年版，第14页。

种反权力"①。此外，传谣者的利益需求、信谣者的认知框架和编码都为谣言提供了动力。可见，谣言之上寄托了多重复杂因子。西方社会科学界已对"谣言"的概念进行了精细化的区分和研究，包括传言、误导消息、虚假信息和假新闻等概念，发展起了比较精细的概念认识体系，但相比之下，我国无论学术界，还是政治、法律界和大众媒体仍然使用单一的"谣言"概念指称社交媒体时代复杂的信息传播现象。②

社交媒体的"去中心化"使得传统意义上的信息传受双方界限被打破，进一步消解了前互联网时代话语权和信息传播中心化局面，个人信息获取和发布能力得到极大提升，过去"沉默的大多数"变成了网络空间众声喧哗的活跃主体，信息把关意识和机制效能的下降大大提升了谣言传播的概率。情感让位于事实的后真相表达割裂了新闻与真实之间的纽带，公众更加关注的是信息带来的社会情感体验和情绪按摩需求。特别是在突发公共事件中，网络谣言诉诸"真实的谎言"为民众恐惧情绪的抒发和表达带来了契机和可能性，催生了"谣言风暴"。③ 谣言信息在社群圈群化持久互动中逐渐趋同，不同圈群借助节点和链接实现聚合和互动，谣言传播呈现出圈群化嵌套结构。总之，社会化平台的助力、圈层化传播的加剧，加之后真相的立场导向构成网络谣言新的出场路径，社交媒体平台已然成为突发公共事件中网络谣言的集散地。在该集散地活跃的谣言这一古老现象也"焕发新生"：一是谣言内容在社交媒体评论、转发的便捷互动过程中被不断放大和裂变扩散，复合传播模式使其具有瞬间聚合与扩散的传播能量，经过社交媒体溢出网络空间后对现实社会舆论引导、社会秩序规范等带来

---

① ［法］让-诺埃尔·卡普费雷：《谣言：世界最古老的传媒》，郑若麟译，上海人民出版社2008年版，第16、21页。

② 参见刘海龙、于瀛《概念的政治与概念的连接：谣言、传言、误导信息、虚假信息与假新闻的概念的重构》，《新闻界》2021年第12期。

③ 参见高月、杨帆《后真相时代：网络谣言作为一种集体交易》，《淮北师范大学学报》（哲学社会科学版）2019年第40卷第2期。

诱发从众流瀑和群体极化等负面效应。① 二是技术门槛的降低也为谣言的滋生传播提供了便捷条件，对多媒体视觉呈现元素内容的截取与拼接重组导致信息变异，也更具迷惑性、隐蔽性。三是在信息泛滥的舆情"快闪"时代，依附于突发事件的网络谣言从形成发展为高潮，到辟谣的出现直至谣言的衰退，每一个环节的发展在网络平台上都有不断加快的趋势，确定性的信息不被重视，辟谣效果难以发挥。谣言看似已销声匿迹，但一旦有合适的条件网络记忆就会被唤醒，具有同质性和感染性的谣言会以各种相似甚至完全相同的面貌再现，并再次得到广泛传播，"旧谣新传"现象频繁出现。

对网络谣言的弊害与功能进行再认知，全面准确认识谣言传播的社会动因和社会功能是治理的前提。谣言是一种真实的偏差，既可能是故意制造的虚假信息，也可能是无意为之的错误信息，还可能是尚未证实的真实信息，不能一味将谣言置于真实的对立面。② 网络谣言往往成为公众寻找真相的另类途径，是一种公众话语表达和利益抗争的特殊方式，发挥着特殊的舆论监督功能，从一定层面折射出社会矛盾与问题，倒逼公权力的行使更加慎重、积极，逼促社会问题解决，成为权力运作的一种特殊调节机制。

（二）法律规范意义上的网络谣言

作为虚假信息的谣言因其社会有害性，不可避免成为网络内容治理的重要对象。作为政府规制对象的网络谣言，应当具有法律意义上的规范性而非随意性的标准，具有明确的构成要件。《治安管理处罚法》第二十五条（一）规定了"散布谣言，谎报险情、疫情、警情或者以其他方法故意扰乱公共秩序的"，处五日以上十日以下拘留，可以并处五百元以下罚款；情节较轻的，处五日以下拘留或者五百元以

---

① 参见程明、吴波、董家魁等《自媒体时代突发公共事件网络谣言治理：框架重构、生成机制与规制消解》，《昆明理工大学学报》（社会科学版）2020年第20卷第6期。

② 参见王科《新冠肺炎疫情相关谣言内容分析及治理反思——基于368个样本的Nvivo 11分析》，《东北农业大学学报》（社会科学版）2020年第18卷第5期。

下罚款。《突发事件应对法》第六十五条规定对相关"虚假信息","构成违反治安管理行为的,由公安机关依法给予处罚"。我国刑法中的"编造、故意传播虚假信息罪""传播型寻衅滋事罪"对虚假信息刑事犯罪的规定为政府规制网络谣言提供了刑事依据。可见,我国法律中有"虚假信息"和"谣言"两种表述,但两种表述通常互相替代。[1] 谣言传播行政违法与刑事犯罪构成要件也较为一致,应是满足特定违法行为构成要件的基本事实,如确属谣言,行为人主观有故意、客观有散布行为,有扰乱社会秩序的性质和后果,缺一不可。[2]

在政府规制实践中,谣言往往和"恶意""虚假"等联系在一起。从法律视角出发,信息内容分为事实和意见两个部分,事实是客观的、可证伪的,意见则是主观的、不可证伪的。[3] 事实陈述有真假之分,而意见表达只有对错之别。世界各国宪法均确立了保护意见(观点)表达而非事实传播的原则,也即事实和意见的二分法。对于谣言,法律打击的重点在于虚假的事实性消息而非意见(观点)。[4]

二 网络谣言的行政规制现状

我国对网络谣言的行政规制存在的问题主要表现为:作为规制对象的谣言概念界定不清、倚重制裁性手段与程序性制约不足、信息公开不健全以及规制辅助者平台权界不清与规制主体单一等,造成网络

---

[1] 研究者认为在法律中"谣言"与"虚假信息"可以等同,罗斌教授认为应将"谣言"的法律表述改为"虚假信息",详见罗斌、宋素红《谣言传播违法与犯罪的成立条件——基于行政法与刑法相关制度比较的视角》,《新闻与传播研究》2020年第5期;学者卢建平认为"谣言的传统定义是未经证实的信息,法律上的表述是虚假信息",详见卢建平《重大疫情下谣言的传播与治理》,中国法学网,2020年2月5日,http://iolaw.cssn.cn/fxyjdt/202002/t20200205_5085197.shtml,2023年7月10日访问。
[2] 参见魏永征《略论治理网络谣言的行政处罚》,《新闻记者》2020年第3期。
[3] 参见林华《网络谣言的法律治理研究》,中国政法大学出版社2021年版,第44页。
[4] 参见罗斌、宋素红《谣言传播违法与犯罪的成立条件——基于行政法与刑法相关制度比较的视角》,《新闻与传播研究》2020年第27卷第5期。

谣言行政规制的法治化不足,以至影响了网络谣言治理的有效性。

(一)"网络谣言"界定不清

确立什么是"谣言"对于明晰行政规制本身的边界尤为重要,而"谣言"界定不清也容易让行政机关滥用自由裁量权。行政处罚脱胎于刑罚,行政违法的犯罪构成要件适用刑法中的犯罪构成要件,即符合(该当)性、违法性和有责性三阶层犯罪论体系。在认定谣言违法或犯罪的过程中,首先要判断行为是否符合构成要件,尤其是要认定符合构成要件中的要素:如果不符合构成要件,就不必判断违法性,更不得判断有责性。①《治安管理处罚法》是目前网络谣言的行政规制最直接、最主要的法律依据。该法第二十五条规定,对网络造谣行为进行行政处罚需要同时满足三个要素,一是行为人主观存在故意;二是行为人通过网络实施了散布谣言的客观行为;三是行为人的这种散布行为造成了扰乱公共秩序的危害后果。但实际上,这三个构成要素较为模糊,缺少明确的法律界定和解释,在实践中并未得到普遍遵循,造成公安机关在依据该条款规制网络谣言的过程中存在打击范围过宽等过度限制网络言论的问题。②

按照《治安管理处罚法》规定,无论是谎报险情、疫情和警情,扰乱社会秩序、破坏社会稳定,还是扬言实施放火、爆炸、投放危险物质扰乱公共秩序,抑或是其他散布谣言的情形,都要求行为人具有明显的主观故意,而排除过失形态。但现实中,有些民众却因对事件信息掌握不全、理解有偏差或信以为真进行转发和传播遭到行政处罚。行政机关常以"未经证实"作为网络谣言违法的判断标准,将事实和意见、谣言与虚假信息混为一谈,要求网民发表的必须是经过严格查验、完全真实的消息,任何与事实存在偏差的消息都不得传播和发表。传播未经官方证实或权威媒体未报道的信息,都可能会被追究责任。

---

① 参见张明楷《阶层论的司法运用》,《清华法学》2017年第11卷第5期。
② 参见张新宇《网络谣言的行政规制及其完善》,《法商研究》2016年第33卷第3期。

但在很多突发事件中，官方信息披露和媒体报道往往存在滞后性，网民传播的信息缺乏及时有效核实的渠道。行政机关如果对网络谣言是否构成违法不进行严谨认定，不严格区分行为人的故意、过失，容易造成网络谣言规制的行政专横和滥罚现象。

行政法上谣言传播的侵害后果不应当是抽象的、观念中的、可能发生的危险。没有公共秩序的现实侵害后果，谣言传播就不具有违法性。有学者指出，公共秩序应为"公众生活的平稳与安宁"，具体而言，网络谣言是否构成扰乱公共秩序主要考察两点：一是具体的网络信息是否作为直接原因引发了群体性事件等对现实秩序影响的情形；二是具体的网络信息是否在公众中造成了恐慌，打破了正常社会生活的安宁，对公众的日常生活造成不良影响。至少符合其中之一，才能被认定为扰乱了公共秩序。① 然而，在具体实践中，一些部门不是以发生了实质侵害后果作为标准，将违反网络秩序的行为主观臆断和类推为扰乱公共秩序，只要存在内容被转发和被评论，即使未引起公众恐慌、不安、群体性越轨行为、扰乱生产生活和信息传播等造成正常社会秩序混乱的损害结果发生，也被认定为扰乱公共秩序给予处罚，对网络谣言的打击范围过大。

（二）网络谣言行政规制的程序性制约不足

对网络谣言的行政规制还存在程序性制约不足的问题。行政机关以事前规制为主，辅以事后追惩，要求网络平台配合删帖、封号等手段切断网络谣言，但删帖、封号并不属于《行政处罚法》和《行政强制法》所明确规定的行政处罚或行政强制手段，使得删帖、封号措施不受行政程序的约束，变成网络平台肆意而为的手段，造成在网络谣言规制过程中对行政相对人的程序性权利保护不足，缺少告知当事人权利和听取相关方意见的程序，更没有合理的权利救济渠道，程序规范的缺失造成不当限制公民正当表达权的情形。

---

① 参见张新宇《网络谣言的行政规制及其完善》，《法商研究》2016年第33卷第3期。

政府对网络谣言的行政规制常采取专项整治措施，这种运动式治理手段往往流于"一阵风"，难以形成符合法治规范的长效治理机制。网络谣言在历次的网络治理专项行动中都被纳入整治对象。但从重、从快的专项整治措施难以从整体上降低谣言的规模，也无法改变谣言传播的结构，更无法消除信息不透明、不对称带来的谣言滋生土壤。如何适应网络综合治理体系建设的要求，推动专项整治这一短期高效率的监管方式，由治标向治本转变成为一个值得研究的重要课题。

（三）政府信息公开不足

在我国突发公共事件信息传播体系中，信息往往在封闭环境中自下而上地进行垂直式、单向流转，地方政府位于信息传递结构的中间位置，掌握着分配、编制信息资源的权力。[1] 突发事件意味着高度的不确定性，在任何一个地区，当人们希望了解真相而得不到官方答复时，谣言便会甚嚣尘上。[2] 严格执行政府信息公开制度，是做好应急准备，有效处置突发事件的前提。[3] 如卡普费雷所言，权力的获得来自对有效信息的占有，权威信息的掌握者如果不能发挥"释疑"主体的责任和作用，谣言就会成为对权威的一种返还，它揭露秘密，提出假设，迫使当局开口说话。[4]

政府及时、充分、准确的信息公开是消除谣言的最佳武器。信息公开已经成为我国政府的法定责任，《政府信息公开条例》明确规定，行政机关应及时、准确地公开政府信息，发现影响或者可能影响社会稳定、扰乱社会管理秩序的虚假或者不完整信息时，应当在其职责范

---

[1] 参见江国华、沈翀《论突发公共卫生事件中的信息权力及法律规制》，《湖北社会科学》2020年第11期。

[2] 参见［法］让·诺埃尔·卡普费雷《谣言：世界最古老的传媒》，郑若麟译，上海人民出版社2008年版，第9页。

[3] 参见代海军《突发事件的治理逻辑及法治路径——以新冠肺炎疫情防控为视角》，《行政法学研究》2021年第2期。

[4] 参见［法］让·诺埃尔·卡普费雷《谣言：世界最古老的传媒》，郑若麟译，上海人民出版社2008年版，第21页。

围内发布准确的政府信息予以澄清。《政府信息公开条例》《突发事件应对法》《传染病防治法》《突发公共卫生应急条例》都规定了政府信息公开，并架构起较为完善的信息公开制度。

就制度方面，信息公开制度需要进一步细化政府信息公开的内容，如明确信息收集、汇总、分析、研判、决策等过程性信息均应当公开。就制度的落实而言，虽然当前很多政府部门已经建立了微博、微信等政务新媒体平台，但在很多突发事件中，政府信息公开还不通畅。对政府而言，信息公开仍属于一种被动型、压力型规制模式，往往是在网络谣言话语的冲击下，被迫回应。[1] 对管制和制裁手段过重倚重，一些政府官员对公共危机信息公开意识不到位。被动的公开信息和回应模式不仅易让公众产生误解和质疑，不利于及时遏制谣言，更消耗了政府的公信力。当行政机关还在延续过去"我说你听"式的信息发布方式，不能与公众的信息需求有效匹配，往往导致更多的质疑，引爆网络舆情。一些地方政府信息发布回避网络舆论焦点问题，避重就轻，损害了政府信息公开的权威性、真实性、准确性，可能导致各种谣言和小道消息流传，公众质疑难以有效化解。

（四）过分依赖硬法治理，网络平台服务商的权责模糊

法治社会建设当然离不开具有国家强制力的法律，但社会秩序不能单靠惩处违法行为来维持。当前对网络谣言的治理过分依赖法律、行政法规为主的硬法治理，缺乏不同性质和类型谣言的分层治理，忽略市场和社会机制下的软法治理功能，以及软硬法之间的有效整合，导致治理资源浪费，还出现治理无效的情形。

我国网络治理中要求平台承担的主体责任，通过网络立法变成各类网络服务提供者法定的信息内容审查和管理义务。政府的网络行政执法越来越依赖网络平台来协助规制网络谣言，对谣言内容采取删帖、封号、降级、沉帖等一系列措施。与政府直接对造谣者进

---

[1] 参见李大勇《大数据时代网络谣言的合作规制》，《行政法学研究》2021年第1期。

行追惩、处罚等直接规制相比,平台在技术、资源等方面所具备的优势,可更接近作为治理对象的网络造谣者和传谣者,通过技术措施和人工审核迅速过滤谣言等违法有害信息。政府要求网络平台服务商配合执法,可以极大降低政府的执法成本,提高行政执法的效率。尽管网络平台服务商承担"行政法上的第三方义务"①,在网络信息治理中发挥作用巨大,但现有制度对平台的信息内容监管权力并未进行明确的厘清和限定。把判断信息内容真实与否的权力置于网络服务提供者手中,造成网络服务提供者在谣言治理中权力过大而限制不足。首先,平台服务商可能利用自身优势谋利,打压对自身商业经营不利的信息,把一些不构成谣言的信息当作谣言处置,这种纳入商业考量的平台过滤技术和人工审核虽然能够低成本、大面积、快速地过滤掉网络谣言信息,但由于技术的局限性以及商业化而非公共性的审核和处置行为,容易造成误删和滥删现象。其次,在辅助政府进行谣言规制的过程中,平台企业通常以加大审查力度来规避法律和政治风险,动辄删帖、封号的现象屡见不鲜,往往对网络表达进行过度封锁和限制,压制一些与公共表达相关的信息。如果平台在一些信息管理活动中擅自决定删除或限制某些信息,不仅会侵害公民合法合理的表达权利,一些相关事件的真实且重要信息以及老百姓的意见、愿望也得不到及时、有效的反映和传播,甚至延误公共突发事件的发现与防控,阻碍政府决策、社情民意以及风险研判与应对,造成更大的危机。

三 网络谣言治理中的政府权力边界与义务

在新的传播环境下,政府对网络谣言行政规制面临新挑战和新困境,应当改善网络谣言的治理路径,从自上而下、行政主导、应急救

---

① 参见高秦伟《论行政法上的第三方义务》,《华东政法大学学报》2014年第1期。

急、随机干预的行政逻辑转向法治为先、上下互动、多元共治、长效机制的治理逻辑。① 无论遵循何种治理逻辑，对网络谣言的规制都要在法治的框架下进行。法治对表达自由持最小限制原则，即限制表达自由时应尽可能采取最小范围、最低程度、最小代价的限制手段，而法无禁止即为自由。② 政府要善尽保护网络言论的义务，恪守网络谣言行政规制的权力边界，避免对网络信息传播造成不必要的限制，最大限度地保障公民知情、表达和舆论监督的权利。③

（一）明确网络谣言行政违法的构成要件，防止权力滥用

由于网络谣言的法律界定不明，造成行政处罚中权力的扩张和任意使用，所以明确网络谣言行政违法构成要件是网络谣言治理法治化的基础。为了规范谣言处置中的行政权，首先，应当明晰行政处罚中的"谣言"为"虚假信息"，将《治安管理处罚法》第二十五条中的"谣言"修改为"虚假信息"，使谣言传播的行政违法与刑事犯罪的构成要件一致。谣言的本质在于其"虚假性"，要在法律层面认定一条信息为谣言，该信息必须被证实为虚假信息。信息的虚假并不是由行政机关主观臆断，要有充分的事实依据证明信息确实与事实不符，对不能证实为虚假的内容则不能认定为虚假信息而给予行政处罚。如何判定真假，需要严格区分网络言论中的"意见"和"事实"部分。法律打击的对象是虚假的事实性消息而非意见（观点）。信息生产者和传播者对信息的杜撰、篡改、断章取义达到与事实有本质不同时，方可构成违法。例如将实际25人伤亡说成30人，虽然与事实有偏差，但不影响基本事实在整体上的一致认定，不应当被认定为传播虚假信息。像时事评论、学术观点、个人的批评建议和意见则具有强烈的个人情感和倾向，受知识、阅历影响，其观点和结论不一定全面和正确，

---

① 参见张志安、束开荣《网络谣言的监管困境与治理逻辑》，《新闻与写作》2016年第5期。
② 参见徐迅《建立互联网环境下的表达标准与规范》，《中国广播》2012年第4期。
③ 参见湛中乐、高俊杰《论对网络谣言的法律规制》，《江海学刊》2014年第1期。

不能以其片面和不正确作为虚假的认定标准。① 尤其是与公共事务相关的意见性言论，对促进民主社会发展具有重要意义，为了不影响公民通过网络表达进行舆论监督和政治参与，应当尽量将与公共利益相关的"公言论"排除在"网络谣言"的范围之外，对这类网络内容秉持宽容态度，只需证明所发表的内容是观点而非事实、所议论之问题关乎公共利益、在特定情形下有一定事实基础且态度诚实即可。② 应当明确，证明网络信息虚假的举证责任应由有权的行政机关承担，而非由行为人自证所发信息的真实性。

其次，将主观故意作为网络谣言行政处罚有责性的衡量要素。行政违法是有主观过错的行为，其构成主观过错的要求与犯罪行为构成对主观过错的要求是一样的。《治安管理处罚法》所针对的只是谣言传播中的故意而非过失的规定，行政机关所规制的网络谣言应当是以故意、恶意为目的，或旨在贬损他人人格和名誉，或意图扰乱社会秩序、危害公共安全而制造和传播的虚假信息。若是过失行为，则需要衡量其造成的损害后果来调整规制手段。对他人的转述内容信以为真、疏忽大意进行传播的一般过失行为，且没有造成扰乱公共秩序的实际损害，不宜进行行政处罚。对于诽谤、侵犯个人隐私等发生在私人领域中的虚假信息，无论故意还是过失，基于"每个人都是自己利益的最好照顾者"这一基本原则，对尚未达到犯罪的，政府无须对这类网络谣言主动加以规制，由受害者主体依据民法典寻求权利救济即可。

再次，应结合具体案情认定谣言"散布"行为。行为人的"散布"行为应结合其主观故意和危害后果，与具体的案情、传播效果结合进行综合和整体判断。假如一则谣言是在有限人数的微信群、QQ群的少数人之间展开的私密对话，并申明不得转发和扩散，影响较小，

---

① 参见马火生《论谣言的行政法界定与规制原则》，《法治论坛》2020年第2期。
② 参见白净、魏永征《论英国诽谤法改革的趋势》，《国际新闻界》2011年第33卷第6期。

或虽已在个人朋友圈发表,但并没有引起其他人的关注,没有造成实际损害或损害后果轻微,就不应当认定为"散布"行为。

最后,以现实侵害为要件界定"扰乱公共秩序"。并不是所有网络散布谣言的行为都属于"扰乱公共秩序的行为",这类行为显然是以发生"扰乱公共秩序"的损害后果为前提的,倘若没有发生"扰乱公共秩序"的损害后果,便不是"扰乱公共秩序的行为"。① 一直以来,与刑法中的"严重扰乱社会秩序"和"造成严重后果"的危害结果相比,行政法中的危害结果更为抽象、模糊,这也使实践中行政机关认为只要存在扰乱公共秩序的行为,即使并没有造成实际侵害结果也被当作行政违法行为。《治安管理处罚法》采用的标准应当与"行为—后果—责任"的法律逻辑并行不悖,不能将行为与后果混同。对网络谣言扰乱公共秩序的认定应当摒弃以行为标准进行的判断,而应基于公共秩序的规范内涵采用"现实干扰论"的认定方式,即只有网络谣言对现实社会的公共秩序和民众生活的安宁造成干扰,才可认定其构成对公共秩序的扰乱。② 在某些涉政治类的谣言信息存在明显的煽动性,迫切扰乱社会秩序的情形下,可以"明显且即刻的危险"作为扰乱公共秩序的认定标准。

(二) 网络谣言行政规制要贯彻行政法基本原则

行政法基本原则是指导和规范行政行为的基础性法则,是行政法基本价值和理念的集中体现,贯穿于行政法的具体规范之中。《行政处罚法》《行政强制法》都规定了行政机关需要遵循的执法程序和基本原则,对防止公权力肆意妄为、保障相对人正当权利起到重要作用。但在很多重大突发事件中,不少基层政府部门并未按照法定程序和行政法原则执法,忽略行政执法过程准确理解和结合行政法基本原则,

---

① 参见孟凡壮《网络谣言扰乱公共秩序的认定——以我国〈治安管理处罚法〉第 25 条第 1 项的适用为中心》,《政治与法律》2020 年第 4 期。
② 参见孟凡壮《网络谣言扰乱公共秩序的认定——以我国〈治安管理处罚法〉第 25 条第 1 项的适用为中心》,《政治与法律》2020 年第 4 期。

而是机械运用具体法律规范,简单粗暴压制网络言论,造成执法结果与社会真实情况的脱节和偏差。

对网络谣言的行政规制,需严格遵循法律保留原则。行政处罚必须有法律依据,不能采用未获得法律明确授权的处罚手段,如《治安管理处罚法》已废止的"训诫"。行政行为还需要遵循行政合理性,符合比例原则和程序正当原则。《治安管理处罚法》明确了比例原则,即治安管理处罚要与违法行为的事实、性质、情节以及社会危害程度相当。对网络谣言的行政处罚,不仅要考虑处罚手段的适当性,还要衡量处罚的必要性,根据网络谣言的性质及其对公共秩序的实际影响进行综合判断。现代法治的核心要素是程序正当。在对网络谣言的行政规制过程中,作为行政相对人一方的网民,通常处于弱势,尤其是在平台配合删帖、封号等处理时,必须保障相对人享有的被告知、听取意见、说明理由以及陈述申诉等程序性权利,告知相对人处罚的事实、理由和依据,让相对人按法定程序行使参与、监督和救济等权利,避免行政机关过度介入公共讨论,损害民众的正当合法权利。行政行为遵循正当程序给行政权力的行使提供了一个科学、民主的载体,保障相对人的合法权益,可有效规范行政权的行使空间,促进行政机关和公民之间的良性互动。①

(三)健全政府信息公开制度,促进信息有效公开

从奥尔波特的谣言传播公式来看,谣言的出现填补了讯息不足时人对讯息需求的渴望,而重要性与模糊性缺少任何一项,谣言就丧失了产生和传播的条件。政府及时、准确、有效的信息公开是消减谣言的模糊性、遏制谣言传播的重要保障,也就是所谓的"谣言止于公开"。② 消除谣言的最好方式不是压制和打击,而是及时公布真实的信息,扭转人们的心理倾向性,将通过谣言获利的空间降至

---

① 参见卢博《网络谣言的甄别与行政规制》,《理论月刊》2021年第1期。
② 参见王颖吉、王鑫《突发公共事件中的谣言传播与治理》,中国传媒大学出版社2018年版,第115页。

最小。① 有些谣言可以通过网络空间观点市场的竞争自动淘汰和净化，如果可以通过信息公开的方式对谣言进行澄清，就不需要以警告、罚款、拘留等强制性的行政手段加以处理。因此，除以行政制裁的手段规制网络谣言的制造者和传播者外，政府信息公开不仅保障公民的知情权、参与权、表达权、监督权，同时成为消解各种公共事务领域谣言的重要方式。

从法律经济角度看，政府与其疲于追查各种谣言的来源，依靠强制力规制信息传播，不如主动做好信息公开的服务工作，为媒体、网民等主体调查、求证、核查相关信息提供便利。除涉及国家安全、商业秘密、公民隐私等法定信息不应公开之外，进一步拓展信息公开的广度和深度。在政府信息公开的过程中，应以民众的需求和社会关切为导向，做到及时、准确和全面公开，整合新闻发布会、政务微博、政务微信等多个信息公开渠道，建立体系化的信息公开平台，让公众和媒体能够高效、便捷获取相关信息。同时，应进一步明确突发事件中政府应急信息公开的义务，积极针对事件所指涉的主要问题答疑释惑，回应社会关切，避免因信息公开错位和无效引发民众的恐慌和猜测。积极配合媒体的舆论监督和跟踪报道，与媒体形成联动，动员最广泛的主体参与到辟谣过程中去。

（四）软硬法协同共治，明晰平台辅助规制责任边界

在谣言的规制中，法律的事后惩罚作用有限，并非网络谣言治理的唯一途径，软法治理理应成为网络谣言治理法治化的重要组成部分。在现代行政权行使的方式上，单方面的"命令—服从"模式逐步让位于通过吸纳对方的参与和理性对话而作出行政决定的模式。网络谣言的最佳治理方式，应是将以法律法规为主的强制硬性规范与多元主体协同参与的软性治理有效结合，调动政府、互联网企业、行业协会、用户、媒体、公民组织等多元主体的主观能动性，充分发挥市场机制、

---

① 参见胡凌《网络传播中的秩序、谣言与治理》，《文化纵横》2013年第5期。

技术标准、行业自律和社会自治等治理机制的作用，共管共治，协同治理，在强制性的法律规范与平台自治规则、媒体职业操守、公民道德规范等柔性治理规范之间取得动态平衡。

具体而言，一是发挥平台自治规则的作用，明晰作为辅助规制者的平台权力边界，规范平台的自治规则、过滤技术和信息内容处置权。二是在网络谣言立法、作出规制措施或对网络谣言违法调查中，应尽可能多地让网民参与，加强对话沟通。尤其是涉及公共事务和重大突发事件的谣言治理，应听取尽可能多的事件相关方、媒体、专家等社会人士的意见，丰富谣言治理的信息来源，查漏补缺，充分了解民意，将行政行为的全过程展现在社会公众的视野之中，加强对行政主体的监督。三是引入第三方事实核查和辟谣机构，对谣言判断形成最大的利益隔离，更好保证辟谣的客观性和权威性。公众参与也可以增强行政行为可接受性和信任度。四是发挥媒体的调查报道和舆论监督功能，让媒体在报道事实、揭示真相以及上情下达、下情上达的官民沟通中发挥重要作用。突发公共事件中，地方政府应改变以保密和秩序为由封锁现场、掩盖真相、阻断信息源和干涉舆论监督的不当做法，为媒体的调查报道创造更加宽松的环境，给予更多的自由报道空间，鼓励媒体第一时间深入一线，及时、公正、全面地报道事件，以权威信息阻断谣言传播。五是加强公众媒介素养教育，提升民众的谣言信息识别能力，不盲信盲从，时刻保持对网络谣言的批判意识和鉴别能力。

在突发公共事件中，谣言及其治理呈现复杂形态，政府不仅需要查明信息是否真实，是否符合谣言构成的法律要件，更应考虑谣言背后的社会原因和舆论情绪等。对谣言的法律制裁是应对网络谣言的最后一道防线，法律是最不坏的选择，但也不是政府治理网络谣言的最佳选择，网络谣言的减少还依赖于网络平台企业社会责任的提高，公众网络素养、理性认识能力的提升。在硬法软法协调、多元主体协同下，网络谣言等网络违法有害信息的善治才有望实现。

第四节 网络信息内容治理中的政府功能优化

在网络信息内容多元主体协同治理体系中,政府处于主导协同党委、企业、行业、用户等各种治理资源的关键节点,对凝聚和形成多元主体的治理合力具有极其关键的作用。从以上分析可以看出,政府在网络信息内容治理中依然存在诸多问题和不足亟待破解。归根结底是存在"大政府"理念和"硬法"规范下对"强监管"的路径依赖,重管理,集权色彩重。另外,网络信息内容治理中多元主体之间缺乏平等而实质性的沟通,政府治理偏重效率,常忽略多主体之间沟通协商、相互监督,影响政府决策的科学性和合理性。

基于网络信息内容政府治理存在的问题和不足,结合网络综合治理体系的要求和法治内涵,提出网络信息内容多元主体协同治理体系中政府角色与功能的优化方案。

一 强化网络信息内容治理中政府的统筹协调和监督管理作用

网络综合治理体系下的法律法规对网络信息内容治理中的政府角色要求已不同于接入互联网初期的政府一元主体"强监管",而是要确定其在多元权力(权利)结构下的角色和功能,即政府要在网络信息内容治理体系中强化其"统筹协调"多部门关系和"监督管理"多主体行为的作用。

"统筹协调"是对作为网络信息内容主管部门的网信办在政府部门内部的工作要求,目的是有效整合网络信息内容治理所涉多政府部门治理资源,形成政府多部门治理力量的合力。纵向上,国家网信办对全国各地网信部门通过行政指导等方式进行有效统筹,系统推进全国网信工作。横向上,国家网信办和地方网信部门可协调和督促对应的公安、网信、新闻出版、广播电视、文化、市场监管等部门协助参与互联网信息内容执法等管理工作。

"监督管理"是政府在网络信息内容多元主体协同治理体系中的主要角色和功能。因政府已不再承担对网络信息内容的全面式直接监管，需要基于网络信息内容生产和传播的复杂性，区分参与治理的网络平台、行业等多元主体各自的行为后进行监督管理，履行政府在网络信息内容治理中的监督管理职能。其中，监督是指政府对网络平台、行业等主体是否在网络信息内容生态治理过程中，严格遵循相关授权规定，在职责范围内妥善行使平台治理权力，重点围绕平台规则制定、新技术应用、侵权救济方式等方面展开。管理则是指政府结合网络信息内容领域的阶段性特征，对行业、平台等主体管理行为的动态性评价、调整和引导。①

二 推动政府主导的运动式专项整治走向制度化、规范化、法治化

近年来，国家网信办等多个政府部门多次对互联网行业发起专项整治行动，分别打击清理网络侵权盗版、网络色情、网络谣言、网络低俗信息、流量造假、网络水军、黑公关等。2022年12月，为有效推动《互联网信息服务算法推荐管理规定》，网信办牵头多部门对互联网平台展开算法综合治理专项行动，重点检查具有舆论属性和社会动员能力的大型平台及其产品，治理对象包括诱导用户过度消费和沉迷的算法模型，以及利用算法过度推荐、虚假注册账号、屏蔽消息等。

这种运动式、应激型的整治卓有成效，能够集中各种治理资源，及时、灵活地应对与消除博眼球的流量经济和不良内容所带来的负面影响，回应社会关切，但这种短暂的、缺少可预见性、以结果为导向

---

① 参见孙逸啸《网络信息内容政府治理：转型轨迹、实践困境及优化路径》，《电子政务》2023年第6期。

的治理方式也存在很多问题。运动式治理是一种"点对点"的政策制定模式，仅以处理当下问题为主导的决策方式①，极容易造成打击过重、资源浪费与权力滥用，忽视追责的层次化和正当性，易造成网络平台积极性下降、抑制互联网经济发展和技术创新、干预公众正当表达自由等问题。政府对网络信息内容和平台的治理仍应建立长效化、制度化治理机制，逐步实现"运动式专项化"的制度化、规范化和法治化。②

与运动式治理形成对照和互补的是长效化、制度化的法律规制。目前，我国网络治理已经撬动了个人信息与数据保护、反垄断和算法治理三条政策杠杆，《个人信息保护法》《数据安全法》相继出台，《反垄断法》也在2022年完成修订，法律的出台让互联网规制的法治基本原则逐渐清晰，与行政法规、部门规章等下位法形成完整的治理依据体系，各部门在相关法律、法规的指引下相继开展治理行动，虽然这三项政策对保护个人隐私权益、规范数据和算法使用行为、保护新中小初创企业被提前收购、防止平台巨头无序扩张等方面发挥了重要作用，有些内容直接与平台的内容治理行为相关，如国家市场监管总局发布的《禁止网络不正当行为暂行规定》第十三、十四、十五、十六条中就将平台信息内容管理中使用的屏蔽、拦截、修改、调整搜索结果的自然排序等行为规定为不正当竞争技术应用方式。这些应对市场失灵、竞争固化的立法举措直接针对网络信息内容治理中正当性和公平性缺失问题，防止平台在自我规制的过程中滥用治理权的行为，另外法律法规的出台也能够避免监管部门的执法行为突破规制的基本原则、框架，恪守行政法中的信息公开、程序正当等规范，避免公权力在行使过程中突破法治，做到有法可依。未来应该针对平台内容治理行为出台一些更具针对性、更为稳定的基础性法律法规，进一步明

---

① Plotr Konieczny, "Adnocratic Governance in the Internet Age: A Case of Wikipedoa", *Journal of Information Technology & Politics*, 2020 (10), pp. 50–62.
② 参见孙逸啸《网络信息内容政府治理：转型轨迹、实践困境及优化路径》，《电子政务》2023年第6期。

确平台履行主体责任边界和用户权利保障的同时，使平台审核、过滤以及作出删除、屏蔽等措施此等义务的履行方式与程序更加一致化、透明化，对涉公、涉私信息内容的审核判断标准和基本原则进一步明晰，在不同个人、群体之间的言论自由和不同利益冲突之间进行平衡，以使平台经营者在内容治理中更加切实有效和专业地履行义务，做到更加公平公正。同时，在维护网络空间的稳定、促进平台经济发展与保护公民合法表达权益之间寻求合适的价值平衡，保持平台治理负担的可控性，坚持发展与规范并重，搭建网络信息内容平台治理有效的问责和监督框架，实现民主、科学有序监管。

三 推动网络信息内容治理实现实质正义和程序正义

网络信息内容的政府治理，不是机械地追求信息内容规制的效果，而是要保证内容规制的规则公平、算法技术应用公平和权益保障公平，实现内容规制的实质和程序双重正义。学者华特海提出需要关注治理实践和程序，确保其他治理主体治理过程的合法性和正当性。[①] 聚焦政府对网络信息内容治理，如果一味强化平台管理责任以达到网络空间安全和稳定的效果，却对平台是如何在功能运作上执行治理要求、通过什么方式达成治理目标不是十分清楚，或者说缺少关心，最终网络信息内容治理可能会适得其反。

理想的网络空间治理效果需要做到结果管控与过程规制并重，即使政府与平台企业合作监管和打击违法违规信息确有必要，亦不能不择手段，超乎法律的限度、范围与正当程序。大型数字科技公司实力骇人，且与民众的生活息息相关，平台治理不当必定会对个人权益和公共利益造成损害。在法律关系中，若双方地位、实力相差悬殊，处

---

① Merk Whitehead, "In the Shadow of Hierarcy: Meta-Governance, Policy Reform and Urban Regeneration in the West Midlands", Area, 2003, 36 (1), pp. 6–14.

于弱势地位的一方不可能进行真正的意思自治，当这些数字寡头公司滥用治理权不当侵犯系统内其他主体的合法利益时，靠平台自律和网民自助救济必然会导致效能不彰，弱势群体的利益得不到维护，因此，非常需要政府作为公权力部门对平台权力进行适当限缩，对平台治理进行必要规范，明确平台治理的边界和权限，对平台规则制定、技术应用和用户权益救济等方面进行监督。

而以效率和结果为导向、忽视过程的行政监管，容易产生附属审查、平台责任负担过重、间接侵害用户权益和公共利益等情形。主管部门需要从"结果主义"的监管导向中走出来，不能仅仅为了追求完全健康、无违法、"无污染"的信息真空，一味要求平台对信息内容承担责任，更不能为了行政效率和行政便利，将原本属于政府的职责和压力转移给平台。政府与平台二者的治理具有运动关系，监管部门对平台施加的监管责任过于严苛会导致平台出于风险控制过度阻挡和过度把关，而如果政府放任和忽视平台治理中的"选择性执法"、滥用治理权等情形，会导致网络谣言、虚假信息、色情低俗内容、网络暴力等内容的泛滥，这需要政府把握好治理的度，在效率和结果、管制过度和管制不足之间寻求一种正确的平衡。

注重监管的过程不仅是对平台治理过程的监督和约束，也是对自身权力的约束，应当说，我们既需要治理效果良好，也需要具有一定的透明度、治理过程民主、在效率和个人权益保障间取得有效均衡、权力行使合乎法度的治理制度。一方面，政府监管部门在依靠平台治理网络生态的同时，也要对平台权力进行约束和监督，包括对平台规则、管理过程、平台处置行为的合规性进行监督，敦促平台增加管理的透明度和正当程序，并对平台管理的透明度、申诉处理机制进行定期稽查，减少因平台滥用治理权损害用户权利和公共利益的情形，监督平台企业积极履行社会责任，适时推动不同平台或机构合作制定较具代表性的专业化内容审核基准，对内容审核业务进行规范化管理，从外部监督来推动平台内容监管的规范化和民主化。

另一方面，政府监管部门在网络信息内容治理中需要建立并遵循一套正当、民主的程序。首先，需要确定平台对监管机构的责任限度，也即平台的监管义务，要实现这一点本质是政府介入平台治理行为进行监管的程度。① 行政监管不可或缺，但应当存在边界。如何确定这一边界？从行政法的角度看，政府的干预应当基于"合法性"与"最佳性"两个考量基点。"合法性"确定行政活动边界、规范公权力行使、保障相对人权力为指向，公权力的行使不能逾越法律的界限。"最佳性"则以"探索良好行政的制度设计、促进行政改革提高行政效能"为基本指向。② 对于特定的市场或社会公共事务，政府权力是否应当介入以及介入的最佳手段和方式应当综合考量行动的合法性、有效性、潜在成本和连锁效应。有时候，推迟、被动或不作为可能比积极行动产生更少的不良后果，因此决策者在考虑可能的干预措施时，需要考虑过度积极监管的危害，促进其他替代性选择，如有效的自我监管和行业制定的标准。③ 例如澳大利亚政府对 ACCC 调查报告的回应中就指出，将敦促数字平台制定自愿行为准则，将"软法"原则应用于平台与出版商之间的关系，如果无法达成自愿协议，政府则制定可能包含强制性法规在内的更有力的替代方案。

传统的以"命令—控制"模式为主的"硬"监管模式，是让企业在法律惩戒和行政执法等强制性规范中服从与遵守，其他利益相关者没有参与网络信息内容治理的机会。这种监管模式存在很多弊端，公众参与不足导致公众的利益和意愿被排除在网络信息内容治

---

① 参见叶逸群《互联网平台责任：从监管到治理》，《财经法学》2018 年第 5 期。
② 参见朱新力、余军《行政法视域下权力清单制度的重构》，《中国社会科学》2018 年第 4 期。
③ Robert G. Picard, Victor Pickard, *Essential Principles for Contemporary Media and Communications Policymaking*, Oxford: University of Oxford, 2017.

理之外，公众对关乎自身利益的事务既没有知情权，也没有发言权。同时，单一参与者的平台治理往往只能取得有限的治理效果，它们不能在利益相关者之间做出妥协，也不能让不同参与者正确组合发挥治理效能。政府监管部门可以在确保政治和网络安全的基础上，建立民主治理机制，吸纳多元主体参与治理，盘活多种治理资源，从单一控制逐渐向监督、引导、吸纳、合作模式转变，让网络信息内容生态的治理更加科学、民主。党的十九大报告提出，要构建"打造共建共治共享的社会治理格局"，即"完善党委领导、政府负责、社会协同、公众参与、法治保障"的社会治理体制，提高社会治理社会化、法治化、智能化、专业化水平。"[①] 发挥多主体的联动治理能力，让不同的利益相关者参与治理与谈判达成的行为准则，并应用于网络信息内容治理等一系列目标。

---

① 参见习近平《决胜全面建成小康社会 夺取新时代中国特色社会主义伟大胜利——在中国共产党第十九次全国代表大会上的报告》，人民出版社2017年版，第49页。

第七章　企业履责：网络信息内容多元主体协同治理中的平台责任

党的十九届四中全会提出要建立健全网络综合治理体系，加强和创新互联网内容建设，落实互联网企业信息管理主体责任，全面提高网络治理能力。这是我国首次以纲领性文件的形式明确了互联网企业要履行主体责任。党的二十大报告提出健全网络综合治理体系，推动形成良好网络生态。"政府主导—突出多元主体参与—强调平台管理责任"的网络治理轨迹基本显现，在健全网络综合治理体系与压实互联网平台内容管理主体责任的政策指引下，互联网平台针对平台内部活动开展了规模庞大且内容具体的自治实践，这些实践逐渐发展成为互联网治理的基本形式之一。①

习近平指出："网上信息管理，网站应负主体责任。"② 网站等互联网企业兼具治理主体和治理对象双重角色，是网络综合治理体系的重要行动者。作为网络服务提供者的互联网企业逐渐平台化，在网络信息内容生产和传播中的作用越来越大，其承担的管理和监控网络信息内容和网络用户的责任也越来越突出。目前用户所感受到的治理力

---

① 参见周恒《受规整的自治：论对互联网平台自治规范的审查》，《天津行政学院学报》2022年第24卷第6期。
② 参见中共中央党史和文献研究院编《习近平关于网络强国论述摘编》，中央文献出版社2021年版，第5页。

量主要来自网络平台企业和政府。在我国网络信息内容治理的制度下，互联网企业不仅要发挥平台优势，积极承担网络治理的主体责任，配合政府主管部门推进协同合作治理，落实网络共治共享要求。还要约束自身行为，在信息内容审核和经营行为中，要努力承担社会责任，不得滥用私权力，建立健全网络安全风控机制，信息发布应当确保导向正确、事实准确、来源规范、合法合规，实现商业利益与公共利益的平衡。在平台与用户关系维度，平台已经超越了单纯的网络服务提供者的经济主体属性，逐渐扮演着类似于立法、执法和司法机构的公共管理者角色，通过制定规则、执行规则和纠纷处置对用户行使着巨大的管理权。其中，平台的治理权力既有政府的放权和强制性的义务设定，从公法的管理责任汲取管理用户的权力，又有基于自身凭借资本和技术在网络生态中占据的结构性优势地位所获得的天然权能，这是一种兼具公私的混合力量，平台与国家机构关系紧密[1]，有学者将这种关系概括为"非对称性相互依存"[2]，平台既是参与治理的主体，同时又是被治理者，既要监管平台场域内的违法不良信息，又要规制自身的不当行为，这使得治理的关系结构比原先政府直接监管要复杂得多。

"主体责任观"是我国针对网络信息内容管理现状提出的网络治理思路。其基本内容是网站在内容管理中承担主体责任，监管部门的监管职责从"管内容"转变为"管主体"，并以此构建主管部门与企业互动的新型网络监管模式。我国互联网内容管理长期实行以政府监管为主，平台自律、行业规范、社会监督为辅的管理模式。网络平台从被赋予"管理责任"转向承担"主体责任"，标志着我国在强化网络安全、整合传播秩序的宏观要求下，从管理思路到管理模式的基础

---

[1] Plantin J. C., Punathambekar A., "Digital Media Infrastructures: Pipes, Platforms, and Politics", *Media, Culture & Society*, 2019, 41 (2), pp. 163-174.

[2] Zhang C., "Asymmetric Mutual Dependence between the State and Capitalists in China", *Politics & Society*, 2019, 47 (2), pp. 149-176.

性转型。①

虽然平台已经成为网络信息内容生态治理的核心力量和政府治理的主要依托，但平台也有自身的利益诉求和治理逻辑，其本身是具有私利本质与公益投射的矛盾主体，平台的管理活动并不只是为贯彻监管责任，或寻求对个体或公众负责，很大程度上也是在贯彻自身的价值观和主观目的的行为。以企业身份发展起来的平台在网络生态治理中不断突破一个企业正常的权力临界点，不加审思和节制的平台治理权能，让其在承载和扮演治理者和辅助监管者的角色时所蕴藏的潜在危机进一步显现出来，甚至可能比违法内容本身更糟糕。其中，与平台内容治理行为最为相关的问题就是网民享有的言论自由这一宪法权利的保护与限制问题。如果不对平台内容治理的内在运转逻辑、管理动力机制及其权力边界进行厘清的话，一味强调平台责任、依靠平台来治理网络信息内容，有可能取得相反效果，最终公民个体合法权益、公共利益和国家利益都受到损害。在网络综合治理体系的视角下，研究网络信息内容多元主体协同治理中互联网平台的内容管理实践，厘清网络信息内容平台治理的实际运转及其合法性、合理性、权力边界等重要问题，实现平台治理与用户权益保护、企业自治与政府管理的有效衔接，具有重要的理论和现实意义。

第一节 网络平台崛起与网络传播秩序的改变

人工智能、大数据、云计算等数字传播技术的广泛应用，深刻重塑了信息传播格局和社会结构形态。平台的基础设施化和基础设施的平台化带来社会的"深度平台化"②，网络服务提供者成长为社交媒

---

① 参见何勇《主体责任观下的互联网管理模式转型》，《现代传播（中国传媒大学学报）》2019 年第 41 卷第 4 期。
② Plantin J-C., "Infrastructure Studies Meet Platform Studies in the Age of Google and Facebook", *New Media & Society*, 2016, 20 (1), pp. 1 – 18.

体、信息聚合、生活服务、游戏娱乐等各类网络平台。作为"新型传播生态中的革命性再造"① 结果，拥有智能化信息聚合、分发和社交功能的网络信息平台深刻影响着信息内容生产、传播和舆论生成，"平台位于我们生活的中心"。面对网络空间的海量信息传播行为，政府难以凭自身技术能力和执法资源实现有效监管，选择通过立法和行政等手段，明确平台的信息内容管理义务和责任，借助平台之手来实现网络信息内容规制的公共目的。平台在网络空间治理中的角色得到凸显，其基于技术优势和法律赋权形成的网络信息内容规制私权力，行使了原本由国家行使的规制网络信息内容等的权力，平台拥有的超国家权力成为全球关注的问题。②

平台私权力对网络空间进行治理引起国际社会关注的事件首推2021年1月Twitter、Facebook等社交媒体对时任美国总统特朗普的社交账号"全平台下架"。"作为大型数字科技公司的社交平台限制言论的非凡权力，可以让世界上最聒噪的人闭嘴，其威力比弹劾和败选都要严重。"③ 平台采取的封禁措施引发了公众对科技巨头权力过大的担忧，同时依托平台展开规制已成为世界各国的普遍选择。2017年德国出台的《改进社交网络中法律执行的法案》（简称《网络执行法》）赋予网络平台严格的信息管控义务。欧洲议会投票通过关于提高网络平台检测和删除恐怖主义内容的立法提案。④ 我国早在2016年11月，东方网总裁两次致信腾讯CEO，公开质疑网络平台对信息内容的审查和限制的权力正当性。2021年至今，我国围绕网络平台内容生态、反

---

① 参见喻国明、李彪《互联网平台的特性、本质、价值与"越界"的社会治理》，《全球传媒学刊》2021年第4期。
② 参见史安斌、王沛楠《传播权利的转移与互联网公共领域的"再封建化"——脸谱网进军新闻业的思考》，《新闻记者》2017年第1期。
③ Bokat-Lindell, S., "Deplatforming Trump Could Work. But at What Cost?", *New York Times*, January 14, 2021, p. 1.
④ 参见查云飞《德国对网络平台的行政法规制——迈向合规审查之路径》，《德国研究》2018年第3期。

垄断等问题密集出台规范性文件，采取了一系列治理措施。

平台治理的主体是 FAMGA（脸书、苹果、微软、谷歌、亚马逊）、BATT（百度、阿里巴巴、腾讯、今日头条）等网络平台企业，治理的主要依据是平台根据国家立法制定的用户协议、隐私条款、内容标准等内部治理规则，借助人工审核和技术过滤手段，对平台违法有害信息进行判断和处理。在我国的网络治理实践中，平台被要求严格履行"主体责任"，发挥主观能动性，承担积极作为和不作为的义务，并对拒不履行信息内容管理义务的行为课以行政处罚或刑事制裁。① 从行政法学视角看，立法和行政机关与平台关系并非"行政委托""行政授权"，也不能视为"行政任务民营化"，而只是平台基于法定义务对平台内信息内容进行规制。实定法仅赋予平台进行规制的义务，并未赋予平台相应的行政职权。② 平台对用户的言论表达和信息内容进行规制，行使了原本由国家行使的权力，但其所行使的不是国家明文授予的公权力，而是作为私主体的平台基于对用户管理支配的优势地位而形成的一种私权力，或者是网络主管部门的监管要求、随机指令等在平台内部的体现，即以私权力形式体现的公权力。在平台崛起的智能互联网时代，形成了"公权力—私权力—私权利"之间复杂博弈的新格局，三者之间发生的合作与对抗机制很大程度上改变了以往国家与社会、权力与权利的关系结构与功能。③

如何看待平台对信息内容限制的巨大权力及其与各行为主体的关系，是网络空间平台治理需要解答的核心问题。本书所指的平台主要指基于用户创建的内容和人与人、人与信息内容之间形成的连接关系，集中整合了内容共享、人际交流、社交关系和商业交易等多重功能的大型网络服务提供者。内容审核构成这些平台存在的必要机制，商业化是这些平台的底色。本书着眼网络平台信息内容治理实践，探讨国

---

① 参见刘权《论互联网平台的主体责任》，《华东政法大学学报》2022 年第 5 期。
② 参见孔祥稳《网络平台信息内容规制结构的公法反思》，《环球法律评论》2020 年第 2 期。
③ 参见马长山《智能互联网时代的法律变革》，《法学研究》2018 年第 4 期。

家公权力与平台私权力、平台私权力与用户权利之间的关系，试图厘清平台私权力的边界与制约之道，寻求网络私人规制与公共治理中的权利保障与治理效率之间的平衡。

第二节 网络平台治理的制度构建与路径革新[①]

随着互联网平台应用和平台经济的持续发展，各种监管政策和法律法规相继出台，为解决理论供给滞后于实践发展的"倒挂"问题，为平台治理路径革新提供理论支撑和指引，平台治理亟须在基础理论上有所创新和突破。

一 平台概念与平台治理的多学科研究

平台治理研究以对概念的厘定和诠释为起点。目前不同学科对"平台"有不同定义，经济学对平台的定义大致围绕"双边或多边市场""供给/需求侧""多方交易"等，计算机科学对平台的定义更偏向技术和功能性，使用"可编程性"等技术术语，新闻传播学对平台的定义则注重互动、连接、社交等媒体功能和影响力。平台治理亦是一个杂乱的概念。大体包括三层含义，既可指"对平台的治理"（平台作为宾语，外部治理），也可指"平台对其他主体（如平台商户和用户）的治理"（平台作为主语，内部治理），还可指"在平台上进行治理"（平台作为状语，共同治理）。[②] 更多学者围绕平台治理的研究范式和知识体系构建寻求突破。方兴东等提出滴滴事件作为中国互联网"数据第一罚"代表了互联网发展模式以及对互联网的社会认知和公共政策的整体范式转

[①] 本部分内容参见张文祥、杨林、陈力双、方兴东《网络平台治理的理论探索与中美欧互鉴——全球视野下的平台治理学术研究全景扫描》，《新闻春秋》2024年第3期。

[②] 参见吕鹏、周旅军、范晓光《平台治理场域与社会学参与》，《社会学研究》2022年第37卷第3期。

变，即从过去注重信息、内容、行为等显性的浅层，进入注重数据、算法等隐性的深层，数据不仅成为互联网发展的核心驱动，也成为互联网治理的全新挑战和工作重心，中国互联网发展需要一种颠覆性的、全局性的机构和制度重构。① 方兴东等继而从技术演进历程和平台治理制度与理论创新角度对"守门人"范式转变进行了系统研究，以欧盟《数字市场法案》中的"守门人"理念为入口，指出平台"守门"的任务和使命不限于新闻与信息，而是已经关乎社会、经济、文化、生活和政治等各个维度的"守门"，传播的重心和特征从内容转向数据为核心的新阶段，数据是"守门人"的主要职责，"守门人"的新内涵不仅为人类数字时代的治理路径和制度创新提供重要的参照和启示，也将是整个传播学范式转变的底层的基础性变革。② "守门人"的隐喻生动定义了超级平台在数字时代扮演的真实角色。中美欧各国政府几乎不约而同完成一系列相关战略、法律和政策的构建，则彰显了政府作为"守门人"的全新定位，这预示着全球网络治理和数字时代社会治理范式的根本性转向。③ 方兴东等结合平台的三重属性提出互联网平台的"技术—经济—社会"（TES）理论框架，从不同侧面分析平台的社会影响，提出互联网平台"数据—竞争—安全"三种治理路径轮廓。④ 申琦对国际主要数字经济体实践的"守门人"制度内在逻辑与运行问题进行考察，建议我国未来"守门人"制度应从完善"守门人"认定机制、畅通"守门人"申诉渠道、建设"守门人"社会企业等方面加以优化。⑤

---

① 参见方兴东、何可、钟祥铭《数据崛起：互联网发展与治理的范式转变——滴滴事件背后技术演进、社会变革和制度建构的内在逻辑》，《传媒观察》2022 年第 10 期。

② 参见方兴东、钟祥铭《"守门人"范式转变与传播学转向——基于技术演进历程与平台治理制度创新的视角》，《国际新闻界》2022 年第 44 卷第 1 期。

③ 参见方兴东、钟祥铭、张权《"守门人"的守门人：网络空间全球治理范式转变》，《湖南师范大学社会科学学报》2023 年第 1 期。

④ 参见方兴东、钟祥铭《基于 TES 框架透视平台社会影响与治理路径》，《未来传播》2022 年第 29 卷第 3 期。

⑤ 参见申琦《是非"守门人"：国际互联网超大型平台治理的实践与困境》，《湖南师范大学社会科学学报》2023 年第 1 期。

基于风险社会和风险治理视角，平台运行中产生的金融、政治、法律风险，抑或数据收集和算法输出中引发的黑箱、歧视等问题，都可归属于网络平台风险范畴。平台风险生成与平台私权力行使中商业逐利本质使权力异化密不可分。孙逸啸提出的网络平台风险包容性治理理论，以尊重差异为基点、协商合作为核心、权力（利）规范为实现路径，包容性治理的目的在于不同治理主体对治理成果的共享，实现社会和谐、政府治理、市场创新、公众权益保障之间的平衡与发展。① 这一理论适用于网络平台风险治理，运用整体性思维，从法律规制、平台自我规制、社会规制三个层面，依据平台及其应用场景的差异进行类型化完善。

新闻传播学界一直关注数字媒介连接、沟通、互动的属性和功能，发现数字平台增强了人与人之间理性对话的潜能，为民主参与提供了新的机会，但也放大了人与人之间的负面情绪，加速了虚假、仇恨等消极信息的传播。吴飞认为，信息失真与虚假报道、"回音室"与群体极化、算法偏见与歧视、个人数据安全与隐私保护、伤害性与反智性言论等构成数字平台正在遭受的伦理困境。破解这一平台伦理困境的系统性治理方案，应当包括政府主导建规立法、强化平台伦理责任担当、培养公民的信息伦理素养以及构建多主体（政府、平台企业、公民）、多理论（义务论、目的论、美德论）的平台治理体系。②

二 平台治理的制度构建：如何治理平台

制度构建是基于社会发展的主要变化与矛盾、在历史演化的结果上结合时代特征和对未来发展趋势的科学判断所做出的应对与谋划。③

---

① 参见孙逸啸《网络平台风险的包容性治理：逻辑展开、理论嵌合与优化路径》，《行政管理改革》2022 年第 1 期。
② 参见吴飞《数字平台的伦理困境与系统性治理》，《国家治理》2022 年第 7 期。
③ 参见黄凯南《制度系统性建构的演化逻辑与动力机制》，《光明日报》2020 年 1 月 21 日。

围绕互联网平台的主要矛盾和冲突，平台治理制度构建的文献与数据治理、算法治理、反垄断治理和网络信息内容治理等重要问题结合在一起。基于对全球互联网平台治理和治理权力回归民族国家新阶段的基本判断，张志安等从内容、竞争与数据三重维度对近年来中国互联网平台治理的制度化进程进行分析，发现中国互联网平台治理具有应激式、多主体、社会化等基本特征，治理模式体现为政府主导社会参与、商业利益与公共利益平衡、意识形态为主兼顾经济发展等特点。未来平台治理应当实现运动式治理与制度化建设长期并存、超级互联网平台运作深度嵌入国家治理、平台治理政策更加符合市场竞争复返、平台商业话语与国家主流话语更加贴合等。① 面对民族国家和治理权的回归，对于传统的命令与控制型的强监管模式能否适应平台经济的发展需要，一些学者持较为谨慎和警惕的态度。冯果等运用平台生态圈理论、生态失衡理论等生态学理论诠释平台治理问题，提出平台治理应摒弃单一企业治理的传统路径，转向对互联网生态圈的综合治理方向，协同平台生态圈内部治理与外部治理，外部治理充分尊重内部治理的专业性、复杂性，改变单纯的命令控制型监管方式，并通过程序性规则来指导内部一般治理，实现对内部治理的负外部性的控制。② 徐敬宏等构建的互联网平台治理体系同样区分内部治理和外部治理部分，同时加入协同治理板块，包括部门之间、地域之间和平台之间的关系协同，以及治理主体地位协同，由过去政府监管转变为政府主导各主体共同参与。③

平台反垄断治理方面，最近几年我国针对多家大型平台的搭售、二选一、不正当竞争等行为作出巨额处罚，有效遏制了平台的不正当

---

① 参见张志安、冉桢《中国互联网平台治理：路径、效果与特征》，《新闻与写作》2022年第5期。

② 参见冯果、刘汉广《互联网平台治理的生态学阐释与法治化进路》，《福建论坛》（人文社会科学版）2022年第4期。

③ 参见徐敬宏、胡世明《5G时代互联网平台治理的现状、热点与体系建构》，《西南民族大学学报》（人文社会科学版）2022年第43卷第3期。

竞争和垄断等扰乱市场秩序的行为。但平台的垄断行为并没有消除而是变得更具隐蔽性,例如,平台企业还会以科技之名规避金融监管,使得系统性的金融风险和网络数据信息安全风险无法得到有效控制。①张爱萍等发现数字化交通平台的交易费用由"信息服务费＋运输服务费"构成,且在订单明细中可以精准分割,平台既非实际服务提供方,也非服务购买方,却通过信息服务费获取利益,这种不太引人注意却非常典型的搭售行为进一步摄取消费者剩余,降低了消费者福利,据此认为数字化平台应当合理厘清平台责任边界,从政策上约束技术力量对消费者剩余的过度摄取,积极完善以反垄断治理为主、行业监管为辅的金融平台综合治理体系。② 2023 年 3 月 7 日公布的《国务院关于提请审议国务院机构改革方案的议案》确定组建新的国家金融监督管理总局,将强化金融监管,明确互联网金融平台监管规则,防范金融风险。③

数据治理制度构建的理论和实践探讨都在向纵深推进,数据是驱动平台经济持续发展的关键生产要素,凭借技术和资本优势,平台在整合线上线下行业、汇集海量用户的过程中获取了大量的数据资源,平台企业私主体属性与其公共管理者的角色之间存在矛盾和冲突,滥用数据、数据使用失范现象屡屡发生。谢新洲等从商业平台的数据俘获为切入点,探讨平台数据如何摇摆在私人所有与公共所有两种属性之间,并从互联网文化的角度溯源"公""私"对立困境的深层原因,提出治理平台数据俘获问题的对策。④ 当前,互联网平台衍生了以算法合谋为主要形式的垄断协议、利用数据资源滥用市场支配地位、数

---

① 参见李连发《数字时代平台垄断的治理策略》,《人民论坛》2022 年第 4 期。
② 参见张爱萍、余晖《数字化交通平台搭售:特征、机制与反垄断治理》,《江海学刊》2022 年第 6 期。
③ 参见霍思伊《薛澜:本次国务院机构改革传递了什么信号》,《中国新闻周刊》2023 年第 10 期。
④ 参见谢新洲、宋琢《游移于"公""私"之间:网络平台数据治理研究》,《北京大学学报》(哲学社会科学版)2022 年第 59 卷第 1 期。

据驱动型经营者集中等新型数据垄断形式，给我国反垄断规制带来了诸多困境。针对互联网平台数据垄断治理机制的完善，程雪军等认为，我国不能仅采取法律单维的反垄断规制，而要探索多维的反垄断治理机制。在治理原则上，坚持市场化与法治化原则；在治理路径上，需要从政府规制向多元治理（企业自治、政府规制与社会监督）转变，完善互联网平台数据垄断的治理路径。① 根据《国务院关于提请审议国务院机构改革方案的议案》，我国已组建国家数据局，负责协调推进数据基础制度，统筹数据资源整合共享和开发利用等，对构建和完善数据治理制度意义重大影响深远。②

对网络信息内容的治理贯穿于我国互联网治理发展大部分历史轨迹，但内容治理在新的技术应用和平台社会中出现了很多新问题，算法局限、商业竞争、过度娱乐化、极端化内容泛滥等矛盾持续引发社会舆论和国家管理者高度关注，对平台系统内的网络违法犯罪活动和违规内容的治理成为平台治理的关注热点。邹军等认为，平台型媒体是连接社会和资讯传播的枢纽，其运行既遵循商业逻辑，又有公共性的一面，平台型媒体信息内容生态治理需要构建一个政府主导、网络运营商协同、平台企业承担主体责任、行业自律和用户参与的协作模式。③

三 平台的社会化治理模式创新

平台的社会化治理包括两个层面，一是平台作为治理中介和工具参与国家和社会治理，二是借助社会化力量和手段合力治理网络平台。

---

① 参见程雪军、侯姝琦《互联网平台数据垄断的规制困境与治理机制》，《电子政务》2023年第3期。
② 参见王春晖《组建国家数据局意义重大影响深远》，《人民邮电报》2023年第2期。
③ 参见邹军、柳力文《平台型媒体内容生态的失衡、无序及治理》，《传媒观察》2022年第1期。

互联网平台的社会化治理首先是治理主体的多元化和协同化，官方表述是"党委领导、政府管理、企业履责、社会监督、网民自律"。21世纪以来，我国网络治理第一个变化是社会化治理力量开始走向自觉，逐渐担当互联网产业发展和管理的重任，走出了一条我国特色的多方共治之路。今天互联网平台发展的复杂性使得任何单一部门的集中管控都很难奏效，必须依靠社会力量才能弥补自上而下单一主体治理资源有限、效果不佳等情况，唯有不断细分和深入的社会化网络，开放性、分布式的网络化治理，结合自身组织的协同形式，才能高效、及时地应对各种网络问题或者网络时代的社会问题。① 平台将各利益相关方主体聚集在同一空间内为社会化治理提供了契机，平台将其所具有的资源优势充分发挥，构建社会型平台，整合社会资源，解决社会问题。②

方兴东早在2016年就对我国互联网治理模式的演进和创新进行研究，论述了"九龙治水"模式作为互联网治理制度的重要意义。无论是西方倡导的多利益攸关方模式，还是中国特色的"九龙治水"的准多利益攸关方模式，本质上都是政府、企业和社会的新型共治模式。③ 也就是政府主导的自上而下与社会主导的自下而上相结合，发挥各方所长，共同维护技术秩序、市场秩序和社会秩序。互联网领域的共治模式，将是数字时代整个社会治理和国家治理的重要的先行先试的先导制度创新，是面向未来的宝贵财富，值得进一步研究和总结。

我国互联网社会化治理体系事实上长期存在并且发挥着重要作用。以2001年中国互联网协会的成立为标志，正式进入政府主导、多方协

---

① 参见方兴东《中国互联网治理模式的演进与创新——兼论"九龙治水"模式作为互联网治理制度的重要意义》，《人民论坛·学术前沿》2016年第6期。
② 参见苏明明、叶云《平台企业社会责任治理研究：内涵、动因与模式》，《财会月刊》2022年第19期。
③ 参见方兴东《中国互联网治理模式的演进与创新——兼论"九龙治水"模式作为互联网治理制度的重要意义》，《人民论坛·学术前沿》2016年第6期。

同参与、治理手段多元化的社会化治理阶段。平台的社会化治理是以承载着多元主体交互关系的平台为介质或载体，运用多种手段实现对数字社会的协同治理。智能传播视域下，原本以商业化逻辑运行的互联网平台逐渐嵌入社会公共领域之中，将多元社会主体纳入同一公共空间之内。苏涛、彭兰认为，当今的互联网平台不仅是政府、市场创新者和用户的联结交汇点，更是一种重要的社会基础设施和社会操作系统。① 由于互联网平台蕴含着丰富的公共治理效能，平台社会化治理的创新路径研究受到学界重点关注。

平台基于自身特征，能够将各利益相关方主体聚集在同一空间，并将其资源优势充分发挥，协同解决社会问题。蒋慧提出，平台治理要以政府为主导，平台企业为核心，社会公众、行业组织、用户等为代表，多方主体共同推动平台协同治理格局的构建。② 孟天广认为，政府以平台为介质，能够对数字社会实施高效治理。作为一种组织结构和治理模式，平台能够整合政府条块职能，有助于整体性政府的构建。③ 顾丽梅等以上海的城市数字化转型探索为例，总结出政府平台治理的优化路径，即创新理念优化设计、技术制度双轮驱动、数据开放共享、多主体参与多领域转型。④ 平台还赋能政府基层治理，为数字时代的基层行政提供社会化治理的创新路径。吴晓燕等以成都市清源社区作为个案，探讨平台在社区治理融合发展方面的重要功用。⑤ 第三方组织、公众、媒体等都可以借助平台、监督平台更好地参与治

---

① 参见苏涛、彭兰《虚实混融、人机互动及平台社会趋势下的人与媒介——2021年新媒体研究综述》，《国际新闻界》2022年第44卷第1期。
② 参见蒋慧《数字经济时代平台治理的困境及其法治化出路》，《法商研究》2022年第39卷第6期。
③ 参见孟天广《数字治理生态：数字政府的理论迭代与模型演化》，《政治学研究》2022年第5期。
④ 参见顾丽梅、李欢欢、张扬《城市数字化转型的挑战与优化路径研究——以上海市为例》，《西安交通大学学报》（社会科学版）2022年第42卷第3期。
⑤ 参见吴晓燕、陈权科《空间再造：治理融合发展的社区平台构建实践——以成都市清源社区为例》，《湖北民族大学学报》（哲学社会科学版）2022年第40卷第2期。

理。王磊等将网络问政平台视为政府了解社情民意的"传感器",用户借助平台所表达的各种疑问与诉求能够推动信息供给的优化与治理对策的改良。① 郁建兴等聚焦应急管理系统,认为社会公众可依托数字化平台参与信息生产,以非正式的信息渠道补充相关事件的信息,辅助应急决策。② 宋海生等认为,用户所提供的各类信息对于构建网络平台舆情常态化监管机制具有积极意义。③

平台是不可或缺的网络社会化治理主体。各类平台型企业逐渐演化出作为社会基础设施的公共属性,被张志安视为是政府与社会数字化转型的重要力量。④ 苏明明认为,平台型企业具有"类政府"与"社会公民"的角色面,不仅要对自身行为负责,也要对其所处的生态系统进行管理,以有效配置社会资源。⑤ 经济方面,朱太辉等将平台型企业看作推进共同富裕的重要主体,对其在释放数据生产力、加快科技创新和产业转型升级等方面的作用予以肯定。⑥ 社会服务方面,邓雪等通过考察社区团购企业发现,平台型企业可以凭借自身技术优势为基层提供更为便捷的市场服务,在一定程度上能够补充现有基层服务的不足。⑦ 公共管理方面,张琰、王锋、喻国明、肖红军、谢新洲等分别认为,平台型企业对社会责任的积极履行,有助于保障行业稳定、引导社会舆论、降低公共危机的负面影响。然而,因平台

---

① 参见王磊、易扬《公共卫生危机中的数字政府回应如何纾解网络负面舆情——基于人民网"领导留言板"回复情况的调查》,《公共管理学报》2022年第19卷第4期。

② 参见郁建兴、陈韶晖《从技术赋能到系统重塑:数字时代的应急管理体制机制创新》,《浙江社会科学》2022年第5期。

③ 参见宋海生、张万朋、杨创等《"双减"政策的网络舆情特征、公众关注与政府回应——基于全国网络问政平台的大数据研究》,《基础教育》2022年第19卷第3期。

④ 参见张志安、冉桢《中国互联网平台治理:路径、效果与特征》,《新闻与写作》2022年第5期。

⑤ 参见苏明明、叶云《平台企业社会责任治理研究:内涵、动因与模式》,《财会月刊》2022年第19期。

⑥ 参见朱太辉、林思涵、张晓晨《数字经济时代平台企业如何促进共同富裕》,《金融经济学研究》2022年第37卷第1期。

⑦ 参见邓雪、赵吉《互联网平台企业基层服务中的风险及治理——以社区团购企业为考察对象》,《东南学术》2022年第2期。

型企业内生的资本逻辑，使之与社会治理的公共性逻辑产生矛盾①，因此，需要对作为平台最大权力基础的算法与数据进行合理规制②，具体可通过用户赋权和用户参与充分发挥平台用户的反向治理功能③，对平台数据采取弱保护模式并积极完善数据交易制度来推动社会化治理。④

行业组织为平台社会化治理提供了具有创新性的协同路径。陈瑾等以平台社群组织为研究对象，认为有序的社交平台社群能够契合社会治理秩序的多元性和自治性，满足网络社会主体的自主自律需求，为平台治理提供秩序支持与动力基础。⑤ 更多学者聚焦平台媒体行业，将其视为平台社会化治理的重要组成部分。邹军认为，作为社会连接和资讯传播枢纽的平台型媒体兼具商业性和公共性，在实现自身经济效益的同时应发挥公共职能。⑥ 钟瑛等将平台化建设下的县级融媒体视作提升基层治理现代化的重要中介，对基层治理的机制优化与职能创新具有一定意义。⑦ 李鲤等则对主流媒体平台的信息内容治理实践进行分析，对其在引领核心话语、以数据技术盘活用户资源、打造聚合生态方面的价值进行了探讨。⑧

---

① 参见王锋《从治理到被治理：论基于数字平台型企业的社会治理》，《浙江学刊》2022年第4期。
② 参见喻国明《互联网平台：传播生态的巨变及其社会治理》，《新闻论坛》2021年第35卷第5期。
③ 参见肖红军《构建负责任的平台算法》，《西安交通大学学报》（社会科学版）2022年第42卷第1期。
④ 参见谢新洲、宋琢《游移于"公""私"之间：网络平台数据治理研究》，《北京大学学报》（哲学社会科学版）2022年第59卷第1期。
⑤ 参见陈瑾、梁辰《我国数字平台的组织业态、技术特征与商业模式研究》，《企业经济》2022年第41卷第12期。
⑥ 参见邹军、柳力文《平台型媒体内容生态的失衡、无序及治理》，《传媒观察》2022年第1期。
⑦ 参见钟瑛、朱雪《县级融媒体平台化对提升基层治理现代化的作用和路径》，《东岳论丛》2022年第43卷第4期。
⑧ 参见李鲤、吴贵《主流媒体平台嵌入网络内容治理的价值效能与实践进路》，《中国编辑》2022年第10期。

第七章　企业履责：网络信息内容多元主体协同治理中的平台责任

在平台以一种高效治理载体与社会多方主体深度嵌套并优化社会治理结构的过程中，一些根源于平台本身的潜在问题逐渐浮现，成为阻碍平台社会化治理效能进一步提升的症结所在。孙逸啸认为，平台风险的实质就是平台权力膨胀与异化的结果。① 实际上，平台权力的膨胀与异化主要体现在平台型企业力量的持续增长之中。作为创建平台和维护平台运行秩序的主体，平台型企业在国民经济和社会发展中的影响力和控制力不断增强，进而对公平竞争的市场秩序产生消极影响。陈鹏提议从明确划定平台权力边界、强化平台监管、规范数据和算法、保护平台用户数据安全以及严厉打击平台企业滥用垄断和优势地位的行为等方面对平台权力进行规制。② 王勇从企业自我规制着眼，认为平台型企业要在"避风港原则"的基础上遵循"开放中立"的治理原则，既对平台上的各类用户保持中立，也要坚持自身的互联互通。③

技术作为强大的治理工具，当其更多地被平台型企业所掌握时，就显现出政府与平台型企业之间的复杂博弈。吴青熹提出这一博弈的实质是互联网平台企业向政府让渡平台技术，同时政府向互联网平台企业让渡社会治理权力。④ 冯果等指出，平台型企业的监管方对平台兼为监管对象和内部治理主体的双重身份缺乏尊重，对内部治理的优越性和生命力没有给予足够的肯定。⑤ 关爽则从平台治理应用角度提出隐忧，认为平台的不当使用有可能引发权力—权利关系格局失衡、多元治理主体责任归属、数据安全与公共利益的实现等问题，以及公

---

① 参见孙逸啸《网络平台风险的包容性治理：逻辑展开、理论嵌合与优化路径》，《行政管理改革》2022年第1期。
② 参见陈鹏《平台权力的扩张与规制》，《理论月刊》2022年第8期。
③ 参见王勇、张玮艺、伍凌智《论平台企业"开放中立"的治理原则》，《改革》2022年第4期。
④ 参见吴青熹《平台型治理："数字抗疫"中的政府治理变革》，《江苏社会科学》2022年第6期。
⑤ 参见冯果、刘汉广《互联网平台治理的生态学阐释与法治化进路》，《福建论坛》（人文社会科学版）2022年第4期。

民数字参与动力不足、新的数字不平等难题。① 而这就干扰了政企之间平台良性关系的发展，使社会主体在以平台为介质或载体实施社会协同治理的过程中产生迷失。

基于此，孙韶阳提出"平台—政府"双层治理模式，意在实现平台与政府二元治理主体间的协同。② 韩新华则提出元规制模式，即政府规制和平台自治的结合，核心要旨是对平台的内部规制机制展开规制。③ 黄卫东提出对网络平台的行政规制应当由制裁威慑转向行政合规治理，从行政合规治理理念树立、治理制度安排以及治理重点明晰三方面具体实践。④ 吕鹏等意图赋能社群，使其成为"有用"的行动者，在共同治理环节参与治理生态的建设。⑤

综上所述，平台社会化治理问题的解决与路径的完善，关键在于打造一个涵括多元主体参与的治理框架。有鉴于此，李文冰等提出，互联网平台治理的完善需涵盖治理主体、治理方式、治理内容和治理手段等模块，构建政府主治、平台自治、用户参治与机构协治相结合的多元共治体系。⑥ 2022 年 12 月举行的中央经济工作会议明确，支持平台企业在引领发展、创造就业、国际竞争中大显身手。平台在呈现出极强的社会影响力的同时，正在重塑社会的结构，使得当下社会已从卡斯特所描绘的"网络社会"升级为范·迪克笔下的"平台社会"。借助平台对网络空间和社会实施治理的效果不容小觑，今后平台社会化治理应纳入公共管理创新视野，继续探讨如何以多方主体协同的方

---

① 参见关爽《平台驱动与治理变革：数字平台助力城市治理现代化》，《城市问题》2022 年第 7 期。

② 参见孙韶阳《网络市场"平台—政府"双层治理模式建构与机理分析》，《商业经济研究》2022 年第 11 期。

③ 参见韩新华《平台时代网络内容治理的元规制模式》，《中国出版》2022 年第 5 期。

④ 参见黄卫东《网络平台的行政规制：基于行政合规治理路径的分析》，《电子政务》2022 年第 11 期。

⑤ 参见吕鹏、周旅军、范晓光《平台治理场域与社会学参与》，《社会学研究》2022 年第 37 卷第 3 期。

⑥ 参见李文冰、张雷、王牧耕《互联网平台的复合角色与多元共治：一个分析框架》，《浙江学刊》2022 年第 3 期。

式提高数字社会的治理效能。而社会化力量在参与治理平台和平台治理中的作用、机制、关系等还有待进一步深入研究。

四 平台治理的中美欧互鉴与比较

21世纪第二个十年以来，平台治理成为全球数字转型中的核心问题。随着中美欧同时掀起互联网平台反垄断浪潮，平台治理开始进入深水区。各国基于平台治理的制度调适是数字时代国家政治经济体制演化的重要实践，对中美欧的平台治理模式和实践走向进行比较互鉴具有极其重要的价值。

平台治理制度的变迁抉择是在国际与国内双重环境和安全与发展两个目的框架下形成的。王震宇等认为，在这一全球性进程中，中国选择了安全优先、旨在保障国家对数字空间秩序支配能力的调节型治理模式；美国则选择了发展优先、旨在支持本国平台在全球数字市场竞争的扩张型治理模式；处于中美两极之间的欧洲采取严于服务治理、宽于数据和竞争治理的均衡型治理模式。[①] 方兴东、钟祥铭在TES（技术、经济和社会三重属性）框架下，提出"数据—竞争—安全"的制度架构平台治理正在成为全球浪潮，世界各国也正在多管齐下，三条路径相互交织，中美欧各有侧重，指向清晰：中国更加注重安全维度，而美国明显侧重竞争维度。欧洲则从数据入手，考量更基础、更综合的人权与价值观。[②]

在平台治理的反垄断与反不当竞争方面，中美欧均致力于完善反垄断法律制度和规则并强化反垄断执法力度。中美两国作为全球平台经济发展最为领先且针对平台经济出台反垄断与反不正当竞争

[①] 参见王震宇、张晓磊《平台治理的制度之维：基于中美英三国模式的比较》，《国际关系研究》2021年第6期。

[②] 参见方兴东、钟祥铭《基于TES框架透视平台社会影响与治理路径》，《未来传播》2022年第29卷第3期。

政策最密集的国家,在平台治理的过程中也在进行数字竞争。互联网平台之间相互封闭和隔绝、阻碍"互联互通"的现象被称作"围墙花园"(walled garden),成为中美欧首要关注对象,并同时掀起互联网平台反垄断浪潮。比起欧美市场,中国互联网更是深受"围墙花园"之苦。随着强化反垄断和防止资本无序扩张的平台治理走向深入,中国互联网深层次的"围墙花园"问题开始第一次破冰。① 方兴东、钟祥铭认为,互联网的开放性是互联网本身创新活力和激发社会各层面创新活力的基础。以各种方式实质性侵蚀互联网开放性的"围墙花园",最终是建立在整个产业和社会付出巨大代价的基础之上的。② "围墙花园"问题不只是涉及少数巨头的商业利益问题,更是直接关系中国互联网和中国社会的潜力和活力问题,还直接决定了中国发展和崛起的境界和高度,定义我们的未来,尤其是全球化的进程。

在数据监管方面,中美欧三大执法区域分别出现各自进程的重要信号。学者从美国政府数据治理的整体角度出发,具体分析美国政府数据治理板块的政策,以政策内容确认实践框架的基本形态并展开要点解析,力图为我国实践形成参考策略。周文泓等认为,美国的数据治理体系的建设凸显出开放数据的引领与贯通,政策设计以开放数据为核心,配套政策工具以有效开放为着力点,组织架构设定以主体协同为核心,行动示范建设以数据实践为落点,以美为鉴指出中国数据治理的现有局限。③ 与美国不同的是,欧盟的监管制度以私营部门为主导,旨在防止数据的集中趋势,从而为领域的新进入者提供保障。程娅认为,欧盟围绕价值清晰的顶层设计框

---

① 参见钟祥铭、方兴东《"围墙花园"破拆:互联网平台治理的一个关键问题》,《现代出版》2021年第5期。
② 参见方兴东、钟祥铭《互联网平台反垄断的本质与对策》,《现代出版》2021年第2期。
③ 参见周文泓、吴琼、田欣等《美国联邦政府数据治理的实践框架研究——基于政策的分析及启示》,《现代情报》2022年第42卷第8期。

架，构建内外联动的法治体系，推行服务优先的治理模式，有助于提高数据治理能力、激发数据活力。中国应立足于本国价值诉求，参考欧盟的数据治理框架，加强顶层设计、完善法治体系、强化平台服务。① 方兴东等分析了欧盟的数据治理观念和制度，认为欧盟形成的以权利本位的治理观念试图通过统一的数据保护法规和新的隐私市场来建立公民信任，在内部形成了跨部门、低壁垒的数据监管基础设施。② 中国数据治理的政策选择是秉持国家安全战略，多部法律的逐步落地都体现出数据治理朝着国家中心主义转向，数据流通性受到大幅度限制。刘典认为中国的"政策钟摆"不会完全向欧盟模式看齐，而是在追求效率下兼顾公平，进而摆脱欧洲治理机制的可能负面影响。③ 从网络主权到数据主权，欧盟秉持的数据本地化理念与美国倡导的数据自由流动主义导致两大体系不可避免地发生碰撞。王佳宜等提出，我国数据主权规则体系呈防御性特征，在国际个人数据跨境流动的规则制定上一直属于被动状态。我国需积极应对数据主权对抗态势，创新管辖权模式，提出本国在网络空间竞争中的利益诉求。④

在算法治理方面，学界有两个研究方向，一是算法治理（algorithmic governance），即利用算法实现精准化、智能化的治理；二是治理算法（governance of algorithms），即基于风险预防的理念，将算法及其运用场景作为治理对象，促进算法向善。结合全球传播舆论场的权力话语分配格局和现状特征，中美两国在国际网络舆论场的话语和传播竞争逐渐向平台治理下的算法技术竞争转移。张志安等指出，

---

① 参见程娅《面向未来：欧盟数据治理框架的要素分析与经验启示》，《数字图书馆论坛》2022年第12期。
② 参见方兴东、何可、钟祥铭《数据崛起：互联网发展与治理的范式转变——滴滴事件背后技术演进、社会变革和制度建构的内在逻辑》，《传媒观察》2022年第10期。
③ 参见刘典《数据治理的"不可能三角"》，《文化纵横》2022年第2期。
④ 参见王佳宜、王子岩《个人数据跨境流动规则的欧美博弈及中国因应——基于双重外部性视角》，《电子政务》2022年第5期。

全球传播的网络舆论场形成了"美国体系"和"中国体系"共存和竞争的平台发展局面，中美两国的国际传播话语主阵地向网络平台转移，而算法技术则成为中美两国平台竞争的技术焦点。① 在总结欧美两方算法治理实践比较的基础上，曾雄等认为，我国已初步形成中国特色的算法治理模式，但还存在明显缺陷：规则缺乏体系性，治理目标不够聚焦；治理主体上存在多部门"竞争"，未形成治理合力；治理对象上，重点规制市场主体，忽视公共主体的算法责任；治理手段上，以行政监管为主，司法救济和技术治理措施尚不完备。② 针对下一步的算法治理体系建设，胡坚波认为，算法治理路径应综合运用多手段、多主体协同治理，采用分级分类、基于风险治理的思路。③

在数据和算法治理的政策选择方面，中国和美国构成数据和算法监管和扩张的两极。中国选择了监管调节的治理模式，该模式以安全为第一要义，确保国家主导数字空间秩序，而美国选择了扩张而宽松的治理模式，在考虑发展、支持平台在全球数字市场上竞争的同时注重隐私保护。我国已出台了一系列制度文件，从数据安全和算法规范管理两个方面为平台治理提供了有力支撑。2022年实施的《互联网信息服务算法推荐管理规定》对平台算法透明及对未成年人、老年人等特殊群体用户的相关义务等进行了明确。张志安等认为，该规定表明在网络内容治理领域，中国平台治理开始转向"实效重于实质"的"穿透式监管"阶段，政府在平台治理过程中的信息劣势得到扭转，数字社会生产中组织生产与控制权力一定程度回归监管部门。④ 这一

---

① 参见张志安、唐嘉仪《中美平台竞争格局下的算法治理与中国国际传播能力的提升路径》，《对外传播》2022年第10期。

② 参见曾雄、梁正、张辉《欧美算法治理实践的新发展与我国算法综合治理框架的构建》，《电子政务》2022年第7期。

③ 参见胡坚波《多措并举推进我国算法治理》，《人民论坛·学术前沿》2022年第10期。

④ 参见张志安、冉桢《中国互联网平台治理：路径、效果与特征》，《新闻与写作》2022年第5期。

算法治理举措不仅对我国数字治理的制度构建具有重要意义，对世界范围内的用户权益保护制度构建也具有参考价值，与此前颁布的《网络安全法》《数据安全法》一脉相承。针对平台信息失范治理问题，常江等从全球趋势和中国经验的比较视野出发，提出中国的治理经验具有与欧美经验迥异的独特性，这种独特性集中体现在：中国平台始终保持着主流民意同构体和主流意识形态维系者的自我认知，其新闻治理思路具有明确的"响应性"（responsiveness）导向；政府对网络平台的监管、治理具有为技术赋予价值观、引导技术服务于社会治理的意识，平台治理手段体现出"用规则、行动对抗算法风险挑战"的权变性形态，展现出与媒体、各部门协同进入国家治理层面的总体观。[①]

平台治理才刚开始，在客观环境风云变幻而认识相对有限的当下，并没有先验的现成经验可照搬，需要立足实践基础不断摸索、开创和积累有效治理模式。中美欧各国的互联网平台治理实践在不断探索之中，既有共性又各有特色。国家回归或者说政府主导成为互联网治理的新阶段，同时，中国和美国都提倡互联网治理的多利益相关方参与模式，但是在不同参与者构成的社会治理网络中，政府所占据的权力节点和扮演的角色是不一样的。不同国家在平台治理面前存在着不同的利益、价值和制度取向，每一种监管路径和治理模式都有其合理性和创新性，同时承认每种模式都有自身的优势和劣势，国家和政府在互联网治理中并没有过时，多利益相关方的参与治理模式虽然契合互联网去中心化、分布式传播特性但也并非无所不能。对各种网络平台治理模式需要在客观评估的基础上取长补短，互相吸收借鉴，走出非此即彼、孰善孰恶的二元对立逻辑。在当今地缘政治崛起的背景下，中国应该树立起新的全球视野和价值观。进行制度创新尤其是价值观创新，是中国互联网走向全球的

[①] 参见常江、杨惠涵《基于数字平台的信息失范与治理：全球趋势与中国经验》，《中国出版》2022年第12期。

必由之路。

第三节　网络平台的信息内容规制结构和规制依据①

一　网络平台"个人—平台—政府"的三元规制结构

经典的表达自由制度被形象化地理解为"对街头发言者（the street corner speaker）的保护"，即为了保护公民批评政府的自由，防范政府对公民个人言论表达的压制。政府依据相关法律对公民言论进行限制，表达权面向的是"个人—政府"的二元对立关系。但政府以外的私主体对公民言论进行审查的例子在历史上已出现过。1557 年，英国王室通过委托书文公司（Stationer Company）行使审查职能，对媒介具有全盘控制权力。虽然书文公司作为一家私营企业对出版行使控制权，但其实质上是基于政府的委托授权，仍属于政府权力与公民言论自由的对抗。② 在传统媒体时代，存在私人实体从事媒介审查和言论管控的现象，但私主体的力量并未对言论自由构成严重威胁，国家公权力才是信息和言论的监管者。

进入互联网时代，尤其是在移动社交环境下，"街头发言者"的模式已成为过去，Twitter、YouTube 和其他社交平台所赋予的表达功能并不亚于《纽约时报》③，因为平台把关者的出现，信息流通和言论表达的"个人—政府"二元关系转化为"个人—平台—政府"的三元关系。在这种三元结构下，政府对信息内容的直接规制转向依靠平台的力量。平台以技术、资源优势，对海量用户产生的信息内容

---

① 本部分内容参见张文祥、杨林、陈力双《网络信息内容规制的平台权责边界》，《新闻记者》2023 年第 6 期。
② 张千帆：《宪法学导论——原理与应用》（第三版），法律出版社 2014 年版，第 523 页。
③ Ammori M., "The 'new' New York Times: Free Speech Lawyering in the Age of Google and Twitter", *Harvard Law Review*, 2014, 127 (8), pp. 2259–2295.

进行审核和处理,其规制优势是政府等公共部门不可比拟的:用户发布的违法有害信息,平台可借助关键词过滤等技术,以较低成本过滤掉,防止扩散;对多次发布违法信息等严重情形,平台可封停账号;对信息发布者构成违法犯罪需要追究责任的,平台也能根据用户注册信息迅速确认其身份。借助平台力量对网络信息内容进行规制,比政府直接管控的成本更低、见效更快,因此成为国家渗透、摄取乃至控制数字社会的中介力量,催生出"基于平台的治理"的全新模式。[1]当然,平台规制网络信息内容的权力引起的争议也更多。有学者认为平台审核造成了文化、知识和信息源的单一化、私人操纵等问题,不利于中小参与者创新发展,其以经济动机为目的的错位激励机制戕害健康的数字公共领域。[2]

二　平台规制网络信息内容的法律依据

我国从1994年接入互联网以来,秉持"党管互联网"原则和网络意识形态安全要求,形成了由《网络安全法》《互联网信息服务管理办法》等法律、法规、规章组成的一整套网络信息内容管理法律制度,与网络主管部门的随机指令相结合,划定违法信息的范围和标准,明确网络服务提供者对违法信息进行管理处置的义务,在行政法和刑法层面确定网络服务提供者不履行违法信息管理义务的责任,构成平台规制网络信息内容的法律授权和约束规范。

最早明确网络违法信息标准的是1997年公安部发布的部门规章《计算机信息网络国际联网安全保护管理办法》(2011年修订),第五条明确"任何单位和个人不得利用国际联网制作、复制、查阅和传播"的九种信息,这一规定在2000年国务院颁布的行政法规《互联

---

[1] 参见单勇《数字平台与犯罪治理转型》,《社会学研究》2022年第4期。

[2] Balking J. M., "How to Regulate (and Not Regulate) Social Media", 25 March, 2020, Retrieved from, https://knightcolumbia.org/content/how-to-regulate-and-not-regulate-social-media.

网信息服务管理办法》中得到完善后被简称为"九不准"或"禁载九条"①，调整的行为包括"制作、复制、发布、传播"相应信息，调整对象为"网络服务提供者"，自身生产或不生产信息内容的平台均纳入了调整范围。"九不准"在之后制定的各类互联网内容管理的规范性文件中一再重复规定。在《北京市微博客发展管理若干规定》（2011年12月16日施行）、《网络信息内容生态治理规定》（2020年3月1日施行）扩展为"十一不准"，后者同时还明确了七种"鼓励制作、复制、发布"的正能量信息、九种"应当采取措施，防范和抵制制作、复制、发布"的不良信息，进一步丰富了平台信息内容规制的要求。《网络安全法》（2017年6月1日施行）未逐条罗列违法信息，但总则第十二条明确"任何个人和组织使用网络不得从事的活动"与"九不准"高度重合。

平台对违法信息内容的处理义务，我国不同网络立法表述各有差异，分别有三项义务、四项义务和五项义务的规定。《互联网信息服务管理办法》规定了网络服务提供者对"九不准"内容发现后"停止传输""保存记录""报告有关部门"等三项义务，同时明确互联网信息服务提供者发现其网站传输的信息"明显属于"违法信息的才承担该义务。2012年12月28日，全国人大常委会通过的《关于加强网络信息保护的决定》首次把三项义务拓展为五项义务，即"发现法律、法规禁止发布或者传输的信息的"，应当立即"停止传输""消除信息""防止扩散""保存记录""报告有关部门"。2021年1月发布的《互联网信息服务管理办法（修订草案征求意见稿）》和《网络安全法》均沿用该决定的规定内容。不过，新近颁行的两部规章对平台的

---

① 参见《互联网信息服务管理办法》第十五条，明确"互联网信息服务提供者不得制作、复制、发布、传播"的九种信息包括：（一）反对宪法所确定的基本原则的；（二）危害国家安全，泄露国家秘密，颠覆国家政权，破坏国家统一的；（三）损害国家荣誉和利益的；（四）煽动民族仇恨、民族歧视，破坏民族团结的；（五）破坏国家宗教政策，宣扬邪教和封建迷信的；（六）散布谣言，扰乱社会秩序，破坏社会稳定的；（七）散布淫秽、色情、赌博、暴力、凶杀、恐怖或者教唆犯罪的；（八）侮辱或者诽谤他人，侵害他人合法权益的；（九）含有法律、行政法规禁止的其他内容的。

处理义务做出了不同表述。其中《网络信息内容生态治理规定》只规定了三项义务，网络信息内容服务平台发现违法和不良信息的，应当"立即采取处置措施，保存有关记录，并向有关主管部门报告"。《互联网新闻信息服务管理规定》则规定了互联网新闻信息服务提供者对违法信息的四项义务，即"停止传输""消除信息""保存记录""向有关部门报告"。从文义理解，这里的三项义务、四项义务并不是回到互联网立法早期，表述虽与五项义务有所区别，义务内涵应是一致的。

在法律责任方面，为了督促平台履行对违法信息内容的管理义务，对拒不履行该义务的主体设定了行政责任和刑事责任。《网络安全法》和《互联网信息服务管理办法（修订草案征求意见稿）》对平台未采取停止传输、消除信息、保存有关记录等措施的，或有"拒不改正""情节严重"的情形，分别给予警告、没收非法所得、处十万元以上五十万元以下罚款、责令暂停相关业务、停业整顿、关闭网站、吊销相关业务许可证或吊销营业执照等行政处罚，还可对主管人员和其他直接责任人员个人处一万元以上十万元以下罚款。与行政处罚相配套衔接，刑法修正案（九）第二十八条规定了拒不履行信息网络安全管理义务罪，对网络服务提供者不履行信息网络安全管理义务，经监管部门责令采取改正措施而拒不改正，出现"致使违法信息大量传播"等特定情形的行为进行刑事制裁。

从以上三方面分析可看出，我国已构建起一个以平台为中心、行政法与刑法相衔接、多个部门规章和规范性文件对平台信息内容处理义务具体化的规制体系。① 国内学者认为，该制度的实质是政府监管

---

① 《网络安全法》颁布后，作为网络主管机关的国家网信办密集立法，先后颁布了《生成式人工智能服务管理暂行办法》《互联网信息服务算法推荐管理规定》《网络信息内容生态治理规定》《儿童个人信息网络保护规定》《区块链信息服务管理规定》《互联网新闻信息服务管理规定》《互联网用户公众账号信息服务管理规定》《微博客信息服务管理规定》《互联网群组信息服务管理规定》《互联网跟帖评论服务管理规定》《互联网论坛社区服务管理规定》《互联网直播服务管理规定》《移动互联网应用程序信息服务管理规定》《互联网信息搜索服务管理规定》等部门规章和规范性文件，对要求各类平台处理的信息内容、处理义务和法律责任等做了细化规定。

部门延续"代理监管"思路,要求平台发挥技术和资源优势,"自己的孩子自己抱",对平台信息内容履行事前审查、事中监控报告、事后处理等一系列配套管理义务。① 国外研究者则把由平台行使原本属于国家管理社会的权能,对用户的言论和信息内容进行审查、控制和处理的做法称为"附属审查"(collateral censorship)。② 这种由平台协助甚至替代监管部门完成维护网络秩序公共目标的制度③,发挥平台发现和处理违法有害信息的便利和高效,成为世界各国认同的网络信息内容治理模式。但该制度体系在平台如何发现违法信息、如何判断违法信息、平台责任追究等方面还存在一些问题。

首先,平台对网络违法信息的"发现义务"问题。依照违法信息的出现时间,网络内容管理义务可分为三类:其一是对网络内容的预先审查义务;其二是网络内容的实时监控义务;其三是违法信息在网络空间出现之后的报告、删除等处理义务。④ 欧美国家早先的互联网政策大多主张,对他人在网上发表的内容,网络服务提供者没有预先审查和实时监控义务。美国的立法并未就网络服务提供者的一般性审查、监控义务做出明确规定。对于已经出现的非法内容,除非法律有特别规定,网络服务提供者也没有报告、删除等强制管理义务,而是鼓励平台删除有害内容。在特朗普社交账号被封禁事件中,平台就是援引《传播净化法》第 230 条(Communication Decency Act,简称 CDA)主张为责任豁免。该条款并不要求网络服务提供者对第三方生成的内容进行监控和审核,但如果平台主动过滤和管理不良信息则不

---

① 参见周光权《拒不履行信息网络安全管理义务罪的司法适用》,《人民检察》2018 年第 9 期。
② Felix T. W., "Collateral Censorship and the Limits of Intermediary Immunity", *Notre Dame Law Review*, 2013, 87 (1), pp. 293 – 350.
③ 参见冯建华《存异而治:网络服务提供者权责配置的进路与理路》,《新闻与传播研究》2022 年第 4 期。
④ 参见敬力嘉《论拒不履行网络安全管理义务罪——以网络中介服务者的刑事责任为中心展开》,《政治与法律》2017 年第 1 期。

承担责任。根据法律条款的文义分析认为，我国法律同样没有规定网络服务提供者的内容审查义务。理由是，从事互联网服务的单位承担该义务的前提是"发现"，并未赋予其必须主动"发现"违法行为和有害信息的义务，而是在有人告知或有证据证明其确知相关有害信息存在的情形下，其应承担事后删除、报告等义务，而非事先主动审查、监控的义务。但从平台被强调履行主体责任的制度实际运行看，网络平台显然被要求承担对用户传输内容的严格审查义务。因法律法规对网络内容管理义务的范围并不明确具体，实践中常常出现限制标准不一、限制随意性大的问题，影响到网民对网络管理制度的认同度，也造成网络平台的过重负担。

其次，平台对信息内容违法性的判断问题。如前所述，我国现有网络信息内容规制立法明确了"九不准""十一不准"等违法信息范围，但违法信息的判定标准却并不明晰。不同规范性文件的条文设计繁简不等，相关立法在统一性、合理性、明确性等方面存在一定欠缺，客观上造成"同案不同判"、恣意解释、权力滥用、适用困难等问题。① 对于专业性远不及司法机关的网络平台来说，要对网络空间的海量复杂信息和观点的违法性做出准确认定，难度更大，误判概率更高。

最后，对平台履行信息内容管理义务进行行政和刑事问责的问题。平台的义务来自法律、行政法规的规定，但因为法律法规对平台的"发现义务"界定不清，对何种情况尽到义务、何种情况未尽到义务难以准确判断，导致执法中以平台是否存在违法信息而非是否有过错进行问责，实际上奉行了"结果主义"，让平台对信息内容承担了严格责任。② 按照《网络安全法》和全国人大常委会《关于加强网络信息保护的决定》，平台"发现法律、法规禁止发布或者传输的信息"，是承

---

① 参见尹建国《我国网络有害信息的范围判定》，《政治与法律》2015年第1期。
② 参见姚志伟《技术性审查：网络服务提供者公法审查义务困境之破解》，《法商研究》2019年第1期。

担管理和处置义务的前提。对"未被发现"和"未能被发现"的违法信息或发现后履行了管理和处置义务的情形，则不应承担责任。立法中的"过错主义"变成执法中不问过错的"结果主义"，很大程度上是因为网络治理的行政主管部门把平台当作网络信息内容的"总把关人"，要求其对该平台的所有信息内容负总责。但在移动智能社交环境下，不加区分要求平台对所有信息内容进行把关和负责，即使平台按照要求配备总编辑、实行编辑责任制，人工审核和智能审核相结合，不仅运营成本大幅度增加，信息效率会受到影响，还可能会对平台技术创新和用户内容创造形成负向激励。① 同时会助长平台私权力的任性和滥用，为避免被行政和刑事问责，对公民表达自由造成过度限制。

三 平台规制网络信息内容的"内部规则"

作为低成本实施法律、落实网络治理要求的方式，国内外网络平台几乎都建立了一套平台内部约束和规范用户行为的规则体系，网络用户在平台注册个人账户时，用户需同意并签署平台"用户协议""行为规范""服务条款"等明确的服务规则、惩罚措施，在使用该账户发布和获取信息、接受平台服务时就要受这些平台内部规则的约束。平台通过与用户签订协议的方式实现了法律义务的"内部规则化"或契约化。《腾讯微信软件许可及服务协议》的"用户行为规范"部分，单列"信息内容规范"，包括五部分"禁止发布、传送、传播、储存"的内容，一是违反国家法律法规规定的内容；二是侵害他人名誉权、肖像权、知识产权、商业秘密等合法权利的内容；三是涉及他人隐私、个人信息或资料的；四是骚扰、广告信息、过度营销信息及垃圾信息或含有任何性或性暗示的；五是其他违反法律法规、政策及公序良俗、

---

① 参见赵鹏《私人审查的界限——论网络交易平台对用户内容的行政责任》，《清华法学》2016年第6期。

社会公德或干扰微信正常运营和侵犯其他用户或第三方合法权益内容的信息。《微信个人账号使用规范》罗列了更繁杂的违规内容类别。Facebook 在发生剑桥公司数据泄露事件后的 2018 年 4 月，首次发布了一份 8000 字的内容审核指南，将不可接受的帖子和内容分为六类：暴力和犯罪行为、安全、争议内容、信誉与真实性、尊重知识产权和内容相关请求。随后宣布扩大其内容核查范围，与第三方视觉机构专家进行合作，把事实核查的部分扩展到图片和视频，并引入机器学习机制，通过 AI 来识别虚假信息。Facebook 的部分治理规则因被其他平台普遍采纳而逐渐形成不成文的国际性规则。[①] 在我国，以用户协议等平台内部规则约束规范用户行为的治理方式已得到网络主管部门的认可，这一要求在《互联网新闻信息服务管理规定》等部门立法中已有体现。

平台在对违法信息的处理方面，多采用内部自行判断的方式，借助人工审核和自动化过滤器技术过滤，首先进行事前过滤，把违法信息挡在传播平台之外。目前各大平台使用的内容审核和过滤技术包括关键词过滤、URL 站点屏蔽、数据库过滤、算法过滤等。其次根据主管部门要求或用户举报投诉，对平台违法有害信息进行核查和处理。对一些难以判断真伪对错的信息，如网络谣言治理会引入第三方事实核查，或者聘请专家委员协助认定和处理。平台对违法信息和信息发布主体的处理措施主要包括：屏蔽信息（包括但不限于折叠内容、将内容处理为仅发布者自己可见等）、删帖（停止信息传输）、限制账号功能（如限制发朋友圈功能、评论功能、使用群聊相关功能）、账号禁言（一定时间段或永久停止发言）、封禁账号（暂时或永久关闭用户账号）。各种处理方式的具体适用条件、判断标准、处理程序等在平台内部规则中有所说明。平台对发布违法信息用户的处理，设定了一定的救济程序。用户对平台的处理决定不服的，可提出申诉复核。

---

① 参见方兴东、陈帅《Facebook - 剑桥事件对网络治理和新媒体规则的影响与启示》，《社会科学辑刊》2019 年第 1 期。

如《微信个人账号使用规范》中的"投诉及申诉机制",明确用户发现微信违反该规范的行为或内容可发起投诉。因违反该规范而被微信平台采取相关处理措施,对处理结果有异议的,可提交相关证明材料向微信客户端或拨打客服电话进行申诉。

第四节 平台主体责任:我国网络信息内容多元主体协同治理的重要制度

网上信息管理,网站应负主体责任,政府行政管理部门要加强监管。这为我国网络平台的信息内容管理责任划定了基本的框架。2018年4月,习近平在出席全国网络安全和信息化工作会议中强调,要压实互联网企业的主体责任,绝不能让互联网成为传播有害信息、造谣生事的平台。① 同年施行的《微博客信息服务管理规定》第六条明确规定了微博客服务提供者应当落实信息内容安全管理主体责任。2021年9月15日,国家互联网信息办公室发布的《关于进一步压实网站平台信息内容主体责任的意见》,首次系统提出网站平台履行信息内容管理主体责任的工作要求,主要包含10个方面具体内容。②

近年来,网站平台在保障信息安全、规范传播秩序、维护良好生态等方面,发挥了信息内容管理主体作用。但同时还存在责任认识不充分、履职尽责不到位等问题,一定程度导致违法和不良信息禁而不绝,网络生态问题时有发生。网络信息内容生态治理事关提升人民群

---

① 参见中共中央党史和文献研究院编《习近平关于网络强国论述摘编》,中央文献出版社2021年版,第57页。
② 该《意见》首先从4个维度明确把握主体责任的内涵,然后从完善平台社区规则、加强账号规范管理、健全内容审核机制、提升信息内容质量、规范信息内容传播、加强重点功能管理、坚持依法合规经营、严格未成年人网络保护、加强人员队伍建设等9个方面,对网站平台履行主体责任提出具体要求。参见《国家网信办发文 对网站平台履行主体责任提出具体要求》,网信中国微信公众号,2021年9月15日,https://baijiahao.baidu.com/s?id=1710966979903895614&wfr=spider&for=pc,2023年7月20日访问。

众幸福感、推进网络强国建设。历时地考察发现,网络平台作为重要治理主体的地位逐渐得到党和国家确认,在党委领导、政府负责的网络综合治理体系下,对网络信息内容生态的治理主要是围绕压实平台主体责任、强化平台的治理职责而全面展开的。

一 网络信息内容治理主体责任的形成、确立与特征

网络平台对信息内容的私法责任认定方面,我国早前互联网立法借鉴吸取美国"避风港"规则的立法精神,先见于《网络信息传播权保护条例》,后在《侵权责任法》第三十六条扩展到全部侵权行为①,之后被《民法典》第一一九四——一一九七条所吸收,明确只要网络服务提供者接到通知后,采取转通知、告知等必要措施就可以免除侵权责任,并不承担普遍性的信息审查义务。在司法审判实践中也倾向于免除平台的主动审查义务。如北京市高级人民法院《关于审理涉及网络环境下著作权纠纷案件若干问题的指导意见(一)(试行)》第十七条规定,提供信息存储空间、搜索、链接、P2P(点对点)等服务的网络服务提供者对他人利用其服务传播作品、表演、录音录像制品是否侵权一般不负有事先进行主动审查、监控的义务。正是私法上给予平台极大的庇护,使得我国互联网经济快速发展,无论是淘宝、京东等电子商务平台,还是微博、微信、今日头条、抖音这些主打社交和内容的平台都迅速崛起。但私法上免除网络服务提供者的审查义务,并不及于公法的审查义务,在行政法上,对网络服务提供者的审查义务有非常具体的规定。② 当两者发生冲突时,公法义务往往优先于私法责任,平台失去"避风港规则"的责任豁免保护。

---

① 该条虽没有明确提出网络服务提供者一般审查义务的免除责任,但全国人大常委会法工委在对该条进行解释时,就明确提出了"提供技术服务的网络服务提供者没有普遍审查义务"。
② 参见姚志伟《公法阴影下的避风港——以网络服务提供者的审查义务为中心》,《环球法律评论》2018年第40卷第1期。

公法义务是形塑平台治理中怎么治、如何治、治什么的最直接因素，凡我国互联网服务提供者必须履行此项义务。自 1994 年接入互联网以来，我国就一直强调网络服务提供者要控制网络有害、非法信息内容，防止负面影响的发生。如 1994 年和 1996 年最早出台的两部法规《计算机信息系统安全保护条例》和《计算机信息网络国际联网安全保护管理办法》分别规定了网络运营商不得传播违法信息内容以及删除相关的地址、目录或者关闭服务器的职责。之后这种义务不断被强调，散见于一系列的法律、行政法规、部门规章和政策规范性文件、政治要求之中，并贯穿于我国互联网发展始终。之所以在公、私法责任分野中存在明显的公法义务取向，是因为我国网络信息内容治理不仅影响内容产业发展与商业模式创新，更事关新时代党的舆论工作整体部署，事关意识形态领导权的问题。[①] 近年来，党和国家领导人谈及网络空间，都是用"过不了互联网这一关，就过不了长期执政这一关""舆论斗争的主战场""社会主义国家政权安全""阵地意识"等表述，这些表述从政治主张和党的政策，写进法律法规，在立法和执法层得到贯彻，网络平台对信息内容的公法责任也体现了较强的政治要求。

虽然《个人信息保护法》借鉴欧盟的立法实践针对大型平台构筑了"守门人条款"，但一方面该条款目前的适用范围仅针对平台的个人信息处理活动，并不触及网络内容监管行为；另一方面，该条款仍过于原则，缺乏具体的守门人的边界、程序和行为规范，对平台责任规定更多还是使用"主体责任"概念。

与主体责任观相配套的措施是监管部门的归口和专门化。我国互联网信息内容主管部门几经变更，2011 年国家互联网信息办公室成立前，网络信息内容主要由国务院新闻办的下属机构进行管理，同时中宣部、新闻出版总署、广电总局、文化部、公安部、工商总局等多个

[①] 参见谢新洲、朱垚颖《网络综合治理体系中的内容治理研究：地位、理念与趋势》，《新闻与写作》2021 年第 8 期。

部委都有管辖权，治理组织和治理权较为混散，俗称网络信息内容管理的"九龙治水"模式。2014年，国家互联网信息办公室与中央网络安全和信息化领导小组办公室合并为一个机构。2018年3月，根据《深化党和国家机构改革方案》，中央网络安全和信息化领导小组改为中国共产党中央网络安全和信息化委员会。同时设立办事机构中央网络安全和信息化委员会办公室（简称"中央网信办"），与国家互联网信息办公室合署办公，并列入中共中央直属机构。网信办的主要职责从合并前的指导、协调、督促有关部门加强互联网信息内容管理、落实互联网信息传播方针政策和推动互联网信息传播法治建设，转变为全面负责网络信息内容的管理工作，一个机构、两块牌子、合署办公的理念是党和国家意志在互联网治理中的高度贯彻，在理念上贯彻了"党管互联网"原则，在体系上确保了以党政部门为主导的互联网监管体制，在执法层面确立了由网信办牵头、联合其他政府相关职能部门开展网络执法活动，基于"谁主管谁负责、谁运营谁负责"自上而下地传导给各级主管部门和运营主体。① 监管部门改变了以往全知全能、包揽所有工作而更多扮演领导、指导、统筹和监督的角色，更多的网络管理活动由网络运营主体贯彻实施。

2019年10月，党的十九届四中全会要求，落实互联网企业信息管理主体责任，全面提高网络治理能力，营造清朗的网络空间。2020年出台的《网络信息内容生态治理规定》，第八条规定"网络信息内容服务平台应当履行信息内容管理主体责任，加强本平台网络信息内容生态治理"，该规定使主体责任首次从一个抽象的政治和政策层面的概念，变成一个内涵具体、具备执行力的法律概念。②

---

① 参见孙逸啸《网络信息内容政府治理：转型轨迹、实践困境及优化路径》，《电子政务》2023年第6期。
② 通过北大法宝工具检索以"主体责任"为关键词搜索出台的相关文件，梳理发现，在以往的使用中，"主体责任"主要用于各级党政机关以及煤矿、食品销售、邮政、危险化学品等特殊行业企业，相关的论述主要集中在"党委主体责任""党风廉政建设主体责任""强化落实生产经营单位的主体责任"等。

2021年2月22日，国家网信办修订后施行的《互联网用户公众账号信息服务管理规定》要求互联网服务提供者履行互联网用户账号信息管理主体责任，配备与服务规模相适应的专业人员和技术能力，建立健全并严格落实真实身份信息认证、账号信息核验、信息内容安全、生态治理、应急处置、个人信息保护等管理制度，主体责任的内容进一步细化。同年9月15日，国家网信办出台的《关于进一步压实网站平台信息内容管理主体责任的意见》，详细阐述了落实平台主体责任的指导思想、主要原则、十大重点任务、三项组织保障，主体责任已经涵盖网络空间一切信息内容。10月29日，国家市场监督管理总局发布《互联网平台落实主体责任指南（征求意见稿）》，从公平竞争示范、平等治理、开放生态、数据管理、内部治理、风险评估、风险防控、安全审计、平台内容管理等34个方面，拟全面规定平台的主体责任，使平台成为网络管理的第一责任人。① 意见和征求意见稿两个文件构成了平台主体责任的主要内容，确定了网络平台信息内容管理主体责任的工作主线。至此，主体责任已经成为我国网络平台的法定责任，"落实平台的主体责任观"这一理念已经发展成型。

研究者认为国家回归是互联网治理进入新阶段的显著特征，尤其是欧盟在网络治理方面由原先以放任和自由竞争为主的"国家离场"到最近几年传统权威国家的不断干预。但与之不同的是，国家权威在我国互联网治理中是一直在场的，并且始终保持着主导性的核心地位。党的十八大之后，我国明显加强了平台监管的法律义务，国家监管方式也发生明显转变，以往我国对互联网信息内容的管理是以政府主管部门为主体，平台负有协助执法和配合监管的义务，党的十八大以后我国对网络信息内容的监管从以往的"管内容"向"管主体"转变，从以往监管部门直接对网络信息内容进行监管，转变为更多地通过问责手段强化网络平台的监管责任，平台成为网络违法责任追究的主体，

---

① 参见刘权《论互联网平台的主体责任》，《华东政法大学学报》2022年第25卷第5期。

通过主体责任的设定强化平台对用户的管理和规范。① 从《网络安全法》《互联网信息服务管理办法》到《互联网新闻信息服务管理规定》《微博客信息服务管理规定》《互联网信息服务算法推荐管理规定》等，密集出台的政策法令构筑起"政府管平台，平台管其他"、强化平台监管义务为中心的治理体系。

虽然我国和欧盟为平台设定的责任种类、介入程度以及具体的监管范围、惩罚措施等方面有所不同，对重点关注的议题和需要监管的信息内容种类也不太相同，但我们也可以发现我国平台治理的主体责任和欧盟的守门人责任在某些方面具有相似之处。首先，从责任性质看，主体责任是公法上的责任形式，穿透了私法中的责任"避风港"，平台的公法审查义务在不断扩张。其次，都是以"政府管平台，平台管其他"数字化科层体制搭建起网络信息内容治理的主线。在我国，这种责任体系反映了国家和党政机关对网络信息内容监管理念和方式的变化，即不再以密不透风的、自上而下全面控制的方式对网络信息内容进行一体化管制，在确保对网络信息内容和意识形态安全基本控制基础上，重点强化对头部互联网平台的管理，通过将一部分管制的权力下放到平台企业，借助平台的力量、资源和优势来治理互联网，敦促平台履责，将相关公共政策自上而下予以贯彻，确保了权力下放的稳定和可控性。最后，平台经济的新技术、新应用、新问题层出不穷，我国和欧盟密集出台的法令是为了解决新问题，但因为法律的滞后性致使很多问题依然得不到解决，因此要求平台积极承担主体责任或者守门人责任，是弥补数字时代法律治理缺陷的迫切需要，也是发挥平台主观能动性以实现预防式治理的基本路径。②

---

① 参见何勇《主体责任观下的互联网管理模式转型》，《现代传播（中国传媒大学学报）》2019 年第 41 卷第 4 期。
② 参见刘权《论互联网平台的主体责任》，《华东政法大学学报》2022 年第 25 卷第 5 期。

二 网络信息内容治理主体责任的具体内涵

《关于进一步压实网站平台信息内容管理主体责任的意见》（以下简称"意见"）、《互联网平台落实主体责任指南（征求意见稿）》（以下简称"指南"）是网络信息内容平台管理主体责任最直接的两个文件，意见主要针对平台在履行网络信息内容管理主体责任中存在认识偏差、管理失范、能力不足、效果不彰等问题，强化互联网平台是网络信息内容管理第一责任人，以促进平台自我规范管理为着力点，围绕强化平台信息内容管理主体责任工作主线为指导思想，同时以强化头部平台日常管理工作为主要原则，要求平台对信息内容呈现结果负责，严防违法信息生产传播，自觉防范和抵制传播不良信息，确保信息内容安全，要求平台全链条覆盖、全口径管理，互联网平台应严格落实总编辑负责制度，建立总编辑全产品、全链条信息内容审核把关机制。与意见相比，指南对主体责任的规定不再局限于内容监管层面，而是扩展到平台所有的经营领域，全面概括、细化了平台的主体责任。与指南一同出台的《互联网平台分级分类指南（征求意见稿）》对互联网平台从用户规模、数据、技术等方面进行了区分和定义，具体分为超级平台、大型平台和中小平台三级，网络销售类、生活服务类、社交娱乐类、信息资讯类、金融服务类和计算应用类等六大类，其目的是对超级平台和大型平台提出更高的监管要求，要求超大型平台承担更多的责任和义务，发挥公平竞争示范引领作用。2021年11月，《互联网平台分级分类指南（征求意见稿）》已截止意见征求阶段，目前文件还未正式出台。

通过梳理相关的法律、法规、部门规章和政策性文件会发现，平台的主体责任范围并不仅仅止于这两个文件的规定，《网络安全法》《未成年人保护法》《互联网信息服务管理办法》《互联网弹窗信息推送服务管理规定》等一系列规范性文件都涉及平台责任规定。如果从内容来看，主体责任似乎是一个"口袋"责任，即使相关的政策文件已经对平台责任的内容进行了列明,其仍是一个整体性、发展着的概念,所有与平台相关现实问题和未来风险或者属于监管部门的监管范围都属于平台责任范畴,学界对平台主体责任概念也并没有充分研究,有学者认为主体责任包括法律责任、契约责任和伦理责任三个层面;有学者认为主体责任是一种社会责任;有学者认为主体责任具有公共物品的属性。从企业合规的角度以及与相关法律、法规、规章、部门规范性文件紧密相关的业务实践来看,平台在网络信息内容管理方面的主体责任重点包括身份核验义务、内容审核义务、安全保障义务、配合执法义务、犯罪预防义务等。

身份核验义务,即互联网平台对申请进入平台的主体进行身份信息验证、准入和登记,落实用户实名制管理。《网络安全法》第二十四条规定,"网络运营者为用户办理网络接入、域名注册服务,办理固定电话、移动电话等入网手续,或者为用户提供信息发布、即时通信等服务,在与用户签订协议或者确认提供服务时,应当要求用户提供真实身份信息。用户不提供真实身份信息的,网络运营者不得为其提供相关服务"。《计算机信息网络国际联网安全保护管理办法》要求互联单位、接入单位及使用计算机信息网络国际联网的法人和其他组织就上述违法信息进行登记和审核,建立电子公告系统的用户登记和信息管理制度,删除网站中存在的违禁内容的地址、目录及相关服务器。《微博客信息服务管理规定》第七条也规定,"微博客服务提供者应当按照'后台实名、前台自愿'的原则,对微博客服务使用者进行基于组织机构代码、身份证件号码、移动电话号码等方式的真实身份信息认证、定期核验。"《网络直播服务管理规定》等都要求平台对特定用户的资质和身份进行审查和核实。

内容审核义务,即对平台系统内的信息内容进行审核以避免违法违规信息在平台上传播。对平台审核的要求最早可见于2003年由文化部颁布的《互联网文化管理暂行规定》,该规定要求互联网文化单位实行审查制度,有专门的审核人员对网络文化产品进行审查,保障互联网文化产品的合法性，审查人员应当接受上岗前的培训，取得相应的从业资格。后经历 2011 年和 2017 年修订，现行的由文化和旅游部发布的《互联网文化管理暂行规定》将审查制度改为自审制度，不再要求审查人员的上岗前培训和从业资格。2020 年 3 月 1 日施行的《网络信息内容生态治理规定》要求网络信息内容服务商建立网络信息内容生态治理机制，制定本平台网络信息内容生态治理细则，健全信息发布审核、跟帖评论审核、版面页面生态管理、实时巡查、应急处置和网络谣言、黑色产业链信息处置等制度。《关于进一步压实网站平台信息内容管理主体责任的意见》围绕内容审核要求平台建立：非法内容的发现防范机制、风险评估机制、动态建立审核词库和管控机制、信息发布审核机制、平台审核机制和日常巡查机制，配备网络与信息安全管理人员，加强信息内容巡查，不仅明确要求平台主动使用审核技术、配备内容审核管理人员，还从巡查、发现、防范、制止要求平台对生态系统内的违法犯罪活动建立审核全链条，这实际上是对平台早已经实行的人机结合内容审核机制在法律规范上的确认。

就审核内容的重点范围而言，1997 年经国务院批准、公安部发布的《计算机信息网络国际联网安全保护管理办法》已经对互联网违法信息提出了初步的判断标准，第五条规定：

任何单位和个人不得利用国际联网制作、复制、查阅和传播下列信息：

（1）煽动抗拒、破坏宪法和法律、行政法规实施的；

（2）煽动颠覆国家政权，推翻社会主义制度的；

（3）煽动分裂国家、破坏国家统一的；

（4）煽动民族仇恨、民族歧视，破坏民族团结的；

（5）捏造或者歪曲事实，散布谣言，扰乱社会秩序的；

（6）宣扬封建迷信、淫秽、色情、赌博、暴力、凶杀、恐怖、教唆犯罪的；

（7）公然侮辱他人或者捏造事实诽谤他人的；

(8) 损害国家机关信誉的；

(9) 其他违反宪法和法律、行政法规的。

不得利用网络从事的这九项内容又被称为"九不准"或"禁载九条"，构成平台审核的违法违规内容的基本范围。在此后陆续发布的《互联网信息服务管理办法》《电信条例》《网络视听节目服务管理规定》《网络安全法》等多部法律、行政法规和部门规章进一步吸纳并确定，在2020年3月1日施行的《网络信息内容生态治理规定》将其扩展为"十一不准"，同时还明确了七种鼓励、复制和发布的正能量信息、九种防范和抵制的不良信息。

维护网络安全一直是我国互联网治理的重点目标。作为我国自接入互联网以来第一部网络法律，《网络安全法》的立法目的就是保障网络空间主权、维护网络安全。党的十八大以来，意识形态安全得到突出强调，网络安全与意识形态安全、国家主权和舆论领导权紧密联系在一起。为了避免虚假信息、网络攻击、网络恐怖主义活动、信息泄露与窃取等给国家安全和意识形态安全带来负面影响，互联网企业必须对涉及国家安全和机密、试图分裂国家主权、民族团结和不利于政治安全的信息内容进行过滤和防堵，避免相关信息泄露和操纵给国家安全造成损害。《国家安全法》《网络安全法》《数据安全法》《关键信息基础设施安全保护条例》《关于加强互联网信息服务算法综合治理的指导意见》《网络安全审查办法》《具有舆论属性或社会动员能力的互联网信息服务安全评估规定》《互联网平台落实主体责任指南（征求意见稿)》等一同构建起网络运行安全和信息安全保障体系的法令框架，平台必须对内容、产品和服务风险进行预判、监测和预警；监测和防范网络黑灰产、网络电信诈骗等犯罪，对传播非法内容进行风险评估，在评估时重点考察内容审核系统、广告定位推荐系统、内容推荐与分发系统、平台安全稳定运营系统及可能产生的各项因素。针对上述风险平台需要建立风险防控措施，及内容审核或广告推荐审核内容机制。

在发现违法活动时，平台经营者应保存有关记录，并向监管部门报告。《全国人大常委会关于加强网络信息保护的决定》第五条、《网络安全法》第四十七条、《未成年人保护法》第八十条都规定了"网络服务提供者发现法律、法规禁止发布或者传输的信息的，应当立即停止传输该信息，采取消除等处置措施，保存有关记录，并向有关主管部门报告"。2021 年发布的《互联网信息服务管理办法（修订草案征求意见稿）》第二十条要求"应当记录其发布的信息和用户发布的信息，并保存不少于 6 个月"。《互联网直播服务管理规定》第十四条、第十六条规定互联网直播服务提供者对违反法律法规和服务协议的使用者，"应当视情况采取警示、暂停发布、关闭账号等处置措施，及时消除违法违规直播信息内容，保存使用者发布内容和日志信息记录，并向有关主管部门报告"。此外，《全国人大常委会关于维护互联网安全的决定》《互联网新闻信息管理规定》《全国人大常委会关于加强信息保护的决定》都规定了互联网信息服务提供者对违法违规信息的"发现—停、删、保存—报告"的义务。

  网络平台所使用的智能审查和过滤技术就是对"检查—发现违法—制止"义务的直接贯彻。以网络直播为例，平台通过机器学习技术，训练出色情内容的识别模型，进而对用户所发布的直播视频实现实时监控。实时监控可视为履行审查义务模式中的"检查"义务，发现色情内容后采取进行屏蔽、断开链接等措施，则属于"发现违法"和"制止"义务。对于"报告"义务，网络服务提供者可将其计算机系统与监管机构的计算机系统进行对接，把技术性审查发现的违法内容及处理结果以一定的形式通过对接系统发送给监管机构，完成"报告"义务。[①] 除了对发现违法违规内容的即时报告外，日常工作中网络平台经营者还需要与监管部门积极沟通，建立健全信息共享、会商通报、专项整治、案件协助等工作机制，积极配合监管执法部门履职，提供其所需要的

[①] 参见姚志伟《技术性审查：网络服务提供者公法审查义务困境之破解》，《法商研究》2019 年第 36 卷第 1 期。

数据资料并配合监测。

我国已经构建起一个以平台履行主体责任为抓手、行政法和刑法相衔接、多个部门规章和规范性文件对平台责任具体化的新型网络监管体系和制度框架，平台对系统内信息内容负有普遍的管理义务。从发展轨迹来看，我国平台的法律义务更加严格，从原先的配合执法和网络安全保障义务为主发展为建立"事前防范、事中阻断、事后追溯"的惩防体系；信息内容监管范围从最初的"九不准"扩展到有害信息、不良信息以及细分领域的新闻信息服务、互联网账号、移动应用、算法、直播服务；监管要求从"发现明显违法"演变到"发现"需要禁止、防范、抵制的一切信息；配合手段从"发现、停止传输、保存及报告"发展到"发现、停止传输、删除、保存及报告"。[1] 平台信息管理主体责任的内容从制定平台服务规则、建立健全用户注册、信息发布审核、跟帖评论管理、应急处置制度逐渐扩展至健全版面页面生态管理、实时巡查和网络谣言、黑色产业链信息处置等制度。[2] 其中很多规定是对业已存在的平台实践予以法规上的确认，使平台内部规则具有了法的效力。一些规定是驱动平台出台更具体的落实措施，如强制要求平台建立辟谣机制。通过法定义务设置和对平台自我规制措施的认可，要求网络平台加强对用户行为管理的同时，也强化了平台的自我管理。敦促平台落实主体责任成为我国实现网络安全、重构传播秩序的基本手段，其客观效果不只是强化了平台自我规制意愿和责任，同时也造成了在企业内部搭建一个与监管部门有效互动的"类监管"机制，创新"党管媒体""党管互联网"的基本模式，实现国家在新时代对网络传播组织权的集约和重构。[3]

---

[1] 参见许可《网络平台规制的双重逻辑及其反思》，《网络信息法学研究》2018年第1期。
[2] 参见魏小雨《互联网平台型企业信息管理主体责任的双重面向及其实现》，《学习论坛》2021年第4期。
[3] 参见何勇《主体责任观下的互联网管理模式转型》，《现代传播（中国传媒大学学报）》2019年第41卷第4期。

表7-1 与网络平台主体责任相关的法律、法规、部门规章和政策性文件一览表

效力级别	名称	发布机构	施行时间	相关规定内容
法律	《刑法修正案（九）》	全国人大常委会	2015.11.1	新增网络服务提供者拒不履行信息网络安全管理义务罪，即《刑法》第二百八十六条之一，对网络服务提供者违反信息网络安全管理义务，经监管部门责令采取改正措施拒不改正，情节严重的行为作了入罪规定
	《网络安全法》	全国人大常委会	2017.6.1	网络服务提供商必须采取技术和其他必要措施，保障网络安全、稳定运行，防范网络违法犯罪活动
	《全国人大常委会关于加强网络信息保护的决定》	全国人大常委会	2012.12.28	要求网络服务提供者加强信息保护，确保信息安全，加强对用户发布信息的管理，审核用户真实身份信息
	《数据安全法》	全国人大常委会	2021.9.1	开展数据活动要遵循数据安全保障义务；加强风险监测；定期开展风险评估报告
	《个人信息保护法》	全国人大常委会	2021.11.1	个人信息处理者处理个人信息和敏感信息要遵守法定规则，符合法定条件，对个人信息保护进行评估，记录处理情况
行政法规	《互联网信息服务管理办法》	国务院	2000.9.25	针对互联网信息服务，要求互联网信息服务提供者应当向上网用户提供良好的服务，保证所提供的信息内容合法
部门规章	《网络信息内容生态治理规定》	网信办	2020.3.1	对网络信息内容生产者、服务平台、使用者和行业组织等多主体的信息内容管理主体责任等作出规定
	《互联网新闻信息服务管理规定》	网信办	2017.6.1	互联网新闻信息服务提供者申请互联网新闻信息服务许可，必须具备相应的资质以及与服务相适应的内容审核人员，建立发布审核制度
	《互联网视听节目服务管理规定》	新闻出版广电总局	2008.1.31	针对互联网视听节目服务活动秩序，明确从事互联网视听节目服务的条件、视听节目的内容要求、导向要求及罚则等

续表

效力级别	名称	发布机构	施行时间	相关规定内容
部门规章	《互联网信息服务算法推荐管理规定》	网信办、工信部、公安部、市场监管总局	2022.3.1	聚焦于网络信息服务中的算法推荐，要求算法服务提供者落实算法安全主体责任，建立健全算法机制机理审核、信息发布审核等管理制度和技术措施
部门规范性文件	《具有舆论属性或社会动员能力的互联网信息服务安全评估规定》	网信办	2018.11.30	要求具有舆论属性和社会动员能力的互联网信息服务提供者自行开展安全评估，包括信息服务和新技术新应用的合法性、落实相关规定的安全措施的有效性、防控安全风险的有效性等
	《互联网弹窗信息推送服务管理规定》	网信办、工信部、市场监督管理总局	2022.9.30	对互联网弹窗信息推送服务提供者要求落实信息内容管理主体责任，建立健全信息内容审核、生态治理、数据安全和个人信息保护、未成年人保护等管理制度
	《即时通信工具公众信息服务发展管理暂行规定》	网信办	2014.8.7	服务提供者应当取得法律法规规定的相关资质，落实安全管理责任，配备与服务规模相适应的专业人员，保护用户信息及公民个人隐私，及时处理公众举报的违法和不良信息
	《互联网危险物品信息发布管理规定》	公安部、网信办、工信部、环保部、工商总局、安监总局	2015.3.1	要求网络服务提供者加强对接入网站及用户发布危险物品信息的管理，并确立了定期对信息进行巡查的义务
	《互联网直播服务管理规定》	网信办	2016.12.1	规定直播服务提供者的身份核实义务、内容审核义务、制定平台公约的义务、合法性保障义务等
	《互联网跟帖评论服务管理规定》	网信办	2022.12.15	要求跟帖评论服务提供者严格落实跟帖评论服务管理主体责任，对用户进行实名认证，建立健全用户个人信息保护制度，对新闻信息跟帖评论建立先审后发制度，建立健全跟帖评论审核管理、实时巡查、应急处置、举报受理等信息安全管理制度

续表

效力级别	名称	发布机构	施行时间	相关规定内容
部门规范性文件	《互联网论坛社区服务管理规定》	网信办	2017.10.1	互联网论坛社区服务提供者应当落实主体责任，建立健全信息审核、公共信息实时巡查、应急处置及个人信息保护等信息安全管理制度，具有安全可控的防范措施等
	《互联网群组信息服务管理规定》	网信办	2017.10.8	明确互联网群组信息服务提供者和使用者的信息内容管理义务，前者应当落实信息内容安全管理主体责任，对后者进行真实身份信息认证。互联网群组建立者、管理者应当履行群组管理责任
	《互联网用户公众账号信息服务管理规定》	网信办	2021.2.22	明确公众账号信息服务平台和公众账号生产运营者的信息内容管理义务，前者应当履行信息内容和公众账号管理主体责任，后者应当履行信息内容生产和公众账号运营管理主体责任，依法依规从事信息内容生产和公众账号运营活动
	《网络音视频信息服务管理规定》	网信办、文旅部、广电总局	2020.1.1	网络音视频信息服务提供者应当落实信息内容安全管理主体责任，配备与服务规模相适应的专业人员，建立健全用户注册、信息发布审核、信息安全管理、应急处置、从业人员教育培训、未成年人保护、知识产权保护等制度，具有与新技术新应用发展相适应的安全可控的技术保障和防范措施，维护网络数据的完整性、安全性和可用性
	《常见类型移动互联网应用程序必要个人信息范围规定》	网信办秘书局、工信部办公厅、公安部办公厅、市场监管总局办公厅	2021.3.12	对各类互联网应用程序收集个人信息的范围进行了规定，明确移动互联网应用程序（App）运营者不得因用户不同意收集非必要个人信息，而拒绝用户使用 App 基本功能服务

续表

效力级别	名称	发布机构	施行时间	相关规定内容
部门规范性文件	《关于加强网络直播规范管理工作的指导意见》	网信办等7部委	2021.2.9	要求网络直播平台落实主体责任，对照网络直播行业主要问题建立健全和严格落实总编辑负责、内容审核、用户注册、跟帖评论、应急响应、技术安全、主播管理、培训考核、举报受理等
	《微博客信息服务管理规定》	网信办	2018.3.20	微博客服务提供者应当落实信息内容安全管理主体责任，建立健全用户注册、信息发布审核、跟帖评论管理、应急处置、从业人员教育培训等制度及总编辑制度，具有安全可控的技术保障和防范措施，配备与服务规模相适应的管理人员
行业规定	《网络视听节目内容审核通则》	中国网络视听节目服务协会	2017.6.30	对内容审核原则、导向要求、节目内容审核标准、罚则等进行了较为详细的规定
	《网络直播营销行为规范》	中国广告协会	2020.7.1	针对直播营销，明确禁止流量造假以及篡改交易数据、用户评价等行为，商家不得发布产品、服务信息虚假宣传，欺骗、误导消费者
	《网络短视频内容审核标准细则》	中国网络视听节目服务协会	2019.1.4	面向短视频平台一线审核人员，针对短视频领域的突出问题，提供了操作性审核标准100条
	《网络短视频平台管理规范》	中国网络视听节目服务协会	2019.1.4	对平台应遵守的总体规范、账户管理、内容管理和技术管理规范提出了20条建设性要求

第五节　网络信息内容治理中平台履责的问题审视

在前述"个人—平台—政府"三元规制结构下，平台在网络信息内容规制中发挥了"超级把关人"功能，对网络空间的违法信息进行审查和处理。但这种规制结构还存在明显的缺陷和问题：平台作为私主体成为网络空间的规则制定者、规则执行者和争端的仲裁者。不受制约的私权力同样会被滥用，在国家施加的严格责任压力下，平台的信息内容规制存在限制过严，个人言论空间被过度限缩；平台作为私权力主体构建的内部规则，使公民权利契约化和私法化，用户与平台的争议只能向平台申诉，不受公法规范约束，用户权利保护弱化，"个人—平台—政府"三元结构难以达到均衡状态。

一 网络平台的私主体规制过严可能造成"寒蝉效应"

网络平台本应是开放宽容的交流和表达场所，为公众带来获取信息、了解世界、公共讨论、民主参与的便利，但平台的内容审核、过滤、屏蔽等内容规制行为极大影响了社交平台的开放、联系和分享特性。面对政府对平台履行主体责任的刚性要求，加上法律法规对违法信息的界定范围和判定标准不够明晰细致，平台为了规避由此产生的政策和法律风险，"宁失之于严，不失之于宽"，会以更模糊宽泛的标准从严判定和处理涉嫌违法的信息内容。[①] 相较法律法规的要求，微信、微博平台对违法信息的认定标准均存在扩张倾向。如《微信公众平台服务协议》明确的禁止发布、传送、传播、储存的违法内容多达12项，把大量法律规定以外、标准含糊不确定的内容列为禁止对象，使网民对所生产、传播信息的合法性难以形成稳定预期，网络平台的随意封删使其动辄得咎。网络信息内容规制领域引入举报投诉机制，本意是吸引公众参与治理，但由于平台对举报投诉行为缺乏完善的制度设计，存在明显的制度失衡：因用户缺乏专业判断，被举报投诉的信息可能并不违法；因举报投诉零成本，错误举报投诉和恶意举报投诉也无须承担责任；举报投诉机制过于偏向举报投诉者。平台为了避

---

① 参见郑海平《网络诽谤案件中"通知—移除"规则的合宪性调控》，《法学评论》2018年第2期。

免被政府问责,对举报投诉存在反应过度、误判误删等现象。如中央气象台官方微博发布的台风黄色预警因为关键词"涉黄"而被删除,引起公众强烈批评。①

研究发现,英美等国也存在平台接到投诉后未经认真核查就把合法内容下架的问题。前述CDA230条款成为美国平台审核言论最重要的正当性依据,其弊端也逐渐显现出来。从法律层面看,平台与用户同属私人主体,处于同一法律主体层面。平台却能够对用户的言论进行阻止、审查和控制,行使原本属于国家管理社会的权力,因此发生附属审查的问题。但CDA230条款明确规定平台并不属于出版商,享受中介免责条款的庇护,并且鼓励和敦促平台积极审查和限制其认为的不当言论,造成了平台随心所欲地管理内容,对信息内容进行整理、选择、审核、过滤、优先推荐、限制等,行使传统出版商一样的编辑裁量权。当涉及平台自身的利益时,平台往往将自身的言论(例如商业性的广告言论)优先于用户的言论;当不涉及平台自身的利益时,为了避免被问责,平台会下架政治和法律风险高的言论。受保护和不受保护的言论都会被平台限制,平台的随意限制随处可见。从国内外情况看,完全赋权并依赖平台单个私人主体对网络信息内容进行审查和规制,以解决违法有害言论带来的问题,很可能造成网络表达的"寒蝉效应"。

二 平台内部规则运行缺乏透明度、正当程序和问责机制

社交平台对信息内容的审核和规制缺少足够的透明度、正当程序和问责机制。平台对外公开的仅限于隐私条款、社区规则、版权协议等,内容审核规则几乎不对外公开,基于用户信息基础上形成的平台

---

① 《中央气象台发布台风黄色预警"涉黄"被删?》,北京晨报网,2017年10月15日,https://baijiahao.baidu.com/s?id=1581223658540918688&wfr=spider&for=pc,2022年12月30日访问。

数据被作为私有财产和商业秘密保护，平台与政府间的合作很大程度上也是不透明的。对用户来说，平台的审核机制几乎是一个黑箱，无论是机器审核还是人工审核，都存在不透明以及过度限制言论的情况。① 外界很难知道平台内容审核的流程、具体细节，进而也就难以获得足够的信息来了解、审计和监督平台技术和权力。相反，平台却对用户实行强制实名制和"激进的透明度"。②

按照正当程序原则，行政主体要做出对当事人不利的决定之前，应当告知当事人决定的内容和理由，给予当事人陈述申辩的机会，告知其救济的途径。③ 但作为私主体的平台对用户信息内容进行处理时，既不告知用户，也不作说明，有的平台规则中甚至列明删除屏蔽违法内容、对账号施以封禁注销等处罚前"有权不经通知"。平台申诉机制也透明度不足，既不告知处理理由和依据，也缺乏独立的裁决者，不能形成实质性的交涉，申诉的实际价值有限，用户依据与平台的契约关系寻求公民权利的司法救济存在制度难题。

信息的不对称更容易滋生腐败、加大权力势差，使得隐性的言论管制更容易施行，这些不透明的操作使得原本悬而未决的正义问题复杂化。④ 平台过滤技术和推荐算法不仅仅是一个对内容进行过滤和排名的工具，它融合了平台管理层的价值观、平台商业模式、广告商的兴趣、用户言论数据和行为轨迹、社交关系等多重因素，平台可以让

---

① Keller D., "Empirical Evidence of 'Over-Removal' by Internet Companies under Intermediary Liability Laws", 2015, http：//cyberlaw. stanford. edu/blog/2015/10/empirical-evidence-over-removal-internet-companies-under-intermediary-liability-laws.

② Gillespie T. & Aufderheide P., et．, "Expanding the Debate about Content Moderation：Scholarly Research. Agendas for the coming Policy Debates", *Internet Policy Review*, 2020, 9 (4), pp. 1 – 29.

③ 如《行政处罚法》第32条规定：当事人有权进行陈述和申辩。行政机关必须充分听取当事人的意见，对当事人提出的事实、理由和证据，应当进行复核；当事人提出的事实、理由或者证据成立的，行政机关应当采纳。行政机关不得因当事人申辩而加重处罚。

④ Robert G．, Reuben B. & Christian K．, "Algorithmic Content Moderation：Technical and Political Challenges in the Automation of Platform Governance", *Big Data & Society*, 2020, 7 (1), pp. 1 – 15.

特定的言论和价值观享有被优先推荐的特权。例如，早先 Facebook 前员工就爆料该平台趋势话题（trending topics）常规性压制美国右翼保守派的代表，"注入"话题框架。谷歌也被爆料操纵搜索结果，为民主党助选。① 由于算法处理过程的不透明，民众对平台的内容审查普遍缺乏信任。②

在系统自动屏蔽或过滤言论的过程中，用户没有机会对过滤提出疑问，也就谈不上对发言者的程序性保障。用户对言论为何会触发平台的内容审查和制裁并不知晓，平台有时甚至不会通知言论和信息内容已被审核和限制，若是通知也只会进行笼统而抽象的条款告知，并不会对哪个部分的内容违反了具体的哪一条法律法规、社区规范或平台政策条款进行具体说明。③ 用户在申诉救济中往往只能得到机器人的自动回复，不能获得足够的解释和申辩的机会。未经正当程序就限制公民正当权利的做法，造成平台在对网络内容的管控中过度删除或过度阻挡的情形。

三 平台内部规则自成体系难受公法规则约束

如前所述，平台在内部规则制定、执行和裁决中形成了集于一身的准立法权、准行政权和准司法权，构成自成体系的类国家权力，内嵌于"服务协议"中的网络平台权力逃逸了与公权力相伴而生的权力监督体系，由此产生权力的肆意性④，增加了私权力侵犯公民表达自

---

① 参见方师师《算法机制背后的新闻价值观——围绕"Facebook 偏见门"事件的研究》，《新闻记者》2016 年第 9 期。
② Griffin R., "Most Americans Think Facebook and Twitter Censor Their Political Views", June 28, 2018, https://www.bloomberg.com/news/articles/2018-06-28/most-americans-think-%20social-media-giants-censor-their-views.
③ 平台通知只会告知该帖子包含"恶意或误导性内容"或内容"违反相关法律法规"这样的抽象规定，有时为了避免引起被删帖者的不满甚至不进行告知。
④ 参见李延枫《网络平台内容治理的公法规制》，《甘肃政法大学学报》2022 年第 2 期。

由的风险。

在网络信息内容生态的管理中，平台规制和法律法规并行并施，两种"法"虽然在制定主体、实施方式、效力机制等方面存在着较大差异，但二者在功能和目的上都是网络空间治理的一种手段和工具①，对用户而言都具有约束力和执行力。平台在服务条款或合同协议中以各种各样的形式保留自身的权利，放弃用户的权利②，但用户并无参与平台规则制定的机会和协商议价的能力，仅有选择接受与否的权利。用户只能在"同意—退出"中二选一，要么同意，继续受平台内部规则约束，被平台收集个人信息和数据、接受平台的审查和制裁；要么选择退出，那么用户前期经营的数字形象、社交人脉、情感投资、经济投入等都将不复存在。如今大型社交网络平台越来越接近公共空间的入口，公众依靠社交平台连接政府、社会和私人间的沟通，社会议题的讨论高度依赖平台，一个被主流社交平台拒之门外的人可能无法再找到其他类似的社交网络来传播信息和表达观点。

平台"独占"了内部规则的制定权，规则运行中也因平台的私主体身份而规避了正当程序、信息公开、问责等公法原则的限制。而在权利救济方面，依靠公法规范建立的公民基本权利保护体系难以在平台信息内容规制中适用，被平台以各种理由删除信息或封禁账号的网民只能依靠违约诉讼来寻求救济。平台在信息内容和言论规则的制定中既当裁判员又当运动员，对用户言论进行全面审查和管控，限制了用户正当接触信息和意见机会的同时，还构建了逃避公法规则对公民基本权利保护的内部规则体系。

---

① 参见罗英、谷雨《网络平台自治规则的治理逻辑》，《学习与实践》2021年第8期。
② Gillespie T. & Aufderheide P., et., "Expanding the Debate about Content Moderation: Scholarly Research Agendas for the coming Policy Debates", *Internet Policy Review*, 2020, 9（4）, pp. 1 – 29.

第七章　企业履责：网络信息内容多元主体协同治理中的平台责任

第六节　网络信息内容规制中的平台权责边界调适

在网络信息内容的治理实践中，法律法规赋予平台的信息内容管理义务、政府主管部门施加的主体责任，形成"国家管平台，平台管其他"的治理结构，强化了网络信息内容规制中平台的强势地位。为了约束和限制平台私权力，首先应当完善法律法规，进一步界定平台的信息内容管理义务，确定更明晰准确的平台责任，防止平台履行义务中的任意加码或减量，限制平台私权力任性；其次要实现平台内容审核处理的透明、可责和正当程序，减少对用户权利的损害，规范平台的信息内容处置行为，改变公法规则难以约束互联网平台内部规则的状况，推进网络信息内容的多元主体协同治理，实现中国特色网络治理模式下的"个人—平台—政府"三元规制结构的均衡协调。

一　清晰准确界定平台的信息内容管理义务，合理设定平台权责

随着网络治理模式的演进，治理的概念超越了原本的国家中心主义，逐渐由自上而下的政府监管转变为上下协同的合作治理，不论哪种治理模式，政府都是平台治理的重要参与主体。但如前文分析，政府监管与平台自治目前尚处于没有磨合好的状态，公法规则难以约束互联网平台内部规则，两大治理主体均无法单独获得最佳效果。在技术和资源优势下，平台目前实际拥有超越一般治理主体的治理权力，其权力边界仍处于不断扩张的态势。如何合理设置平台的权责边界，基于平台作为网络服务提供者和技术掌控者的角色对其进行合理的权责配置，对于平台的网络治理体系完善具有决定意义。

作为网络治理的主导者，政府需要通过相互制衡的制度设计保障平台拥有合理的自治权，同时又限定平台自治权力的扩张侵害其他主

体的权益边界，达到网络治理多元主体局面下权责配置的平衡。目前平台的责任权重总体呈现加重趋势，但政府尚没有明确的规范依据对平台被赋予的责任进行制度上的约束，平台以"责任"为借口极易在技术乃至制度层面自我赋予更大的"权力"，要合理设置平台权责，根据对终端信息数据施以控制的能力大小及由此带来的总体社会成本，不断更新和优化网络服务提供者权责配置的价值理念和可行路径。[①]在网络平台治理规则的摸索中，需要拓展开放性维度，实现平台权责配置的体系化、动态化，构建起稳固平衡的平台治理新架构。通过以下几方面对平台权责内容的明确和清晰，实现政府与平台在网络治理中的权责平衡，避免平台行为不受公法规范调节。

从确定平台对违法信息的"发现"和判断标准入手，界定平台的信息内容管理义务和责任。应当区分信息内容侵害的是公共利益还是私人利益，对违法信息的性质和特点进行分类和区别对待。首先，对侵害公共利益的违法信息，应根据"发现"的不同路径分别确立标准。主管机关通知处理的违法信息，因主管机关是违法信息认定和处理的有权职能部门，可构成平台"发现"违法信息义务的来源。对于其他"发现"类别的涉嫌侵害公共利益的内容，需要经第三方专业机构（如事实核查机构）、或由专家、学者组成的咨询决策机构寻求帮助，或符合经用户同意的社区规则，而不是由平台垄断事实和真相的独断权。其次，对于涉嫌侵权的一般性内容，如侵犯版权、隐私权、名誉权等内容，平台应该做好权利人间的通知与转通知工作，告知其投诉或起诉权及合理期限，在合理期限内可以对内容采取必要的措施，期限届满时终止所采取的措施，而不是"通知—删除"。平台尽到法定义务，将综合考虑平台的控制能力、技术水平、内容加入程度、是否受益等要素，并不必然对所有违规信息都承担侵权责任。

---

① 参见冯建华《存异而治：网络服务提供者权责配置的进路与理路》，《新闻与传播研究》2022年第4期。

完善用户的举报投诉机制，举报者应提供所举报信息违法的证据和理由，对恶意举报者应有暂停举报功能等相应处置措施，建立平台与主管机关的联系沟通制度，信息违法性认定存在困难时，可交主管机关依据一定程序进行认定。平台对信息违法性的认定，法律法规应统一确认为"明显"标准，即无论平台主动获取或通过举报投诉获取的违法信息，只有当相关信息内容的违法性明显到一般理性人能够直接做出判断时，平台才负有相应的处理义务，否则平台仅应当依据主管机关指令来做出最终的处理决定①，避免未受过专业训练的平台审查人员对信息内容做出错误判断和处理，避免平台对信息内容承担过重的管理义务。对所侵犯的并非公共利益而是私人利益的信息，不应要求平台进行普遍的事前和事中监控审查，对这类信息的"发现"主要依赖主管部门的指令和"通知—删除"规则中的权利人通知。但对侮辱诽谤等侵害公民人格权的信息，如涉及对公众人物和公共事务进行监督等与公共利益有较大关联的情形，信息违法性判断可参照侵犯公益的信息进行适当调整。②

二 实现平台内容审核和处置的透明、可责与正当程序

平台内容审核系统的内容审核过程应当更加详细和清晰，或在通知用户内容被删除时给予更多的政策解释，这不仅有助于鼓励用户更好地对自身言论进行管理，更重要的是，这将减少而非增加平台内容审核量。通常认为，善治取决于透明度。③ 提升平台内容审核与管控的透明度是言论自由保护和平台治理的起点，也是建立正当程序和问

---

① 参见孔祥稳《网络平台信息内容规制结构的公法反思》，《环球法律评论》2020年第2期。
② 参见郑海平《网络诽谤案件中"通知—移除"规则的合宪性调控》，《法学评论》2018年第2期。
③ Braithwaite J. & Drahos P., *Global Business Regulation*, London: Cambridge University Press, 2015.

责的起始点，更多的信息披露和处置的透明度将会带来更多的问责与监督。

通常提到平台的内容审核，有两个重要的民间社会组织倡导的准则可资借鉴，一个是马尼拉中介者原则（Manila Principles），另一个是圣克拉拉原则（Santa Clara Principles）。① 马尼拉中介者原则要求平台的审核内容遵循正当法律程序，作为中介者的平台责任必须由法律明确规定，没有司法裁定，不得要求中介者对言论内容进行限制，限制言论内容的请求必须清晰、明确，且依据正当法律程序，对内容进行限制的命令和实际做法都必须通过必要性和比例原则的检验，并遵守正当法律程序。圣克拉拉原则要求网络平台建立内容审查透明度和问责机制，规定社交网络平台提供给使用者公平、公开、透明、尊重用户、符合比例原则的言论审查标准，平台提供者应主动向社会公布因违反其内容审查准则而被删除或停权的帖文、账号数量以及被标记的帖子等相关信息，通知每一则被封删的帖文和账号用户，告知并向其合理解释被封禁的具体原因、依据的理由、申诉和救济的渠道，让用户可以就每一则被删除和封禁的帖文及账号提出异议。

德国《网络执行法》对透明度和正当程序做出具体规定，举凡每年收到100起以上投诉的社交网络服务提供者有义务制作报告，报告内容至少包括用户递交投诉的机制、删除或屏蔽的判断标准、投诉数量、处理投诉人员的组织情况、最终被删除或屏蔽的信息数量、用户陈述情况、转递其他专门机构处理的情况、处理周期以及对投诉者和用户的告知情况等，平台每半年定期制作透明度报告。这些报告应以公众易于辨识、直接可及、永久提供使用的"使用者友善"方式即时公布于平台网页。通过平台信息公开告知用户哪些内容是不合适的，违反了哪些具体规则，内容是如何被检测到的，以及由谁检测到的

---

① Ganapini M. B. et al., "Response by the Montreal AI Ethics Institute to the Santa Clara Principles on Transparency and Accountability in Online Content Moderation", 2020, Retrieved from ArXiv abs/2007.00700: n. pag.

(机器、审核员还是他人举报),进而让用户更好地理解内容审核系统,在知情、讨论和批判的基础上共同优化平台的内容审核和申诉机制,实现网络信息内容的多元主体协同治理。

结合我国互联网发展和治理实践看,网络平台信息内容审核和处置的权责边界则相对不甚明确。如何界定网络服务提供者的平台责任,处理好平台、用户和政府之间的关系已成为网络治理规则的重点和难点。"平台既是一个市场,又是一个企业",这种独特的组织结构"至少在人类商业文明发展史上未曾出现过"。[①] 平台的双重属性使其难以找到市场公共利益与企业私人利益的平衡方案,这是平台治理遭遇困境的根源。[②] 在其商业属性的促使下,平台天然具有逐利的倾向,平台自治极易导致权利义务的失衡以及事实上的不平等,其自治机制在约束用户的同时也加强了其自身治理赋权的正当性,工具理性超越了价值理性。这就要求政府对其加以克制,并非完全收权,而是实现"官民共治",由政府参与到平台内部规则的制定中,避免平台因其"裁判员"和"运动员"的双重身份而导致自身权力异化。

在平台治理的实践中,对于平台需要履行的责任及权力的边界缺少明确规定,或仅以原则性规定为模糊的参考,或分散在多项法律法规的描述。而平台处于网络环境中,不仅自身面临瞬息多变的不确定因素,外部政策环境的变化对其权责结构也会形成影响,公法规制也需把握其变化,以动态发展的治理视角不断更新。在此背景下,应当改变由问题倒逼的政策设计模式,对平台治理的动态目标要求应成为主要的决策推动力来源。在追求共同化政策目标的同时,也应留出差异化的平台自治权力空间,尽可能避免出现自上而下"一刀切"式的单向规制模式。[③]

[①] 参见冯建华《刑法介入网络信息治理的背景、路径与边界》,《新闻界》2021 年第 9 期。
[②] 参见李良荣、辛艳艳《论互联网平台公司的双重属性》,《新闻大学》2021 年第 10 期。
[③] 参见冯建华《中国网络秩序观念的生成逻辑与意涵演变》,《南京社会科学》2020 年第 11 期。

对平台自治权的管控仅仅依靠单一的法律制度是不够的，平台治理在整个场景中应当是动态的规制而非静态的规定，平台治理需要走向基于规则而非基于原则的监管。① 相较于硬法的稳定性和滞后性，软法灵活性大、制定相对容易，可以避免硬法制定、修订或谈判造成的高昂成本。② 充分发挥包括平台内部规则、行业自律规范在内的网络软法的治理效用，对网络和社会秩序具有重要的规范作用。我国网络内容治理的现有行业自律具有公私合作特征，多为"受国家规制的行业自律"。为了推进平台内容审核和处置的透明、可责和程序正当，政府应对行业自律进行一定的间接规制，对行业自律过程的科学性、透明性发挥监督和保障作用，同时监测和防范行业自律的可能风险，促进行业组织和平台企业形成网络"善治"理念和价值规范。在政府引导行业组织、平台企业积极加入治理网络的同时，如何持续发挥公私合作的高效协同模式，以及如何有效发动"政—企"二元力量之外的组织、专家、用户等参与共进治理，提高系统弹性，降低治理成本，还需要继续推进制度探索。③

三 促进平台对治理机制和技术的自我纠偏和优化

网络平台已经超越了单一企业主体身份，在社会服务和公共管理方面扮演着重要角色，平台责任在法律责任外还包括社会责任、伦理责任等多重面向，平台的自我治理应该在追求自身经济增长的同时平衡和保障平台内多边主体的权益，将市场逻辑和社会逻辑双元融合进而推动平台向共益型企业迈进，实现自我商业模式的可持续发展。在

---

① Nooren P., Van Gorp N., Van Eijk N., et al., "Should We Regulate Digital Platforms? A New Framework for Evaluating Policy Options", *Policy & Internet*, 2018, 10 (3), pp. 264–301.
② 参见居梦《网络空间国际软法研究》，武汉大学出版社 2021 年版，第 9 页。
③ 参见年度网络内容治理研究课题组、方师师等《层层深入与链式共进：2022 年中国网络内容治理报告》，《新闻记者》2023 年第 2 期。

网络信息内容的平台治理中，机器审核和算法过滤技术、人工审核员、用户举报和巡查机制已经在信息内容的审核和管制中发挥着重要的作用，但这些治理机制和方式仍然存在着诸多不足之处，平台对治理机制、技术的自我纠偏和优化是企业自觉履行社会责任、纠正治理中的权力异化、获得公众治理信赖的最佳表现。

善治起源于良法，一个好的平台规则和审核标准是平台善治的开端。平台规则在形成上带有强烈的社会领域内自治契约的色彩，成员的认可度和接受性也更高，容易缓解平台活动参与主体间的矛盾。[①]但同时平台规则因其高度嵌入日常生活以及适用的不特定性和规模化而产生的广泛影响，对用户潜在侵权与损害风险也最大。平台规则不是立法文件但其影响胜似法律，应遵循合法性和正当性双重标准。就合法性标准而言，在我国，任何社会自治方案皆是以独立主体的自治与国家层面的审查监督作为两大核心支柱的，自治并不等于放任，而是法治之下的自治。[②]中共中央发布的《法治社会建设实施纲要（2020—2025年）》提出推动社会成员自我约束、自我管理、自我规范的同时，强调使社会规范制定和实施符合法治原则和精神。作为自治规范的平台规则首先应当符合法治的要求，对于法律、法规规定的内容以及党政机关要求予以管制的内容，严格按照法律法规和监管部门的要求，不应当为规避责任和风险制定更为严格的网络信息内容审查标准，随意扩大管理范围。

在正当性标准方面，平台规则的制定需要民主参与程序，在规则和标准制定之前应当向社会公开，广泛征求公众的意见，通过平台共同体或者代表的协商、征求意见、表决、公开等制度设置，来收集和

---

① 参见秦前红、李少文《网络公共空间治理的法治原理》，《现代法学》2014年第36卷第6期。

② 参见周恒《受规整的自治：论对互联网平台自治规范的审查》，《天津行政学院学报》2022年第24卷第6期。

协调所有平台使用者、参与者的共同意志。① 在主体方面，注重吸收网民、专家学者、第三方组织、媒体等多元主体和利益相关者参与到平台规则和审核标准的制定以及纠纷解决中来，设置相关的意见征求、协商、公开、表决等制度，来收集和协调平台使用者、利益相关者的共同意志，强调共建共治，彰显平台治理民主和公众参与的价值。应当明确的是有益的规范不是简单地通过命令来设定，一份正当、民主的审核标准和社区规则应当来自所有利益相关主体持续地参与、对话和修正。通过听取和吸收各利益相关主体的需要和诉求，追求价值的"最大公约数"。一些平台已经开始积极探索更加多元、民主、开放、协商的治理方案，例如，Twitter 在 2015 年创建了名为 "Twitter 信任与安全委员会"组织，该组织汇集了大约 50 个社区团体、公共社会组织以及专家学者，为 Twitter 的产品安全、治理政策提供意见；淘宝、京东等购物平台也创制了规则评审团、规则众议院等来完善平台规则的制定，增加平台规则本身的正当性。而内容判定方面，要对涉公言论和涉私言论进行区别和分层次保护，对于高度涉及国家秘密、意识形态安全等敏感内容当然应当严格管理，但应当恪守边界，不能随意扩大审核范围滥删、错删；对涉及公共参与、公共辩论等与社会公共利益相关的言论在审核的法益衡量中应当比其他法益言论占据更重的分量，在对涉私言论同等主体的判断中尽量让当事人自决，在当事人不能自决的情况下尤其是对弱势一方（例如网暴的受害者）应设置一定的保护程序。

超大型平台巨大的利润与其在优化网络信息内容方面的投入明显不成比例，完善内容治理机制意味着平台能够更加注重内容管理的精细化、民主化，花费更多的成本。未来，需要平台进一步完善内容风险标准的精细化和体系化建设，对相关的内容和处置进行分级分类，例如违法有害信息内容、不良信息内容等，不同类别制定不同的治理

---

① 参见罗英、谷雨《网络平台自治规则的治理逻辑》，《学习与实践》2021 年第 8 期。

标准。由于内容多元化和审核的复杂性使得在很多时候人工决策整体比机器过滤相对更可靠，内容审核已经成为平台承担的一项长期而重要的任务，增加人工审核的编辑把关力度是我国对平台承担主体责任的要求。虽然与已经做到商业化、职业化和组织化的审核员运作模式相比，人工审核员数量在不断增加，但其专业化和标准化方面还不够成熟。审核员的素质、经验、知识储备客观上决定了审核的效果，有效的审核需要大量的知识和专业技能。为保证审核的准确率，企业需要投入更多资源对审核员进行专业化训练和定期培训，通过提升内容审核员素养和知识水平来确保把关质量。2020年，人社部将"互联网信息审核员"列为一项新的职业类别，教育部也将"互联网内容风控证书"列为新的证书制度试点，这对于审核员专业化、提高内容审核质量来说是重要的推动，但这只是设置了基础性的准入门槛，有效的内容审核需要更加充实和丰富的专业知识和技能培训。尤为重要的是在审核员的工资绩效和考评机制中，要尽最大可能降低效率至上，要把审核准确率和审核质量作为重要考评依据，从而提升信息内容精细化管理的程度。完善复审和多个审核员共同审核机制，对因信息和知识缺乏、审核员之间观点分歧较大的内容或平台内部没有把握的问题，可以交由网络信息内容举报中心等政府机构处理或寻求司法机构、专家意见等。

另外，网络信息内容治理效果很大程度上是由平台技术决定的。平台具有更改自身技术机构的权力和技术能力，让机器匹配和筛选技术上更为科学、合理。2022年3月施行的《互联网信息服务算法推荐管理规定》第九条规定，算法推荐服务提供者建立健全用户识别违法和不良信息的特征库，完善入库标准、规则和程序，发现未作显著标识的算法生成合成信息的，应当作出显著标识后，方可继续传输。对算法推荐的发现和处置、标准和程序、标注内容都要求优化。优化内容标注制度和投诉举报制度，对不同层次的违法违规行为进行细致处置，对真伪暂时不确定的内容或可能涉及洗稿、抄袭的内容，在相关的内容上进行打标签，以明确的标识来提醒接收内容的用户。创造更多的技术机制来补强内容管理机制，例如未成年人保护模式、家长控制选择、内容标注制度等。平台技术优化在完善网络信息内容治理中发挥着重要的作用。

就用户救济制度而言，目前很多平台的用户参与既是象征性和形式主义的，又是功利主义的，用户帮助发现违规内容，但并没有实质性地参与治理，平台并没有听取他们的意见。因此，平台需要进一步优化内容执行和管理程序，尽可能吸纳多元主体的参与可以帮助平台更好地决策，对不涉及敏感和涉密等类别的内容做出"删除""屏蔽""断开链接""沉帖""封号"等措施前，可吸收公民、政府、机构、专家、社会团体等多方主体进行协商，对相关的审核标准进一步厘定和解释，同时将判定和说理的过程告知用户。平台的内容执行和处置程序不仅需要考虑有效性，还应当保障公众合法的信息获取、言论自由、知情、参与、监督等权利主张。

平台还应当积极与专业机构或媒体等建立第三方事实核查制度，提升对虚假内容治理的专业性。Facebook在治理虚假信息中就与美联社等合作，由单独的第三方机构对信息内容作出判断，而非由平台独占判断真理与谬误的权力。另外，用户对平台内容生产者的评价也会影响平台使用体验，建立必要的激励机制鼓励内容创作者生产更多的优质内容，敦促自律和自审，对自身的内容创作和发布行为更加负责，提升内容的质量最终也会有助于提高平台价值。例如今日头条对内容生产者建立奖励机制，文章质量佳、浏览量大的内容生产者，将有机会入选"青云计划""秋收计划"，给予作者奖金、优质作者认证、特别标注等福利，通过激励机制将平台内其他主体吸纳到平台企业的社会责任愿景与实践之中。

在数字时代，公众的言论和意见表达绕不过网络平台，如何约束平台善尽信息内容规制责任，防范其滥用信息内容审核权侵害公民正当权利，已经成为各国政府的一项重要义务。在我国的网络综合治理体系建设中，网络平台在信息内容监管中的作用同样被突出强调。围绕网络平台的内容审查责任和把关标准等，还有一系列中国特色的网络治理问题有待在理论和实践层面进一步研究破解和明确理顺，如坚持党管互联网与依法管网、依法办网之间的关系，网络信息内容治理中的多元主体协同机制构建问题，网络内容监管的随机指令与法治要求之间的关系，网络平台内部规则的来源与网民权利限制的可救济性问题等。应当说，网络不仅是一个让人们休息、娱乐和放松的空间，还是公众获取信息、表达思想和释放情绪的窗口。网络平台无疑是连接个人言论、公共舆论、民主协商的重要桥梁，其对经济社会发展的重要性不言而喻。国家互联网信息办公室发布的《关于进一步压实网站平台信息内容主体责任的意见》，首次系统提出网站平台履行信息内容管理主体责任的工作要求，从完善平台社区规则、健全内容审核机制、提升信息内容质量等方面对网站平台履行主体责任提出具体要求，这是制度层面界定平台信息内容管理义务的最新努力。平台等互联网企业兼具治理主体和治理对象双重角色，是网络综合治理体系的重要行动者。一方面，互联网企业要发挥平台优势，积极承担网络治理的主体责任，配合政府主管部门推进协同合作治理，落实网络共治共享要求；另一方面，互联网企业要约束自身行为，在信息内容审核和经营行为中，要努力承担社会责任，不得滥用私权力，建立健全网络安全风控机制，信息发布应当确保导向正确、事实准确、来源规范、合法合规，实现商业利益与公共利益的平衡。在推动社会治理体系和治理能力现代化背景下，依循网络传播规律和法治原则，探索划定网络信息内容规制的平台权责边界，监督和约束平台私权力善尽义务与责任，对促进互联网由最大变量变成最大增量，推动网络空间良法善治和社会文明进步具有重要意义。

第八章　行业、用户、媒体：网络信息内容多元主体的"共治"

第一节　完善网络信息内容治理的行业指导与监督

网络行业组织和社会机构是一个特殊的网络信息内容治理主体，也是一种有效治理工具。尽管国家具有最终的权威却无法拥有所有的治理知识，作为第三方机构的行业组织和社会机构就成为一种独特的治理资源。网络平台网罗不同地域、不同文化、不同经验、不同价值观的人群共聚一堂，同时由于传播场景和内容类型等判断的复杂性，致使内容审核和判定显得异常复杂。网络信息内容生态治理的复杂性和专业性特征，使仅靠政府和网络企业治理通常无法解决问题，而网民自治的力量又相对较弱，第三方机构就成为很好的治理选择。

无论是对社会期望和价值诉求的整合，责任倡议、评价和标准的制定，抑或是外部监督，第三方机构都发挥着独特功能。在互联网发展的历史中，第三方行业组织机构一直在互联网治理上扮演着重要的角色。目前，第三方机构主要有三种形式，第一种是独立于政府和企业的社会机构，第二种是独立于企业但或隶属于国家行政部门关联补充的机构，第三种是内设于企业但与其日常经营管理相隔离的机构。在我国，第三方机构通常属于第二种，处于"政府"和"非政府"互动关系的中间地带，与政府有着松散的关系，很多行业组织机构一般是由党政机关主办和领导,和政府、私有利益者之间有频繁互动,同时又不具备政府公权力和强制功能属性,在政府和社会主体之间扮演沟通、协调的角色,实施软性治理。

第三方机构包括制定标准的组织机构、利益相关者组织、公益组织和国际组织等。很多专门针对互联网活动的协会在各自领域内汇集专业知识和资源,对互联网治理发挥重大作用,有效弥补了监管机构在治理过程中缺乏相关专业知识、治理效率低下、治理资源不足等局限,如互联网名称与数字地址分配机构(简称ICANN),ICANN是美国商业部委托私人机构创建的,这个机构由政府、学校、科研机构、企业等多利益者,参与维护和管理主要的根域名服务器及其639个通用顶级域名(gTLDs)①,同时对相关的争议进行裁定。包括6个主要域名(.com,.org,.net,.edu,.gov,.mil)以及248个国家和地区顶级域名(ccTLDs)。此外,美国互联网地方广告与商业协会、互联网服务协会、网络隐私工作组,法国成立的互联网用户协会、互联网监护会等第三方机构,中国的互联网协会、MCN机构等,都在网络信息内容治理中发挥着重要的作用,治理的领域涵盖隐私、广告、电子游戏、网络色情内容、过滤软件应用、内容创作等方方面面,治理贯穿于网络信息内容治理的全过程。

行业协会等第三方机构可以参与对平台内容治理行为的各个环节,包括审核标准和平台规则的事先合规和正当性审查,接受用户投诉,对平台治理过程进行监督,对平台内容审核和过滤算法进行相关的测试、检验和监督,提出建议和意见或进行指导等。

一 衔接政府与社会,阐释、细化和落实政策法律的治理要求

在网络信息内容多元主体协同治理体系中,行业协会可自上而下

---

① ICANN,"Program Statistics", http：//newsgtlds.Icann.Org/en/program-status/statistics.

地连接政府与社会，成为法律、法规、规章制度和政府政策具体落地的衔接点，是公共政策的代理人，对相关的法律、法规和部门规章进一步的阐释、细化和推进落实。例如，中国网络视听节目服务协会制定的《网络视听节目内容审核通则》《网络短视频内容审核标准细则》《网络短视频平台管理规范》，其效力级别只是行业规定，但对于指导平台的内容具体审核工作起到重要的规范性作用。[①] 德国《网络执行法》规定，当平台对所裁决的内容拿不准的时候，应当将其交给一个合乎法律要求的"受监管的自我规制"机构进行判断，同时该法还规定了适格机构应当由联邦司法局负责资格认定与撤销。英国《网络有害内容白皮书》也明确要成立新的、独立的监管机构对网络空间进行规范，其主要职责是实施、监督和执行新的监管框架，负责制定《职业守则》，监督互联网公司执行其用户协议的情况，对不履行法定注意义务的公司具有较大执法权，包括罚款、中断企业网络服务、阻止违规网站或App在英国被访问，将违规企业负责人提交司法部门，依法追究民事甚至刑事法律责任等。此外，第三方机构有权公开各公司透明度报告，包括对有害内容的界定及采取的相应措施；有权知悉算法对用户推荐内容的影响。该机构的运营费用主要由行业进行资助，政府还将探索诸如付费、强制收费或征税等方式，使其可持续运营并获得足够资金。[②]

二 汇聚行业治理经验和智慧，形成具有约束力的指导规范

在网络信息内容治理中，汇集民间治理经验和智慧，自下而上进行经验总结，形成具有约束力的指导规范具有特别重要的作用。网络信息内容往往存在认知模糊地带，需要明确所指涉的具体行为和内容，建议平台建立由法律专家学者、行业专家、特定文化圈层受众、普通

[①] 2019年1月施行的《网络短视频内容审核细则》，详细列出了网络播放的短视频节目及其标题、名称、评论、弹幕、表情包等，其语言、表演、字幕、背景中不得出现的100条审核标准。

[②] 参见周丽娜《英国互联网内容治理新动向及国际趋势》，《新闻记者》2019年第11期。

观众等群体组成的内容委员会，制定相对具有可操作性的认知标准和处置标准，给平台审核以更为确定的指引。① 在过去的几年里，来自世界各地的公民社会组织共同合作提出了一些平台监管和保障言论自由的框架，为规范平台治理贡献民间智慧。2015 年，由美国电子前沿基金会（Electronic Frontier Foundation）、英国国际信息联盟、哥伦比亚 Karisma 基金会等 111 家非营利性组织和相关个人，一同发布了一份名为《马尼拉中介者责任》的内容审核实践指南，该实践指南指出了私人平台企业不当限制个人自由表达权的问题，并在联合国人权宣言和国际法律框架的基础上为内容审核提出了一些基线保障和最佳实践的框架，对平台限制内容的原则、具体要求和相关规范进行规定，要求政府或私人的内容限制请求必须清晰、明确且遵循正当程序，内容限制的法律、命令和实践必须经过必要性和相称性检验。② 该机构对平台的内容审核所提出的规范要求为保障用户言论自由和平台内容治理提供了有益的指导。2018 年 2 月，在加州圣克拉拉大学举行的第一届内容管制与移除大会（Content Moderation and Removal at Scale Conference）上，由社会组织和学术专家组成的团队提出了"圣克拉拉内容审核原则（The Snata Clara Principles）"，就平台公司的内容限制要求、用户通知、上诉程序以及审核过程透明度等方面的基本最佳实践提出三点基本原则以及更为具体的建议，包括数目原则、告知原则和申诉原则。数目原则即互联网平台应当按期公布被删除、冻结、举报内容的总数和类目；告知原则要求互联网平台向每一位被删除或冻结账号的用户发送通知，并告知原因；申诉原则要求互联网平台为被冻结账号或删除内容的用户提供及时申诉的机会，该内容审核原则该成为互联网平台在内容管制时应初步考虑的事项和最低标准要求。这些民间组织

---

① 参见郑宁《〈网络短视频内容审核标准细则〉（2021）的修订重点及合规建议》，《青年记者》2022 年第 3 期。

② 参见《马尼拉中介方责任原则限制中介方对用户内容负责以促进表达自由与创新的最佳实践指南》，https://manilaprinciples.org/ZH-HANS/，2022 年 7 月 21 日。

往往更加注重从公众权益保障的角度来审视平台治理中存在的问题，并提出有针对性的建议或标准来规范平台的内容治理活动。

三　发挥行业组织优势，对网络生态治理进行外部监督

在网络信息内容治理中，行业组织可对平台企业及其行业生态进行外部审慎性的监督。第三方机构对平台规则的制定、审核技术的设计进行独立监督和评估，监督专业第三方机构敦促平台企业展开更加合理、更加民主的内容治理，当用户认为自己遭遇平台不公平的言论限制行为时，可以向具有监督权的第三方机构进行反馈和投诉，由第三方机构有效展开调查，协商并初步解决二者间的矛盾。目前，我国《个人信息保护法》要求对大型互联网平台企业设立由外部成员组成的独立监督机构对个人信息保护情况进行监督，在网络信息内容治理方面尚无相关法令予以明确。在反垄断治理方面也有呼声要建立第三方机构治理，2019 年美国对 Facebook、Google 进行反垄断调查时，一种呼声就是建立一种新的合作的、民主的、可问责的公共机构来替代平台的垄断权力。由第三方机构独立监督和定期评估平台的审核行为、过滤算法，以保证算法能够留出一定的空间以产生让公众接触偶然性内容的机会，制造不同声音和观点相遇的可能性，建立起一个更全面、更有层次的网络信息内容生态，一定程度上破除舆论的撕裂、信息茧房、过度娱乐化和民粹主义的倾向。

第二节　网民自律与举报投诉：网络信息内容多元主体治理体系的用户参与

一　网民自律：网络信息内容治理的用户参与

以自律的方式对网民自身网络信息生产和传播行为进行规范和矫

正,是网络信息内容多元主体协同治理一个极其重要的方面。网络空间是由一个个大大小小的社区组成,这个社区小到三人组成的微信群组,大到互联网本身。网民大都聚集在网络社区中,隶属或活跃于某一个或某几个社区,可能同时扮演普通网民、社区成员、群主、社区主持人、内容创作者、发布者、讨论区的参与者等多种角色。与此同时,互联网制造了一个如同"打地鼠"一般的治理环境[①],违法、违规和不良信息更难发现和彻底清理,即使是通过删帖、封禁账号的方式,违法活动通过更换账号会立马转移到另一个论坛,这种无法从源头遏制的属性让网络社区的治理极其依赖网民和群众的力量。我国很大一部分违法和不良信息内容是由网民发现的,据统计,2021年我国各级网络举报部门受理举报的涉嫌违规的内容达1.66亿件。欧盟已经认识到用户参与治理的巨大潜力,出台AVMSD帮助和激励用户发挥其影响力,以维护平台上的公共价值,而不再通过给予平台更多的控制权来保卫公共利益。

对网民进行赋权净化互联网生态,其基础和前提首先是网民自身知识素养和责任意识的提升,毕竟网络违法、违规和不良信息内容是由网民发布的,网络空间公共交流质量低下,网络虚假信息、低俗内容、歧视性言论甚嚣尘上,和一个网民的知识储备、公民意识、理性宽容精神以及媒介素养有关。其次,我们享受网络的去中心化、人人赋权的同时,也失去了传统媒体的专业把关,这就要求普通网民具备更高的知识储备和媒介素养来辨析、鉴别信息内容的好坏、优劣。最后,依靠用户标记、投诉和举报机制以及社区内网民群体自治也是非常民主和高效的治理方式,平台的内容标记和举报制度使每位用户都拥有成为个体把关人的机会,是对公共信息资源管理权力的一次再分配。然而,实践中往往因为网民的素质不高,造成网民投诉和举报机制被不当使用。

---

① 参见[美]罗伯特·多曼斯基(Robert J. Domanski)《谁治理互联网》,华信研究院信息化与信息安全研究所译,电子工业出版社2018年版,第139页。

网络表达主体在变得越来越多样,但网民知识素养却显得参差不齐。在这些大型社交应用兴起之初,Twitter 的典型用户是年龄在 18 到 34 岁、拥有大学本科学历、没有孩子的群体。Facebook 最初仅作为面向大学生群体的社交应用。我国互联网应用早期也主要集中在研究机构和大学。但伴随其业务的不断扩张和互联网的推广,开始向所有用户群体开放。根据 CNNIC 最新对网民学历的调查数据显示,在 2020 年 12 月,我国的网民规模已经达到 9.89 亿(2024 年 6 月增长到近 11 亿),网络普及率已经达到 73%,而大学专科以上学历的网民占比人数只有 10.5%,近 90% 的网民只有大专以下学历,高中以下文化占比则超过 50%。[①] 这与互联网早期使用人群集中在高知人群形成鲜明的结构转变。尽管我们比任何时候都有更多的机会获取信息、表达自我,但人类的文化和交流比以往更加肤浅。网络社区中的讨论时常会演变成谩骂、口水战和人身攻击,对公共事务的参与讨论最后可能会变成了侮辱和诽谤行为。自由的另一面是责任,与网络表达自由相对应的是对言论负责。对网民而言,首先需要明确的是其需要对自身的言论负责,其侵权责任不可也不会转移给平台。网络信息内容治理并不仅仅是平台和政府的责任,我们每个人在成为发言者的同时也应该为自身的言论承担责任,如果我们是在认真地寻求事实,我们每个人都有能力为互联网运作的方式贡献一次小小的革命。[②] 网民与平台对网络信息内容生态是共治共享的。网民参与治理既能够帮助平台发现违规内容,减轻平台和监管部门的治理负担,同时也能敦促平台履行治理义务。我们在发表或转发相关言论之前,大部分网民都会事先进行自我审查,这种对不良信息的识别、分辨和免疫等自我审查能力的提升能够从源

[①] 参见第49次《中国互联网络发展状况统计报告》,中国互联网络信息中心(CNNIC),2022 年 7 月 21 日,http://www.cnnic.net.cn/NMediaFile/old_attach/P020220721404263787858.pdf,2023 年 5 月 20 日访问。

[②] Timothy Snyder, "On Tyranny: Twenty Lessons from the Twentieth Century", *Tim Duggan Books*, "11 Intestigate", 2017, pp. 72 – 80.

第八章　行业、用户、媒体：网络信息内容多元主体的"共治"

头上遏制很多违法、违规和不良信息的生产和传播。

除了网民责任意识的培养外，网络社会"公民素养"是提升网民自我治理能力的另一个重要方面。作为线上主体，我们具有两种不同的身份——消费者与公民。网民集消费者与公民于一身，消费者不等于公民。与消费者相比，公民也会经常思考更为重大和长远的社会目标。平台和现有传播技术为知识、讯息和文化的商品化提供了支持，作为消费者从这些平台信息产品中获得乐趣和服务体验，这种体验是奉行"消费者主权"原则，服从市场力量支配，满足个人和群体的需求。然而，作为公民，需要超越消费主义和市场，接触自己不曾想过甚至颇为厌恶的观点，促进全社会的共享经验。① 认识平台和算法的性质及其作用自然是当今公民生存必需的常识，兼听则明，既接收让自己感到愉悦的信息，同时也要勇于面对不同的声音甚至是异议者的挑战。②

网络社会公民素养比媒介素养的范围要广，体现为公民所有的网络使用、消费、信息生产和传播、网络参与等行为，但媒介素养是其最重要的一部分。媒介素养的高度直接决定每一个网民个体自我审核和自我把关的质量。目前社会对 Twitter（已更名为 X）、微博等网络平台的使用中年龄、种族、阶层产生的分层模式的关注，不再是现实中能否访问互联网这样的数字鸿沟问题，而更多关注这种媒介使用以及使用这些技术所需的技能。③ 媒介素养指在一个媒体饱和的社会里充分参与社会所需要的技术、知识和思维。④ 网民应该知道我们看到的信息内容是怎

---

① 参见［美］凯斯·桑斯坦《网络共和国：网络社会中的民主问题》，黄维明译，上海人民出版社 2003 年版，第 175 页。
② 参见孙竞超《社交媒体能为民主做什么？——读桑斯坦的〈标签共和国〉》，《北大法律评论》2019 年第 20 卷第 1 期。
③ 参见［英］克里斯蒂安·福克斯《社交媒体批判导言》，赵文丹译，中国传媒大学出版社 2018 年版，第 185 页。
④ 参见党东耀《媒介融合生态下"媒介素能"解析——从"媒介素养"到"媒介素能"的变迁》，《南昌大学学报》（人文社会科学版）2017 年第 48 卷第 1 期。

来的？这背后经历了哪些环节？怎么加工的？为何它会被推送？我们为什么能看到它？在可见的内容和观点背后又遮蔽了哪些不可见的内容？公众应该了解算法过滤推荐和审核技术机制，知道他们在选择信息的同时，信息也在选择他们，进而从自身打破信息内容和知识获取的壁垒，主动拓展知识的边界，这需要一整套完善的媒介素养教育。

从用户教育的角度来看待内容审核，而不是将其视为惩罚违规用户的系统，可能会进一步解决新技术给传播秩序带来的挑战。有国家已经将媒介教育当作一项新的、有效的网络监管措施加以推广。新加坡就将网络素养教育作为一项新的监管模式加以推广，被纳入政府监管机构的职责范围。新加坡政府认为网络监管的长远之计并不在于法规制约和行业自律，而在于网络素养教育。[①] 这就从以往对网络内容生产者的关注转变为对网络服务使用者和消费者的关注。推广媒介素养，尤其是青少年的网络媒介素养教育，提升用户对机器审核、算法过滤技术的作用、功能、工作机制的理解和认识，增加对假新闻、有害信息、低俗内容、消费文化的透视和辨识能力，最大限度规避不良内容、信息茧房、网络谣言的不利影响，养成适当和理性使用社交网络的习惯和能力，明确自身在信息内容的生产、传播、使用等行为的边界。当然，使公众适应新的信息环境并养成良好的网络社会公民素养将是一个长期的过程，并且公众网络社会素养的提升也与平台的制度设计、社区的激励机制、社区氛围、政府的权力保障义务等其他因素有关。

二 网民举报：网络信息内容治理的重要机制

网民在网络空间的行为，如信息上传、浏览、阅读、转发、点赞、打赏、付费等行为和数据本是网络治理的重要对象。在网络综

---

① 参见王国珍《新加坡的网络监管和网络素养教育》，《国际新闻界》2011年第33卷第10期。

合治理体系中，网民也成为多元治理主体中的一员，成为网络空间治理的重要参与者。当下我国网民规模已达到近 11 亿，网民都兼具信息传者和受者双重身份，提高网民的网络新媒体素养，培育网民自律意识，发挥他们在网络治理各个环节中的监督作用，完善网络空间违法有害信息举报投诉机制，鼓励对网络空间的违法有害信息内容和非法行为的投诉举报，保护网络用户权利，就成为发挥广大人民群众的治理主体力量，实现网络综合治理、建设网络文明的重要方面。

举报投诉机制既是网络平台善尽主体责任，对网络信息内容进行审核把关的工作机制，也是网民发挥网络治理主体作用，参与网络信息内容治理的主要制度。对于承担网络信息内容治理主体责任的网络平台来说，即使是采用"算法+人工审核"的方式也无法完全发现和过滤掉所有的违法、违规和有害信息。为了能够充分发现违法、违规和不良信息内容，杜绝不良内容给平台企业造成的风险，也为了减少平台发现违规内容的成本，平台根据网络信息内容主管部门的要求设置用户举报和投诉制度，依靠用户来帮助平台识别和发现相关违法和不良内容。以微信为例，在微信的聊天界面、群组、公众号、个人信息界面都设置了投诉和举报功能按钮，用户可以将其认为的违法、违规和不良的信息内容反馈给平台。每年平台都会收到大量的投诉和举报，平台根据不同情形采取屏蔽、删除等处置措施，有效净化了网络信息内容生态。中央网信办举报中心数据显示，2022年全国受理网民举报色情、赌博、侵权、谣言等网络违法和不良信息举报 1.72 亿件，同比增长 3.6%。[①] 2023 年 6 月，中央网信办举报中心指导全国各级网信举报工作部门、主要网站平台受理网民举报色情、

---

① 参见《网信办：2022 年全国受理网络违法和不良信息举报 1.72 亿件》，IT 之家，2023 年 2 月 10 日，https://baijiahao.baidu.com/s?id=1757418695638199138&wfr=spider&for=pc，2023 年 5 月 20 日访问。

赌博、侵权、谣言等违法和不良信息1779.4万件,环比增长7.2%、同比增长18.7%。① 2023年7月,全国受理网络违法和不良信息举报1777.3万件。②

（一）网络信息内容举报制度的规范依据

举报的权利来源于宪法赋予公民的参与、监督行政管理和公共事务的权利,逐渐演化为政府与公众合作治理、鼓励公民全方位参与社会治理的方式。③ 随着网络信息传播目前有关网络信息内容治理的法律法规中明确网络信息举报规范的有《网络安全法》《全国人大常委会关于加强网络信息保护的决定》和国家网信办制定的部门规章《互联网新闻信息服务管理规定》和《网络信息内容生态治理规定》。

表8-1　　　　　　　网络信息内容举报制度的规范依据

规范名称	规范种类	具体条文	举报对象
网络安全法	法律	第四十九条:网络运营者应当建立网络信息安全投诉、举报制度,公布投诉、举报方式等信息,及时受理并处理有关网络信息安全的投诉和举报	有关网络信息安全的投诉和举报
全国人大常委会关于加强网络信息保护的决定	法律	第九条:任何组织和个人对窃取或者以其他非法方式获取、出售或者非法向他人提供公民个人电子信息的违法犯罪行为以及其他网络信息违法犯罪行为,有权向有关主管部门举报、控告;接到举报、控告的部门应当依法及时处理。	其他网络信息违法犯罪行为
互联网新闻信息服务管理规定	部门规章	第二十条:任何组织和个人发现互联网新闻信息服务提供者有违反本规定行为的,可以向国家和地方互联网信息办公室举报。国家和地方互联网信息办公室应当向社会公开举报受理方式,收到举报后,应当依法予以处置。互联网新闻信息服务提供者应当予以配合	互联网新闻信息服务提供者违反本规定行为（主要是第十六条规定的"禁止的信息内容"）

---

① 参见《2023年6月全国受理网络违法和不良信息举报1779.4万件》,澎湃,2023年7月20日, https://m.thepaper.cn/baijiahao_23931892,2023年8月15日访问。

② 参见《2023年7月全国受理网络违法和不良信息举报1777.3万件》,澎湃,2023年8月11日, https://www.thepaper.cn/newsDetail_forward_24205617,2023年8月15日访问。

③ 参见尹嘉希、王霁霞《网络信息举报的规范逻辑与权利边界》,《北京警察学院学报》2020年第3期。

续表

规范名称	规范种类	具体条文	举报对象
网络信息内容生态治理规定	部门规章	第十六条：网络信息内容服务平台应当在显著位置设置便捷的投诉举报入口，公布投诉举报方式，及时受理处置公众投诉举报并反馈处理结果。第二十条：鼓励网络信息内容服务使用者积极参与网络信息内容生态治理，通过投诉、举报等方式对网上违法和不良信息进行监督，共同维护良好网络生态	网上违法和不良信息

《全国人大常委会关于加强网络信息保护的决定》第九条规定了举报、控告制度。《网络安全法》第四十九条要求网络运营者建立网络信息安全投诉、举报制度。《互联网新闻信息服务管理规定》第二十条规定了任何组织和个人向网信部门举报的制度。《网络信息内容生态治理规定》第十六、十四条分别规定了网络信息内容服务平台建立投诉举报制度和要求平台对自身设置的广告位和平台展示的广告内容进行"审核巡查"。从以上规范可知，网络信息举报主体包括网民在内的"任何组织和个人"，举报受理主体主要分为两大类，一类是"有关主管部门"，包括国家和地方网信办，以及网信办建立的网络举报平台互联网违法和不良信息举报中心和全国"扫黄打非"工作小组办公室举报中心、12321网络不良与垃圾信息举报受理中心。另一类则是法律法规规章和其他规范性文件所明确赋权的网络服务运营者。对所举报的信息内容规定则较为模糊，也缺乏一致的表述。《网络安全法》只笼统地要求网络运营者受理并处理"有关网络信息安全的投诉和举报"。《互联网新闻信息服务管理规定》把举报的内容限定为"法律、行政法规禁止的信息内容"，但何为"禁止的信息内容"并无更具体明确的规定。《网络信息内容生态治理规定》列举了11种"违法信息"和9种"不良信息"，但该规范性文件只是部门规章，并非"法律、行政法规"。

（二）网络信息内容举报制度存在的问题

网络信息内容举报制度是发挥网民积极性，调动网民参与网络综合治理的重要制度。从网络信息内容举报实际情况看，该制度还存在一些不足和问题。

一是网络信息内容举报的不同受理主体存在职责交叉、界限不清的问题。除了网络服务提供者，即各类网络信息服务平台，网络举报的受理主体还有国家网信办、互联网违法和不良信息举报中心、全国"扫黄打非"工作小组办公室举报中心、12321网络不良与垃圾信息举报受理中心。现有的法律法规和规范性文件中，只有《互联网信息内容管理行政执法程序规定》有关于管辖的规定，但并未明确不同主体的受理范围和权限。

二是网络信息内容举报制度规定过于笼统，缺乏网络信息内容举报的程序性规定。如《网络安全法》规定网络运营者应当"及时受理并处理有关网络信息安全的投诉和举报"，"及时"的合理期限是什么？网络运营者受理举报后有无告知被举报人的责任？举报处理结果应在什么期限、以什么方式告知举报人？这些都缺乏更明确的规定。从制度现状看，网络信息内容举报处理方式和程序等还带有浓厚的网络信息行政监管和单向管理的色彩，制度有待完善。

三是网络信息内容举报制度缺乏完备的奖惩机制、举报者权利保护和救济规定。和举报制度相关的奖励制度规定仅见于《全国"扫黄打非"工作举报奖励办法》，但该办法并不能完全适用于网络信息举报制度。现有制度缺乏对举报人权利保护、被举报人权利救济等规定，对网络信息内容治理中常见的网民恶意举报、滥用举报权等缺乏制约和处罚措施，往往过度限制网络言论表达，阻碍网络信息的自由传播。

（三）网络用户举报的边界和潜在危害

在网络信息内容多元主体治理的实际运作中，网络违法有害信息举报者的意图往往是复杂的，既可以是出于公益（维护网络环境、破坏网络正能量）意图的举报，也可能是出于自利目的（如打击报复、相关权利人或内容让自己不适）的举报。既有自发的个体举报，也有有组织的集体举报。出于自利目的或有组织的举报往往是举报人与被

第八章 行业、用户、媒体：网络信息内容多元主体的"共治"

举报者存在价值观或利益冲突，向平台进行举报，由平台做出判定。通常情况下，如果一则内容在某一时间段获得大量的举报和投诉，就会触发平台的自动处置系统，即使内容未进入判定过程也会被自动限流，出现搜索和推荐权重降低无法获得推送，或被举报人账号异常、无法查看等情况。就后一种目的而言，第三人效果理论和假定效果理论认为个人总是倾向于认为有害信息对他人的影响和危害高于自己，高估他人遭受不良信息时的脆弱性和自己对此类信息的抵抗力，[1] 因而用户极容易将信息内容判定为有害和不良，向平台发出投诉和举报，让平台扩大审查的范围、增加限制性行为的数量。

网络平台对举报制度的广泛推广和运用鼓励了用户发现违规内容的积极性，通过人与人之间的互相监督来共同净化网络生态，这种监督可能比平台发现和检测系统更有效，用户间的监督范围涵盖对他人网络使用行为和思想的双重监视。对于平台而言，举报制度可极大地降低发现违规内容的成本，提高平台的监管效率。中外网络平台都设立投诉举报机制，但实际上平台投诉和举报机制还不尽完善。据调查，Facebook 用户每天在全球范围内被用户标记的内容超过 100 万条，而这些内容绝大部分没有违反 Facebook 的社区标准，相反，内容标记常常只是反映内部群体的冲突或意见分歧而已。[2]

网络举报让所有网民都可参与平台的内容管理，用户参与治理网络信息内容的作用被重视，但这种影响并没有转化为实质的治理权，被标记和举报内容的违法有害与否最终仍然依靠平台来决断。虽然网民素质和受教育程度参差不齐导致很多恶意举报，但问题的症结在于"举报有用"，真正具有决断权力的不是发起举报的网民，而是回应举报、拥有处置权的平台。平台内部审核标准的不公开，让用户感觉到

---

[1] Scharrer E. & Leone R., "First-Person Shooters and the Third-Person Effect", *Human Communication Research*, 2008, 34 (2), pp. 210–233.

[2] Kate Klonick, "The New Governors: The People, Rules and Processes Governing Online Speech", *Harvard Law Review*, Vol. 131, 2020, pp. 16–39.

平台治理的不透明和不公平,对很多恶意举报的用户没有合理的警告和对等的限制措施,导致举报和投诉机制被滥用。平台往往却在审核决定中将处置理由归结为"经他人的举报或投诉",这无疑又进一步加剧了社会的不信任。如果对用户举报过度倚重,就会因为用户素养、价值和相关能力不够,集中的人工审核和投诉举报制度正在拉低社会的总体知识水平和言论标准,平台粗糙的管理和低水平的审核与网络舆论的撕裂形成一个恶性循环,经常造成治理不当。

三 网民素养:促进网络治理参与和社会共识达成

在网络信息内容多元主体协同治理体系中,网民是治理对象,也是重要的治理主体。网络为公众表达见解和参与社会公共事务提供便利的同时,也使网络容易成为公众宣泄情绪的场所。从当前网络空间看,网络暴力、人肉搜索、网络审判、群体极化等现象时有发生,网络谣言和虚假不实信息经常呈现病毒式扩散态势,极大影响了网络生态环境。为了提高网民的网络治理参与能力,促进网络良好治理,必须着力提高网民的网络素养,促进公众的网络表达能力提升,加强主流价值引导,凝聚网络空间的社会共识。

(一)促进网民道德自律,塑造网络表达标准

我国网民规模已达近11亿,网民个体加强道德自律,坚守网络传播伦理道德,自觉承担网络社会责任,塑造共同的网络表达标准,做一个合格的网络表达者和网络治理参与者,是实现网络空间清朗的重要条件。

网络综合治理体系的一个重要维度是"德治",即诉诸伦理道德力量,与法治共同作用,促进网民法律意识和道德观念的养成,形成网络空间道德共识,让亿万网民对自身在网络空间的表达行为应遵循的道德规范有基本一致的认识和理解,把传统媒体时代形成的媒体表达标准创造性转化成为网民认同并遵循的网络空间表达标准,依靠法

律法规界定表达边界的同时，让网络伦理规范成为网民内心的道德律，让网络空间不仅不是法外之地，也不是伦理道德外之地。

网络移动化、社交化、智能化加剧了传媒生态的复杂化，虚假新闻、新闻反转屡屡发生，主流媒体的影响力和专业性减弱，网络空间的虚假信息、错误信息导致公众的认识和判断混乱，阻碍了社会共识的形成。互联网的普及打破传统媒体的信息垄断，传统媒体被"减权"的同时，普通民众得到网络"赋权"，过去"沉默的大多数"借助互联网技术支撑的社交媒体和其他平台，获得了前所未有的发声机会，前互联网时代"一对多"的大众传播模式被"所有人面向所有人"的互联网群体传播所取代。[①] 民众通过网络渠道更为自由地获取信息、表达意见、追问真相、监督政府，汇聚成一种巨大的舆论力量，改变了他们自身在社会运行与治理过程中的被动地位，也推动着政府乃至社会的转型与进步。受众从传统媒体转移到网络新媒体，已成为我国传媒业的基本事实。老百姓上了网，民意也就上了网。群众在哪儿，舆论工作的阵地就在哪儿。群众都上网了，凝聚社会共识当然不能绕过网络新媒体。网络新媒体已经成为凝聚社会共识的重要渠道。

"众声喧哗"的网络舆论生态在推动社会进步的同时，也带来了一些问题。比如网民的意见和情绪存在一定程度的情绪化、偏激化倾向，社会矛盾和利益冲突投射在网络上，导致网络舆论态势趋于复杂。网络空间经常充斥着虚假、诈骗、攻击、谩骂、恐怖、暴力、色情等有害信息。这些问题导致网络空间生态不佳，对社会生态产生不良影响，损害了社会共识的形成。一个典型的表现就是"两个舆论场"现象，即网络代表的民间舆论场与传统媒体代表的官方舆论场之间的分割、对立与冲突。一个缺乏共识的社会，会有诸多不稳定因素，甚至会有撕裂的可能。"如果一个社会没有共同理想，没有共同目标，没

[①] 参见隋岩、唐忠敏《网络叙事的生成机制及其群体传播的互文性》，《中国社会科学》2020年第10期。

有共同价值观,整天乱哄哄的,那就什么事也办不成。"① 习近平同志的论述深刻阐明了凝聚社会共识对国家、对社会的重要意义。因此,要重视培养公众的网络信息素养,提高对网络信息的浏览、理解、评估能力,形成网络信息的批判性思维。②

首先,要推动公众具备一定的网络和数字知识技能,能够使用各种互联网应用生产和传播信息,运用搜索引擎等智能工具检索、获取信息,对各种虚假信息有鉴别能力,对信息的真实性、客观性和可靠性等做出理性判断,能够突破网络空间"信息茧房"带来的认知窄化、固化和极化。特别是能够有效识别信息背后的目的动机,批判评估信息内容的价值导向,在公共理性的引导下促成社会共识的达成。

其次,推进网络素养教育,提升公众参与网络治理的积极性。从能力提升和价值树立两方面推进网络素养教育,促进公众在包容和谐的气氛中实现理性对话。同时强化公众的社会责任意识,拓宽和畅通公众参与网络治理的路径与渠道,让公众能以主人翁的身份参与公共事务,在参与网络治理的实践中构建网络信息多元主体协同治理的共同体。

(二) 引导舆论、凝聚共识需要与网民进行交流沟通

舆论反映的是一段时间内公众对特定事实或事件的"集合性意见",反映了社会成员的主流态度看法和意见倾向,是社会共识的最直接体现。过去,引导舆论是媒体及其主管部门的专门职责。但在"人人都是传播者"的网络环境下,信息的生产、传播及舆论的生成,带有很强的开放性、互动性、参与性和去中心化等特征。要引导舆论、凝聚共识,离不开对网络传播规律的适应、把握和遵循,离不开观念

---

① 参见中共中央党史和文献研究院编《习近平关于网络强国论述摘编》,中央文献出版社 2021 年版,第 69—70 页。
② 参见张文祥《凝聚社会共识的渠道、观念和制度条件》,中国社会科学网,2017 年 4 月 18 日, http://www.hprc.org.cn/gsyj/zhutiyj/419jh/jdpl/201704/t20170418_4144853.html,2023 年 5 月 10 日访问。

第八章 行业、用户、媒体：网络信息内容多元主体的"共治"

的更新。

习近平同志把网络比作草根网民聚集的"草野"。[①] 凝聚社会共识，必须立足网络这个"草野"，以开放的胸怀包容多样多元的网络言论，不能要求舆论一律。习近平同志指出，"网民大多数是普通群众，来自四面八方，各自经历不同，观点和想法肯定是五花八门的，不能要求他们对所有问题都看得那么准、说得那么对。要多一些包容和耐心，对建设性意见要及时吸纳，对困难要及时帮助，对不了解情况的要及时宣介，对模糊认识要及时廓清，对怨气怨言要及时化解，对错误看法要及时引导和纠正，让互联网成为我们同群众交流沟通的新平台，成为了解群众、贴近群众、为群众排忧解难的新途径，成为发扬人民民主、接受人民监督的新渠道。"[②] 因此，网民七嘴八舌的意见表达看似混乱，其实并不可怕，社会共识形成的基础在于不同意见的充分表达和讨论，在意见交锋中正确看法才会脱颖而出。

互联网应当成为我们同群众交流沟通的新平台，成为了解群众、贴近群众、为群众排忧解难的新途径，成为发扬人民民主、接受人民监督的新渠道。所以，对网络舆论和广大网民，我们一定要多一些包容和耐心。网民对党和政府工作的批评监督，对公共事件、社会问题的看法和意见，由于所掌握信息和自身角度的局限，未必能够做到客观、准确、全面，有些意见可能会有偏颇、错误之处，只要不是故意捏造事实、制造虚假信息，都应该抱着宽容的态度。对网络舆论场中的质疑、批评和监督声音，无论是善意的还是忠言逆耳的，都应当倾听，并最大限度地包容、接纳，有则改之，无则加勉。[③] 要建立"容

[①] 参见中共中央党史和文献研究院编《习近平关于网络强国论述摘编》，中央文献出版社2021年版，第4页。

[②] 参见中共中央党史和文献研究院编《习近平关于网络强国论述摘编》，中央文献出版社2021年版，第70—71页。

[③] 参见《要正确对待互联网监督》，人民网，2016年12月23日，http://media.people.com.cn/n1/2016/1223/c14677-28972939.html，2017年3月10日访问。

错"和"纠错"机制,包容善意批评。

(三) 凝聚社会共识需要制度保障

要把权力关进制度的笼子里,一个重要手段就是发挥舆论监督包括互联网监督作用。对网上那些出于善意的批评和监督,不论是对党和政府工作提的还是对领导干部个人提的,不论是和风细雨的还是忠言逆耳的,我们不仅要欢迎,而且要认真研究和吸取。因此,要发挥网民的主体作用,把他们看作凝聚社会共识的参与者和建设者,而不是被管控的对象。网络信息内容管理制度应当确定相应的原则和机制。对网络言论,要变"拖堵封删"为疏导,变控制舆论为引导舆论,改变那种习惯限制思想、钳制言论,动辄"抓辫子扣帽子打棍子",试图让网络舆论场只有"一种声音、一个调子"的做法,为网络舆论监督创造宽松环境。

凝聚社会共识需要建立和完善政府与官员接受公众及媒体监督的制度。在网上网下构建"舆论的同心圆",就是要接受网络环境下舆论多元化的现实,鼓励人民群众表达意见、看法,倾听民意,顺应民意。

凝聚社会共识需要建立社会各方对话与协商机制,推行社会主义协商民主。在多元化社会背景下,不同社会主体都可以通过自由平等的公共协商参与决策,推进和实现公民有序地参与社会治理。这就要构建网上或网下的公平对话渠道和机制。包括网络媒体在内的主流媒体要充分反映民意,要在公共事务和热点事件中主动发声,积极引导舆论,推动形成共识。政府部门要切实落实信息公开制度,学会网络执政,在社会对话与协商中发挥主导作用,壮大主流舆论,促进网络舆论场的健康有序、向上向善。

社会共识不是空泛地存在着,而是突出体现在每一个具体舆情事件的应对和处理中。舆情应对的做法,要维护和强化,而不是削弱或颠覆社会主流价值观,造成人民群众思想的混乱。网络信息内容治理要切实引导网络舆论、凝聚社会共识,努力促进民间舆论场和官方舆论场由对抗和撕裂转向协和一致的"同心圆"。①

第三节 推动专业媒体参与网络信息内容治理

在大众传播和门户网站时代，专业媒体作为职业把关人在严选和保证信息内容来源的准确性和可信性、提高内容质量，以及制定行业把关标准方面发挥着巨大的作用。社会的深度平台化和平台基础设施化的过程让传统媒体的发展遭遇互联网转型困境，一些报纸、期刊相继停刊、休刊，广播电视媒体遭遇经营困难。但网络平台技术审核的逻辑是效率和对利益的曲意逢迎，既承迎广告商的取向，又迎合受众偏好，无论是从国家政权稳定还是健全公共社会发展的角度，机器和审核员都不能完全取代记者、编辑专业媒体把关人的道德伦理判断、人文关怀和独立的价值判断。

2013年8月19日，习近平总书记在全国宣传思想工作会议上提出，要"加快传统媒体和新兴媒体融合发展"，使主流媒体掌握在线传播的主导权，发挥价值引领的功能。②传统主流媒体在网络内容治理中可以发挥的作用不容忽视，不仅在引导网络舆论、发挥价值引领方面，还在创新和优化网络信息内容治理方式、提升内容质量发挥独特的作用。例如，在网络谣言和虚假信息的治理中，有时候封禁就不是最好的方式，对抗不实消息的最好救济，就是真相。专业媒体参与相关内容的事实核查和监督报道可以很好地消弭不实信息。

2020年，中办和国办印发的《关于加快推进媒体深度融合发展的意见》指出："支持主流媒体搭建内容审核与安全管理平台，向社会

---

① 参见张文祥《凝聚社会共识的渠道、观念和制度条件》，中国社会科学网，2017年4月18日，http://www.hprc.org.cn/gsyj/zhutiyj/419jh/jdpl/201704/t20170418_4144853.html，2023年5月10日访问。

② 参见中共中央党史和文献研究院编《习近平关于网络强国论述摘编》，中央文献出版社2021年版，第13页。

提供第三方服务，提高对全媒体内容导向的把关能力。"① 这就明确了主流媒体提供网络内容审核与媒体融合是一项硬性任务，也是媒体要积极开展的一项新型业务，借此媒体可深度融入网络信息内容多元主体协同治理体系。

专业主流媒体是一种重要的治理资源。在传统媒体时代，专业主流媒体在内容把关方面积累了大量经验，尤其是我国的主流媒体对时政内容具有非常高的跟踪度和敏感性。承接内容审核业务，不仅可以帮助互联网企业增加信息安全系数，让互联网企业降低内容风险、提升内容质量，较为准确地把握内容审核的精确度，减少错删、滥删的可能性。平台越来越多地寻求传统专业媒体把关的建议和帮助，与专业媒体建立合作，这对于很多正处在媒体融合转型中困顿、迷惘的传统媒体来说，也是一条新路，可以作为再造媒体商业模式的探索。② 对构建网络信息内容多元主体协同治理体系来说，专业媒体的参与是一个多方互赢的模式。

目前，很多媒体已经建立了内容风险控制业务机构，开展第三方网络信息内容审核业务。人民网在 2019 年开始筹办对外的互联网内容风控师培训，同时与大型客户签订长期外包服务协议，对中小客户提供云服务平台，提供内容风控服务业务。人民网发布的公告显示，2018 年其第三方内容审核业务收入同比增长达 166%，净利润达 2.15 亿元，是所有增长单元中增长幅度最高的业务板块。内容审核业务成为传统主流媒体的盈利模式，同时也成为主流媒体提供引导力的新方式。③ 据报道，济南已成为新媒体内容审核之都，人民网、凤凰网、一点资讯、字节跳动等审核团队已入驻济南，建立了各

---

① 参见《中共中央办公厅 国务院办公厅印发〈关于加快推进媒体深度融合发展的意见〉》，新华社，2020 年 9 月 26 日，https://www.gov.cn/zhengce/2020-09/26/content_5547310.htm，2023 年 9 月 26 日访问。

② 参见陈安庆《内容审核：传统媒体盈利新模式》，《青年记者》2019 年第 10 期。

③ 参见张杰、毛艺融《平台型媒体内容审核：动因、现状与突破》，《出版科学》2021 年第 29 卷第 6 期。

自的审核基地。① 未来,在平台的内容审核中可以将真实、客观、专业、深度等新闻价值和媒体把关标准纳入总体规则中,让专业媒体提供内容审核价值和是非判断的参考标准,同时增加专业的媒体从业者的价值判断、价值衡量和风险控制,形成"算法与专业编辑相结合"的把关方式。

---

① 参见张刚、葛亮《济南建设"新媒体之都"的路径探索》,《济南日报》2022年3月31日第2版。

第九章　技术治网及其边界：网络信息内容多元主体协同治理的"智治"

在 2022 年年底已基本建成的网络综合治理体系内含了六大体系，其中之一就是技术治网体系。技术在推动实现互联网由"管"到"治"根本转变，丰富完善中国特色治网之道中发挥了重要作用。

随着数字和传播技术的迭代更新，当下正在全面进入智能互联网时代，互联网治理也将迎来一场巨大的变革。传统的信息流通模式被新兴的社交媒体、移动互联网和大数据技术所取代，使信息传播更加迅速、广泛和智能化。这种变革不仅给新媒体产业带来了巨大的发展机遇，也对原有的互联网治理机制提出了严峻挑战。技术赋能的智能治理将在互联网治理中发挥越来越重要的作用。对各种网络虚假和有害信息，在人工甄别和判断的同时还需借助技术手段，否则法律规范和政府监管的要求就难以实现。但技术过滤和处理也有机械生硬、限制过宽等弊端。我们需要结合中国的国情和实际情况，评估网络治理信息技术工具应用现状，系统研究人工智能技术条件下涵盖身份识别技术、网络内容获取技术、图片和语音识别技术、取证技术等的信息技术工具体系和理论，探索建立网络信息治理中技术工具的应用范围、使用程序、操作规范、评价标准，积极推进技术治网，实现网络信息内容治理法治化下的智能化治理（智治）。

第一节　信息内容生成与传播的智能化对网络治理的挑战

当前，随着5G技术、区块链、人工智能等新兴技术的迅猛发展，互联网社会已经进入了一个全新的数字时代。这些前沿技术的应用在信息传播、人与人之间的互动方面带来了巨大革新，大大提升了人的个体自由。通过技术赋能，用户可以随时随地获取到海量的信息资源，以技术为基础的自由性和创造性让每个个体都能够更好地参与网络互动。在网络传播内容泛化的情境下，治理场景的拓展不仅仅是治理范围的适应性延伸，同时也面临着无边界的"失焦"风险。[①] 伴随平台作为一种数字基础设施渗入社会生活的方方面面，平台对信息内容进行把关已经成为一项默认设置。平台内容的治理作为互联网内容建设和管理的重要议题，面临着信息的把关过滤以及监管难度增加、侵权行为频繁、舆论场域主导权下沉等问题，这些问题的加剧导致网络空间内容风险不断显现。

一　网络信息内容的把关过滤与智能审核

南加州大学莎拉·韦斯特（Sarah West）教授认为，内容审核不仅是平台的一种把关和策划行为，也是平台所使用的治理机制。[②] 当下大量的信息内容把关工作是由智能算法技术进行的，从给信息内容的标签分类、判断、筛选和决策都是由智能审核技术完成的，网络信息内容的检测和审核已经转向了全面的自动化和智能化。例如，Face-

---

[①] 参见谢新洲、石林《基于互联网技术的网络内容治理发展逻辑探究》，《北京大学学报》（哲学社会科学版）2020年第57卷第4期。

[②] Sarah Myers West, "Consored, Suspended, Shadowbanned: User Interpretations of Content Moderation on Social Media Platforms", *New Media & Society*, 2018, pp. 1–18.

book 网站称,他们每天都会在 Facebook 和 Instagram 上移除数以百万计的违规帖子和账户,其中超过 90% 的违规内容是由技术自动检测和过滤完成的。网络信息内容生态秩序的维护工作很大程度上是依靠平台完成的,而平台的内容管理工作又主要是依赖自动化审核和过滤技术,技术承担了大部分的平台把关工作。在互联网信息内容治理中,平台对系统内违法、违规和不良信息内容的规制确有必要,但在海量信息面前,平台对于信息的把关往往面临着难以面面俱到的难题,现有技术尚无法支撑如此庞大的审核过滤任务。自动化审核技术在应对规模化海量信息时具有高效率、低成本的优点,但这样的技术应用和执行手段仍然存在很多问题,其对社会和公众利益所带来的增益并没有与其高效率同步提升。

图像识别技术的应用场景包括对色情、暴恐等违法图像和影音等敏感影像的自动检测和过滤。近些年,随着计算机技术的蓬勃发展,图像分类技术已经实现对数字图像的自动分类、过滤和筛查,其核心技术是利用计算机视觉(Computer Vision)算法,让计算机模拟人的视觉感知系统,对视觉图像内容进行自主分析和理解,最终从语义层面对图像内容安全进行自动化判断和识别。[①] 相较于文字,图像更加复杂多样,平台的图像过滤系统需要在数以亿计的图像以及视频帧中提取信息,并对图像背后的含义进行识别和判断。但是,由于目前技术局限,在图像识别技术方面还存在很多缺陷,算法还无法准确地识别、界定和区分图像中的视觉特征和视觉差异,并且这种图像识别依赖于机器对所有图像的类别进行海量数据标注,但图像标注的数量和质量仍然无法达到令人满意的效果。对于短视频的审核则面临着比图像更为困难的审核处境。声情并茂的视频具有更强的交互性,其承载的信息远大于单个形态的文字、图像和音频,视频中往往叠加了文字、

---

① 参见闵少波《弱监督细粒度图像识别技术研究》,博士学位论文,中国科学技术大学,2021 年。

图像和音频多种传播形态。尤其是直播中的敏感信息往往具有即时性、隐蔽性、突发性和海量性的特征。在图像识别尚未达到高效处理的状态下，对于视频的审核把关就困难得多。

此外，平台本身被赋予的治理权力同样值得再度思考。平台的智能审核和过滤技术很大程度上决定了网民可以获取或看到哪些内容，哪些内容能够与网民相遇，平台的筛选、审核和过滤技术所形成的网络空间已经成为人们所能感知到的信息世界。但目前平台的技术审核和过滤仍然存在很多问题。首先，平台虽然声称其在使用智能检测和审核技术审核内容，但实践中普遍使用的仍是较为低阶的关键词屏蔽和过滤技术，且平台的智能审核技术极度依赖资源库、大数据和算法技术的更新和升级来对内容进行自动化识别、分组、排序、判断、处置，这种对技术的升级换代是由平台意志驱动的，通常审核和过滤算法的设计者和应用者更关心算法审核的有效性、执行率、容错率等指标，而公众合法的表达自由及其他权利背后所蕴藏的公共价值却并不是他们关心的重点。这些因素叠加在一起造成了现实中平台的技术检测和审核发生很多误判、错删、滥删的案例。没有一套算法规则是完全中立、公平和公正的。[①] 平台审核和过滤技术背后的目的性偏向让内容管理工作极容易携带技术设计者和应用者的价值观和主观目的。如果算法使用不当，就会产生有害后果，与既定的设置不匹配的内容将会被过滤掉，这套带有强烈价值偏向的审核技术影响着信息内容的可见性。

二 网络信息内容治理的智能化与侵权风险、信息伦理问题

技术的发展创新了互联网内容生产的方式，也更新了内容产出的

[①] Tarleton Gillespie, "The Relevance of Algorithms", in Tarleton, Pablo Boczkowski and Kirsten Foot eds. *Media Technologies: Essays on Communication, Materiality, and Society*, Cambridge: MIT Press, 2014, pp. 167–194.

频率，目前各个社交平台软件均开始将 AI 技术实践到平台应用中，平台内容已经逐渐由 UGC 作品的主流创作方式演变到 AIGC 作品与 UGC 作品并存的局面。AIGC 是指 Artificial Intelligence-Generated Content，即人工智能在已有数据内容的投喂训练下生成创作逻辑，按照一定的规律自动进行内容生产的创作方式，是人工智能 1.0 时代进入 2.0 时代的重要标志。随着人工智能技术的不断改进，通过自然语言处理（Natural Language Processing，NLP）和自然语言生成（Natural Language Generation，NLG）方法，依据用户某些词语或句子自动化生成满足用户需求的人工智能生成内容（AIGC）模式，已成为 Web3.0 时代内容生成的重要方式。[1]

2022 年被称为 AIGC 元年，在此之前的 AI 生成内容还无法称之为 AIGC，往往是简单的文字内容，逻辑也体现出机器与人的割裂差异。而随着大量的 AI 绘画工具涌入市场，这意味着全新的训练模型已经可以处理文字以外的内容输入并加以转化，并且支持文字输入、图像输出的跨模态产出。以 Stable Diffusion 为代表的软件陆续采取开源策略，AI 作图应用程序的开发门槛也得到了显著降低，进一步推动了 AI 概念的发展并达到了崭新的高峰。除了 AI 绘画，主打 AI 文本生产的虚拟聊天软件如 Glow、Claude、Chat GPT，视频生成的 Deepfake、video-GPT 等 AIGC 已经逐渐被人们所熟悉并广泛应用（参见图 9-1）。

2018 年起，"AI 换脸"就已经在社交平台流行起来，但其背后所涉及的个人信息泄露、隐私权、肖像权以及名誉权侵害等问题层出不穷，由此引发的伦理道德和法律问题也饱受争议。随着技术的发展，AIGC 基于风格迁移和模仿生成的内容在深度伪造、有组织信息操控等方面加深了信息伦理问题。[2] 在对 AIGC 创作的内容输入过程，其实也

---

[1] 参见王佑镁、王旦、梁炜怡等《"阿拉丁神灯"还是"潘多拉魔盒"：ChatGPT 教育应用的潜能与风险》，《现代远程教育研究》2023 年第 35 卷第 2 期。

[2] 参见李白杨、白云、詹希旎等《人工智能生成内容（AIGC）的技术特征与形态演进》，《图书情报知识》2023 年第 40 卷第 1 期。

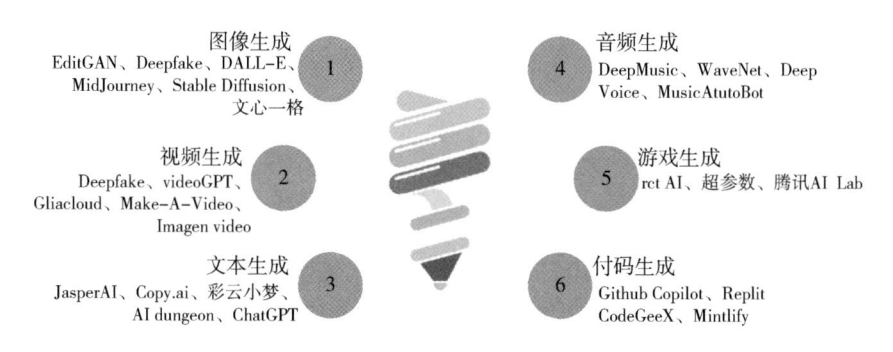

第九章 技术治网及其边界：网络信息内容多元主体协同治理的"智治"

```
图像生成                          音频生成
EditGAN、Deepfake、DALL-E、     DeepMusic、WaveNet、Deep
MidJourney、Stable Diffusion、   Voice、MusicAtutoBot
文心一格

视频生成                          游戏生成
Deepfake、videoGPT、            rct AI、超参数、腾讯AI Lab
Gliacloud、Make-A-Video、
Imagen video

文本生成                          付码生成
JasperAI、Copy.ai、彩云小梦、     Github Copilot、Replit
AI dungeon、ChatGPT             CodeGeeX、Mintlify
```

图 9-1　生成式人工智能功能示意图

是不断披露个人信息的过程，而目前对于个人数据安全保护的立法尚不完善，用户输入的文本信息无法得到安全确实的保障。此外，技术本身存在缺陷，AI 的内容生成对于大多数用户来说是如同算法黑箱一样不透明的运作机制，会阻碍外部观察者的纠偏。其中存在的偏见与歧视也不可忽视，AI 的学习和训练过程中用户输入的原料数据的偏见和歧视会导致生成内容的偏见和歧视，而这种偏见往往因为输入主体的倾向性而被忽略。

相较于 AI 文本生产较为隐秘的侵权风险，AI 绘画等图像生产所涉及的问题则更为明显，冲突也更加激烈，最为冲突的矛盾点就是 AIGC 作品的著作权问题。目前的 AI 绘画软件几乎全部都是在网页上大量抓取他人作品对模型进行训练，而由于作品的海量性以及由此带来的取得授权的困难性，将画师作品投喂训练 AI 的行为往往并不会告知画师本人，侵犯了画师的著作权权益。AI 的学习过程是隐蔽且宽泛的。虽然用户没有感受到 AI 获取作品行为的强制力，但却在用户毫不知情的情况下就将用户作品作为训练模型的"养料"。在 UGC 作品的时代，著作权的侵权行为虽然普遍，但往往有固定的侵权人和权益人，在对版权类内容的管理中，平台需要遵循"通知—反通知—移除"机制，平台在收到版权人的侵权通知后，将该通知转送给上传该内容的用户，用户在收到平台的通知后提供不存在侵权的相关声明，平台再

将该声明转送给版权人，告知版权人定期可向有关部门起诉或者投诉，如果超过期限没有起诉或投诉处理，原内容将被恢复传播，这种机制有效保护了版权人的权益也保障了相关发布者合法言论权利与针对权利主张人的通知发送被通知的权利。但是 AIGC 的流行使得原本的著作权益保护机制出现应用上的困难，进行 AI 模型训练的主体往往是互联网企业或平台本身，用户对于自己作品被使用的行为首先难以察觉，其次难以维权。有些平台甚至在用户使用协议中进行霸权规定。例如小红书作为一个图片社交平台，规定用户在平台所发布的图片"理解并同意，授权平台免费的、不可撤销的、非排他的、无地域限制的许可使用"，且"以已知或日后开发的形式、媒体或技术将内容纳入其他作品"。虽然 AIGC 的使用多以 AI 绘画内容为主要呈现方式，但是其侵权所涉及的受害群体绝不仅是以绘画为创作方式的创作群体。除却著作权外，以假乱真的 AI 图像造成的信息污染对于公众知情权的侵害，AI 换脸生成图像对于用户肖像权、名誉权的侵害，都将技术所造成的隐秘的治理难题从幕后转移至台前。

三 网络舆论反转、群体极化、信息茧房等问题频发

在互联网的海量信息传播中，技术的推动、情绪的表达以及资本的倾向等多种要素都对网络舆论场的偏向造成了影响，大量网络谣言、失实信息、负面情绪发泄等非理性内容衍生出网络舆情危机、舆论反转等社会问题。在传统媒体时代，信息的传播受到一定的秩序要求，按照既定的传播方式和流程展示信息以维持公众与外界的联系。随着互联网技术的兴起发展，信息传播的方式和形式发生了根本性的改变。社交媒体平台的快速发展和普及，使得信息传播不再受限于时间和空间的限制，传统的信息传播秩序被打破，公众可以随时随地获取并产生信息。这种去中心化的信息传播模式，为公众与外界的联系带来了更多可能性和便利性。同时，社交媒体的互动性和参与性也让公众成

为信息的创造者和传播者，大大拓展了传播渠道和覆盖范围，使信息传播形成了一种多向、多维度、多角色的格局。这种新型的信息传播模式对传统媒体的传播秩序提出了新的挑战，技术赋权下的个体自由极大提升，与此同时，舆情治理的法律边界反而被冲淡模糊。网络媒体的问世使得普通大众具备了信息的生产、发布和传播的能力，也为民众参与政治活动提供了一个在线的空间平台。多元复杂的信息主体取代了传统媒体的主导地位，网络媒体的出现创建了一个民众参与政治的新网络领域，同时也改变了以往传统媒体对公共话语的控制方式。

在内容的产出过程中，网络作为一个全民参与的舆论场，容纳了多元化的价值观念、公共化的社会议题和普遍性的日常讨论，由此形成的对公共事件的讨论往往充满喧嚣，"沉默的螺旋"效应在舆论场中被无限放大。在情绪的裹挟下，用户更加关注反映大众情绪的信息而非客观真实的事实，当前的网络舆论只能够反映出部分网民的观点和利益诉求。[1] 用户的情绪被点燃后，民众认同的激进情绪极易形成群体极化，稀释背后真正的民意。而在大规模的社会热点事件中，在网络舆论和话题的操纵中，网络水军通过捏造虚假信息制造一种虚假的数据流量，从而达到操纵网络舆论和话题的目的。[2]

信息时代的到来使得信息的传播更加便捷和迅速，复杂泛滥的信息给人们带来了许多选择的机会和可能。网络空间中，各种观念和价值观交织在一起，形成了多元的文化氛围。这种多元性给主流价值观的地位带来了一定的挑战和威胁。且在各个平台都普遍使用算法技术的当下，由于信息内容复杂性，单纯依赖算法程序很难完全确保信息的真实可靠，尽管算法程序在信息内容的筛查和审核方面具备一定的

---

[1] 参见张志安、张美玲《互联网时代舆论引导范式的新思考》，《人民论坛·学术前沿》2016年第5期。

[2] 参见周建青、张世政《信息供需视域下网络空间内容风险及其治理》，《福建师范大学学报》（哲学社会科学版）2023年第3期。

能力，但在准确把握和判断信息内容的真实价值这一点上仍存在一定的局限性。算法过滤技术一味迎合用户个性需求所建立起的同温层（filter bubble），阻挡了社会中重要但复杂或令人不快的信息。① 算法程序的推送系统会将用户禁锢在信息茧房之中并不断加固这个同质化信息推送的场域，用户所接触到的信息是被控制筛选过的选择性展现，违背了互联网所赋予的用户平等接触任何信息的通道的初衷。失去对其他异质性信息内容和观点意见不期而遇的机会，也就失去了知情权的基本保障，知情权又是言论自由的前提，一个闭目塞听的人是谈不上有什么意见可以表达的。② 只有社会公众能够全面、客观、广泛地知晓他们所关注的事件与问题，才能对事件与问题有所议论，各抒己见，进而才有可能形成正确的、有益于或至少不侵害社会整体利益的社会舆论。③

四　生成式人工智能促动信息秩序变局④

2022 年 11 月横空出世的 ChatGPT 短短 3 个月内吸引用户过亿，成为引发生成式人工智能浪潮的现象级应用。Stable Diffusion、Midjourney、文心一言（ERNIE Bot）等生成式人工智能趁势勃兴。作为一种具有重大变革意义的新兴媒介技术，生成式人工智能正在嵌入智能传播格局，成为撬动互联网信息秩序转向的关键变量。

ChatGPT 在生成式人工智能发展史上具有里程碑意义，是一项革命性的人工智能技术，问世后迅速激发出国内外学术界巨大的研讨热

---

① Eli Pariser, *The Filter Bubble: What the Internet Is Hiding from You*, The Penguin Press, 2011, p. 86.
② 参见魏永征、周丽娜《新闻传播法教程》，中国人民大学出版社 2019 年版，第 25 页。
③ 参见童兵《"四权"建设：拓宽舆论表达渠道的突破口》，《中国地质大学学报》（社会科学版）2010 年第 10 卷第 3 期。
④ 本部分内容参见张文祥、沈天健、孙熙遥《从失序到再序：生成式人工智能下的信息秩序变局与治理》，《新闻界》2023 年第 10 期。

情。喻国明等指出，以 ChatGPT 为代表的预训练生成式人工智能应用，不仅能对多维场景中的复杂任务进行集成，更具备接近真人对话的人机交互体验。[1] 这种人机交互体验的产生与大模型算法、大数据和大算力技术密切相关，在三大关键技术的支持下，ChatGPT 依托大型语言模型（Large Language Model，LLM）创建人类偏好数据，持续训练反馈模型，生成一种较为理想的新型人机交互模式[2]，在拟真度层面实现跃升的同时逐步走向通用人工智能（Artificial General Intelligence，AGI）[3]，激发媒介生态的巨大变局。

ChatGPT 开启了"人机共在"的新主体时代——在此之前，机器向人学习；在此之后，人开始向机器学习[4]。人与技术不再是主客二分，而是会逐渐变为相互的委托者、延伸者和赋能者，实现主体共在。显然，人与机器之间的"不可通约性"被以智能技术为主导的人机传播所打破，人类传播的本体论根基受到撼动[5]。姜泽玮直言，人已不再是万物的尺度[6]。在可见的未来，人与人工智能技术将在"互构"与"互驯"中持续博弈[7]，前者将在赛博格化改造中实现"人机嵌生"[8]，而后者将在"社会化建构"中被赋予人类角色身份[9]。机器的深度进化激起人类的深度省思，而逐渐"AGI 化"的 ChatGPT 无疑催

---

[1] 参见喻国明、苏健威《生成式人工智能浪潮下的传播革命与媒介生态——从 ChatGPT 到全面智能化时代的未来》，《新疆师范大学学报》（哲学社会科学版）2023 年 5 月 10 日。
[2] 参见朱光辉、王喜文《ChatGPT 的运行模式、关键技术及未来图景》，《新疆师范大学学报》（哲学社会科学版）2023 年第 44 卷第 4 期。
[3] 参见喻国明、苏健威《生成式人工智能浪潮下的传播革命与媒介生态——从 ChatGPT 到全面智能化时代的未来》，《新疆师范大学学报》（哲学社会科学版）2023 年 5 月 8 日。
[4] 参见张生《ChatGPT：褶子、词典、逻辑与意识形态功能》，《传媒观察》2023 年第 3 期。
[5] 参见全燕《基于"奇点假说"的人机传播范式建构》，《南京社会科学》2021 年第 12 期。
[6] 参见姜泽玮《功能局限、关系嬗变与本体反思：人机传播视域下 ChatGPT 的应用探讨》，《新疆社会科学》2023 年 5 月 10 日。
[7] 参见蒋晓丽、贾瑞琪《论人工智能时代技术与人的互构与互驯——基于海德格尔技术哲学观的考察》，《西南民族大学学报》（人文社会科学版）2018 年第 39 卷第 4 期。
[8] 参见闫桥、陈昌凤《传播生态变革与人机传播的未来》，《青年记者》2023 年第 2 期。
[9] 参见陈昌凤《人机何以共生：传播的结构性变革与滞后的伦理观》，《新闻与写作》2022 年第 10 期。

化了人类关于"人之为人"的思索。机器的人类特征"被赋予"是人类寻求技术及自身突破的表征,但人类也将在技术内嵌的工业化标准中成为孤立的个体①,以 ChatGPT 为代表的生成式人工智能迫使人类重新思考技术的价值,使其在人与机器的双向建构中再次明确自身的地位,并逐渐接纳机器作为与人类共在的社会行动者主体之一的身份——人与机器,已然"互为尺度"。②

在以 ChatGPT 为代表的生成式人工智能浪潮下,人类的文化地图与认知图景将面临何种颠覆的问题尚在思索之中,而媒介生态巨大变局下的信息秩序变革已然走入眼底。ChatGPT 将现有信息秩序带入人工智能内容生成(AI Generated Content,AIGC)阶段。信息秩序在宏观上表现为信息系统的底层运行逻辑与多主体间的协调交互,在中观层面涵括信息生产规则的共守,在微观层面表现为信息样态的呈现。生成式人工智能在宏观、中观与微观层面分别重塑了现有信息秩序,亦涵盖了当前学界对生成式人工智能的主要研讨方面。

宏观层面,信息秩序能够有序运转的重要基石是稳态的信息伦理规范体系,而信息传播有赖于媒介技术的承载与技术逻辑的支配,因此,信息伦理的规范主要依靠于技术伦理的共识。而技术伦理具有历时性,过去的技术伦理未必适用于对未来技术的研判③,以 ChatGPT 为代表的生成式人工智能会将传播伦理引入全新的规约局面,在具身认知④、信息伦理⑤、数据规制⑥等方面激发信息治理挑战。作为信息

---

① 参见林升梁、叶立《人机·交往·重塑:作为"第六媒介"的智能机器人》,《新闻与传播研究》2019 年第 26 卷第 10 期。
② 参见彭兰《人与机器,互为尺度》,《当代传播》2023 年第 1 期。
③ 参见江潞潞《智能交往,未来已来——"激荡 AIGC"数字交往八人谈观点综述》,《传媒观察》2023 年第 3 期。
④ 参见唐林垚《具身伦理下 ChatGPT 的法律规制及中国路径》,《东方法学》2023 年第 5 期。
⑤ 参见顾理平《技术的工具性与人的成长性:智能技术进展中的伦理问题——以 ChatGPT 智能应用为例》,《传媒观察》2023 年第 3 期。
⑥ 参见郑永和、丁雨楠、郑一等《ChatGPT 类人工智能催生的多领域变革与挑战(笔谈)》,《天津师范大学学报》(社会科学版)2023 年第 3 期。

秩序运行主体的人类在生成式人工智能的介入中出现边缘化风险，"模糊了人类要素与非人类要素的边界"①。

中观层面，生成式人工智能打破信息生产规则，刺激信息价值链的重构再造。信息价值的实现主要依靠三个环节，即信息内容的生产、分发与消费；而信息生产规则主要围绕内容生产与分发。生成式人工智能将首先冲击部分人力密集型环节，并取代某些常规程式的内容生产环节②，描摹以用户个性化资讯进行信息整合生产的"提问式新闻"前景③，大大缩减生产流程。虽然 AIGC 解放了信息生产力，但是其所用来训练的部分虚拟数据资源或被异化，模糊了真实与非真实的界限④，由此，信息生产规则也逐渐从时效性偏向真实性。在内容分发上，生成式人工智能亦能够借助算法对不同文化与语言风格进行智能学习，将聚类、标签化的信息精准分发至多元受众。⑤

微观层面，生成式人工智能催生信息新样态，推动信息消费转型。大规模模型为生成式人工智能提供了更为精准的用户意图提取方式，从而改进了生成结果⑥，使用户能够个性化定制信息并消费，信息价值链自此完成闭环。

由此可见，生成式人工智能在重塑现有信息秩序的同时，亦不可避免地对"社会结构构成了真实而迫在眉睫的威胁"⑦，社会权力将面

---

① 参见喻国明、李钒《内容范式的革命：生成式 AI 浪潮下内容生产的生态级演进》，《新闻界》2023 年第 7 期。

② 参见吴小坤《ChatGPT 信息"革命"对新闻业的冲击与挑战》，《探索与争鸣》2023 年第 3 期。

③ 参见张洪忠、王彦博、赵秀丽《热点生产：ChatGPT"破圈"的网络扩散研究》，《现代出版》2023 年第 2 期。

④ 参见谢梅、王世龙《ChatGPT 出圈后人工智能生成内容的风险类型及其治理》，《新闻界》2023 年第 8 期。

⑤ 参见喻国明、郭超凯、王美莹等《人工智能驱动下的智能传媒运作范式的考察——兼介美联社的智媒实践》，《江淮论坛》2017 年第 3 期。

⑥ Cao Y., Li S., Liu Y., et al. "A Comprehensive Survey of Ai-Generated Content（AIGC）：A History of Generative AI from Gan to Chat GPT"，2023，http：//arXiv preprint arXiv：2303.04226.

⑦ 参见陈元、黄秋生《ChatGPT 技术中的人工智能伦理风险及其科学祛魅》，《湖南科技大学学报》（社会科学版）2023 年第 26 卷第 3 期。

临再次转移与重新分配。以 ChatGPT 为代表的生成式人工智能将在极大程度上重构互联网信息生态。如钟祥铭、方兴东等学者所论，ChatGPT 的本质是信息，其影响社会的底层基础依然是传播问题。[①] 在信息生态面临百年未有之大变局时，稳定智能传播格局下的信息秩序成为题中应有之义，而学界当前鲜有提及。有鉴于此，如何发掘生成式人工智能造成信息秩序失衡的隐患并寻绎新智能情境下信息秩序的复归进路，成为本书着重探讨的信息治理之问。

第二节 网络信息内容技术治理存在的缺陷与问题

信息内容治理既需要强调目的本身的正当性，也需要重视手段和程序的正当。人机结合的把关模式是迅速且高效的，但这套机制并不完美，依然存在着很多不可忽视的问题，其有效性支撑了合法性，但其背后是否合法合理却并不透明。

一 技术垄断导致协同治理实现困难

在内容生产主体上，我国拥有世界上规模最大的网民群体。在内容应用场景上，我国形成了高度嵌入于关系紧密型社会形态的信息服务平台化发展趋势。[②] 在网络信息内容治理中，平台自治规则与法律法规并行并施，两种"法"虽然在制定主体、实施方式、效力机制等方面存在着较大差异，但二者在功能上和目的上都是网络空间治理的一种手段和工具[③]，对用户而言都具有约束力和执行力。平台规则是

[①] 参见钟祥铭、方兴东、顾烨烨《ChatGPT 的治理挑战与对策研究——智能传播的"科林格里奇困境"与突破路径》，《传媒观察》2023 年第 3 期。
[②] 参见谢新洲、石林《基于互联网技术的网络内容治理发展逻辑探究》，《北京大学学报》（哲学社会科学版）2020 年第 57 卷第 4 期。
[③] 参见罗英、谷雨《网络平台自治规则的治理逻辑》，《学习与实践》2021 年第 8 期。

建立在法律法规基础上，吸收、具化、发展了法律法规的要求，与国家法律规则相比，平台规则对消费者与平台内经营者利益的影响更直接也更具体[①]，程序性规则通常包括争议处理规则、侵权申诉规则、版权保护投诉治理等，与详细、充实、数量庞大的实体规则相比，程序性条款就要简约得多，通常只有轻描淡写的几项条款，并且内容和条款语言表述相当模糊，诸如"将根据违规程度对账号采取相应的处理措施"之类的表述，很多政策条款没有提到如果用户不满如何上诉及相关的信息公开和权利救济问题。通过重实体轻程序、用户义务多于权利的规则结构设置，平台获得巨大的治理权力和治理权威。

平台治理具有很多优势，无论是在规制资源、规制技术、规制成本，还是接近违法违规内容、灵活性、应变能力等方面都比传统的政府规制更具优势，在法律没有介入和不宜介入的事项中，平台也可以制定相应的规则，因此平台治理范围比传统法律规制范围更广，也更为灵活。但网络信息内容的平台治理中存在明显的过度把关和把关不足侵犯公民合法表达自由权利、背离公共利益的现象。互联网的商业化取向进一步导致治理资源配置不均，技术发展的先进互联网背后，数字鸿沟和核心技术差距的显著存在构成了网络治理中的一个重要问题。以政府为主导的治理主体在面对庞大治理对象和资源相对短缺的结构性困境时备受挑战。在平台对技术垄断的前提下，这种权力异化和治理失范现象未得到有效规范和约束，与政府监管相比，平台治理既可能比政府监管更严格，也可能更为宽松，其对内容的监管是不可预测的，公众个人权益和公共利益被暴露在较大的风险当中。

自动化决策技术由于其专业性和隐蔽性所带来的"黑箱"特性，

[①] 参见刘权《网络平台的公共性及其实现——以电商平台的法律规制为视角》，《法学研究》2020年第42卷第2期。

使其所带来的风险更加不易觉察①，这就为平台在管理信息内容的过程中滥用权力、获取私利提供任意操作的空间。正如普朗坦（Plantin）等学者所指出的，作为一个专有的、很大程度上不透明的平台，像是一个榨取利润的筛子在过滤我们的日常交流行为，为广告商和其他的利益部署用户的活动和亲密关系，而这又反过来进一步为平台的社交图谱提供了数据。②这种操作是隐蔽的，外界很难知道自己发布的内容已经被沉帖或降级了，最终增强了平台塑造我们交流行为的权力。隐蔽的审核机制让私人干预、操纵公共舆论、影响公众表达、固化社会偏见等变得更难觉察，有学者在研究平台文化逻辑下有关女性主义文化、身份和自我感知的内容时发现，平台的不透明产生了一种让人愉悦的环境——粉丝效应，它分散了人们对大众女性主义的平庸和商业性的关注，其夹带的商业广告的快乐劝勉容易被接受，但却使女性主义话语变成了一种肤浅的情感力量和别有用心的商业推广。③治理的不透明不仅使公众失去了对网络信息内容治理合法的知情、参与、表达和监督权，还造成信息内容可见性的不公平、资源分配不均，我们不知道哪些关键的言论和观点消失了，某些内容为何比其他部分内容获得更大的推荐权重，这又进一步加剧平台与用户、大型平台与中小平台、头部内容创作者和其他作者之间的权力势差固化和不对等结构，加剧社会的不公平。

二 智能技术对用户隐私和个人信息的侵害

互联网的匿名性带来了一种"自由"的错觉，技术的发展使得媒

---

① 参见浮婷《算法"黑箱"与算法责任机制研究》，博士学位论文，中国社会科学院，2020年。
② Plantin J. C., Lagoze C., et al., "Infrastructure Studies Meet Platform Studies in the Age of Google and Facebook", *New Media & Society*, 2016, 20 (1), pp. 1–18.
③ 参见全燕《算法驱策下平台文化生产的资本逻辑与价值危机》，《现代传播（中国传媒大学学报）》2021年第43卷第3期。

介接触的门槛降低,传统专业"把关人"的身份也被逐渐消解,互联网的信息内容质量参差不齐,真假难辨。隐匿在暗处的信息窃取、网络诈骗、网络谣言等犯罪行为给互联网用户的安全和权益带来了严重威胁,也对社会秩序和公共利益造成了严重影响。互联网赋予了用户内容生产与传播的权力,这种虚拟的权力有时混杂着一些不合规的手段。[①] 为了追逐经济利益,部分用户利用技术绕过监管,探寻平台存在的隐私保护漏洞,采取了偷窥、偷拍、偷录等手段对个人隐私进行侵犯。这种行为严重践踏了正常用户的隐私权,对私人领域造成了严重的侵害。这种非法行为不仅损害了个人的尊严和权益,是对个人隐私的僭越,也破坏了互联网生态环境,对社会秩序和公共利益产生了不良影响。

以"个人信息""隐私"等关键词在北大法宝数据库进行检索,涉及的案例超过1万件。一方面,技术带来的问题不仅发生在内容的传播过程中,如前文所提及的暗网上的数据交易行为,这种问题发生在互联网的隐秘角落,通常不会被人发觉。另一方面,技术带来的问题则是所有用户都需要直面的,即产生问题的是内容本身,有害内容传播问题日益凸显。网络谣言、网络暴力等有害内容在互联网上流传广泛,并对国家安全和社会稳定构成重大威胁。互联网技术的革命性创新为整个社会创造了一个全新的虚拟世界,其庞大的参与人员数量和广泛的圈层涉及范围,让我们不得不重新思考传播的边界。这里的边界已不再是虚拟和现实的界线,也不再是传统媒体和新媒体之间的界限,而是内容传播的界限。在互联网的多元文化碰撞中,我们需要重审和定义内容传播的边界,而网络上泛滥的有害内容正在不断模糊消解这个边界。技术带来的匿名性同样模糊了用户个人主体的身份识别,个人隐私保护与治理要求公开正面临着矛盾冲突。

---

① 参见孟艳芳、刘子诠《互联网中的"隐秘角落":审视暗网和匿名路由技术发展带来的内容传播问题》,《中国出版》2021年第7期。

三 "人机合谋"加剧网络社交传播失范和伦理风险

虽然当前专业"把关人"的地位已经被逐渐取代,但实际上网络空间信息内容的传播和推送都经过了把关,把关的主体由专业编辑转变为人+机器。在信息传播过程中,内容必须经过平台的筛选和审核才能进入面向受众的传播范围。作为信息传播平台,平台运营团队会对不符合规定的内容进行及时处理。然而,随着社交平台用户生成内容(UGC)特性的增强,平台的把关效率逐渐下降。对于内容的发布,大多数平台采取的是弱把关的机器审核模式,即设定敏感关键词或画面,当违规内容与之匹配的时候会自动进行屏蔽。但这种技术已经无法适用于互联网如此庞大的UGC创作群体的内容传播。简单一刀切地进行删除、屏蔽虽可避免违法有害信息传播,但也会对正常信息和正当表达造成阻碍,造成平台把关权力的滥用。在移动社交的传播环境下,普通用户已取代专业媒体成为网络空间的信息生产和传播主体,他们往往并不具备专业的新闻生产和传播能力,对信息的客观、真实、全面缺乏足够的把握能力,容易受到误导而以偏概全,或情绪化传播,产生误导公众等不利影响。

人工智能的盛行也代表着新一代的智能信息技术已经应用于平台,但平台并没有建立起约束新技术的技术反制。社交机器人通过算法的支持,利用网络社交平台进行病毒式传播。通过模仿人类用户的特点,社交机器人的算法能够巧妙地规避平台算法的监测,利用社交平台的传播特点将信息扩散到更广泛的范围内。机器人的效率是人类无法超越的,依托人工智能技术泛滥的社交机器人更是依靠其庞大的数量干扰着用户的正常社交。微博的水军机器人混杂在正常用户中,抓取正常用户生产的内容自行发帖,营造出类人的假象,甚至由此衍生出一种"僵尸文学",由机器人AI生成的内容,有些意义不明、逻辑不通的词句带有其机器的冰冷特色,兼有类人的情感,混杂在网络社区中,侵占着正常的社交领域。抓取用户生产的内容涉嫌侵犯用户隐私，生成意义不明的信息伪装用户，继而可以进一步传播虚假信息、操纵引导舆论。对于某些社会热点事件，水军机器人往往会大量参与其中，用户难以识别这些信息来源的真实身份，极易陷入机器人制造的虚假舆论，改变人们对于社会实践的认知或煽动起公众的情绪，数据的准确性失去保障。而这些水军机器人不仅没有得到平台应有的治理，甚至在平台上明码标价进行售卖，如微博上的明星粉丝控评、社交舆情骂战背后几乎都有人在试图操控舆论走向。社交机器人作为社交平台的一部分，不可忽视其在信息传播中的重要性。社交平台信息传播呈现智能化的趋势，"人机合谋"加剧了网络社交平台传播失范和伦理风险，迫切需要有效的治理措施。

四 生成式人工智能对现有信息秩序的影响

信息失序是指互联网场域中异质性信息的流散传播，而造成现有信息秩序的失衡。有学者将信息失序简明概括为"信息环境受到干扰"，并将"虚假信息"（disinformation）、"错误信息"（misinformation）和"恶意信息"（malinformation）视作信息失序的三种涵盖类型[①]。当前，学界对虚假信息、错误信息与恶意信息的界定并无明确界限，本书参考胡宏超[②]、杨洸、沈正赋[③]等人的观点，在生成式人工智能语境下对三种类型信息作出如下界定（见表9-1）：虚假信息是指具有主观倾向性的不实信息；错误信息是指真实性中断的不实信息，但并不包含传播主体的主观意图；恶意信息是指意图造成负面影

---

① 参见杨洸、郭中实《数字新闻生态下的信息失序：对数据主义的反思》，《新闻界》2021年第11期。
② 参见胡宏超、谢新洲《"虚假信息"的概念分析与对比辨析》，《新闻爱好者》2022年第10期。
③ 参见沈正赋《社会风险视野中网络舆情的生成、传播及其信息治理——基于新冠肺炎疫情网络信息的梳理与阐发》，《安徽师范大学学报》（人文社会科学版）2020年第48卷第5期。

响的真实信息。需要注意的是,由于生成式人工智能所获得的数据具有时间局限性(如 ChatGPT 的供给数据截至 2021 年),因此该三种信息类型的界定必须在特定情境之下,不能将生成式人工智能无法更新或处理的信息视为导致信息失序的异质性信息。

虚假信息、错误信息与恶意信息的扩散传播是信息失序的重要动因与主要形态。信息失序并非生成式人工智能出世后的一种新现象,但以 ChatGPT 为代表的生成式人工智能的发展却加速了信息失序问题的生长与更新,并且转变了信息失序问题的传统形态,其作用于信息传播全过程而产生颠覆性影响。

表9-1　　生成式人工智能语境下虚假信息、错误信息与恶意信息的界定与辨析

	真实的	客观的（针对信息内容本身）	情境的	包含意图的（针对信息传播主体）
虚假信息	否	否	是	是
错误信息	否	否	是	否
恶意信息	是	是	是	是

(一)喂养的偏狭：阻滞人机交往秩序

生成式人工智能的信息输出能力主要来源于数据的输入与模型的训练。以 ChatGPT 为例,其基于生成式预训练的变换器(Generative Pre-trained Transformer, GPT),从太字节(terabyte)级训练数据中学习隐含的语言规律和模式,训练出千亿级别参数量的大型语言模型[①],从而生产"拟人化"的新信息内容。因此,生成式人工智能背后的主导者以偏狭的"喂养"方式向生成式人工智能投送异质性信息数据,后者可能发生训练缺陷,生产出虚假信息、错误信息、恶意信息等异质性内容,阻滞人机之间的正常交往进而致使信息秩序出现紊乱。

---

① 参见郑永和、丁雨楠、郑一等《ChatGPT 类人工智能催生的多领域变革与挑战(笔谈)》,《天津师范大学学报》(社会科学版) 2023 年第 3 期。

首先，生成式人工智能会因虚假数据的投喂而产出干扰认知的不实信息。虽然生成式人工智能本身都有严格的程序限定，不具有传播不实信息的主观意图，但生成式人工智能的输出呈现是以人类的数据供应为前提的，即生成式人工智能"为人类的服务程度首要取决于人类对技术的养成程度"。[①] 这意味着，如果具有不良意图的用户以本身具备主观倾向性的虚假信息数据"喂养"生成式人工智能，后者在反馈训练的过程中很有可能会生成"拟主观"性的虚假信息，并将其传输给与之对话的用户。这些虚假信息作用于用户自身的意义阐释与定位系统后，会在一定程度上混淆接收主体的自我视听，造成人机传播受阻。

其次，喂养的偏狭将为生成式人工智能提供输出错误信息的巨大可能性——海量数据导致误判，强大算力自洽逻辑最终变成"一本正经地胡说八道"。生成式人工智能背后的语言模型好比"随机鹦鹉"（stochastic parrot），只会从海量训练数据中抽取语言形式并无序拼合，其学习算法并不能真正理解数据的实际意义[②]，因而在无法辨明学习问题时出现"自信满满言之凿凿地输出错误内容"的"幻觉"（hallucination）情况[③]。当错误信息与人的认知结构进行碰撞时，易于辨识的错误信息只会与其发生"物理反应"，最终被"拒之门外"，而那些含糊不清的、模棱两可的、能够以假乱真的错误信息则很有可能在生成式人工智能的粉饰下与人类认知结构发生"化学反应"，被当作某种新知识进入人类大脑，最终对人类的认知与学习产生干扰。因为权威知识可以通过足够的数据和足够强大的计算能力而被"凭空创造"。[④]

---

① 参见王建磊、曹卉萌《ChatGPT 的传播特质、逻辑、范式》，《深圳大学学报》（人文社会科学版）2023 年第 40 卷第 2 期。
② 参见胡泳《超越 ChatGPT：大型语言模型的力量与人类交流的困境》，《新闻记者》2023 年第 8 期。
③ 参见方师师、唐巧盈《聪明反被聪明误：ChatGPT 错误内容生成的类型学分析》，《新闻与写作》2023 年第 4 期。
④ 参见王俊美《ChatGPT 改变人类知识生产方式》，《中国社会科学报》2023 年第 3 期。

最后，生成式人工智能可能将恶意信息夹带于人机对话之中，将有偏见的内容以看似正确、权威的方式进行陈述。例如，艾格蒙（Agomuoh）在 ChatGPT 关于种族与性别的态度表示中发现其生成的答案往往更偏爱白色人种和男性。① 这与 ChatGPT 背后的"AI 喂养师"和主要用户群体有很大关联。除多方"吸取"数据之外，ChatGPT 的技术所有者 OpenAI 公司还会采取有监督微调（Supervised Fine Tuning，SFT）方式训练初始模型，其中可能存在价值偏好的数据集（Data Set）将被用来训练数据奖励模型（Reward Model，RM），最后由公司将 SFT 与 RM 模型结合并利用近端优化策略算法（Proximal Policy Optimization，PPO）进行模型调整与迭代。② 在迭代过程中，训练人员自身的文化背景与社会属性必然会导致"投喂"过程中"私货的夹带"，并且，ChatGPT 等生成式人工智能所收集的数据往往来源于声量较大的数据集，当某些观点因支持群体数量较少时，这些小声量数据或被边缘化，使得 AIGC 缺乏多元性与包容性。当生成式人工智能在持续性数据"吞咽"中被驯化出排他性偏见后，会在算法感知下将其逐渐"奉为正朔"，使生成内容本身就烙印有饲喂主体与数据的刻板印象，可能会被具有恶意目的的行动主体所利用，以技术权威支配对话或实施恶意行为，阻滞正常的人际交往。在偏见性数据的吞噬与前台内容的呈现过程中，信息的"可见性"将得到生成式人工智能的筛选与权衡——即使生成式人工智能所呈现的信息都是准确的，其也能够通过信息算法与"议程设置"将正面与负面信息的呈现比例进行选择性调配，以看似中立的内容生产遮蔽真理，于隐性之间完成恶意信息的输送，进一步强化接收主体的认知偏见，甚至是心理仇恨。

---

① Agomuoh F.，"The 6 Biggest Problems with ChatGPT Right Now"，https：//www.digitaltrends.com/computing/the‐6‐biggest-problems-with-ChatGPT-right-now/.
② 参见方师师、唐巧盈《聪明反被聪明误：ChatGPT 错误内容生成的类型学分析》，《新闻与写作》2023 年第 4 期。

（二）使用的偏误：扰动信息秩序结构

信息秩序结构的稳态依赖于信息文本、信息主体与信息环境三者的相互调衡，作为信息主体的用户将生成式人工智能所创建的信息文本置入信息环境的过程即为信息秩序的运转逻辑。当秩序结构中的三要素出现异态时，信息秩序结构也会发生相应的失衡。在信息秩序结构中，信息主体拥有最大的能动性与影响力——虽然生成式人工智能的传播尚被局限于人机交流之内，其本身也无意将人类作为"延伸"，但具备主观能动性的人类却能够将生成式人工智能所生产的内容作为信息在人际传播网络中进行扩散，进而蔓延至大众传播、群体传播的过程之中。当信息主体对生成式人工智能的使用发生偏误时，则会释放异质性信息，加剧秩序的失调程度。因此，信息秩序结构的正常维持与运转取决于秩序内多元信息主体的和谐。

在信息主体接收信息文本的过程中，生成式人工智能所创建的部分信息文本已因喂养的偏狭而异变，当人类由于缺乏甄别能力而将该部分信息向外扩散时，必然会污染正常的信息环境，造成失序的可能。此外，当人类原本便含有不良的使用目的并"煽动"生成式人工智能输出失序信息时，其他信息主体的权益可能受到损害，信息秩序结构也会受到冲击。

生成式人工智能技术的不当使用会生成大量虚假信息，在传播扩散的过程中消耗主体间信任资本。Stable diffusion、文心一言等生成式人工智能均已具备 AI 作图的算法能力，若信息主体以特定指令使生成式人工智能生成不实图像，或放任诸如此类的媒介合成物流入相关产业而"以假乱真"，则会损害相关信息主体的权益，阻碍信息流通。虽然在生成式人工智能初期，虚假信息的甄别难度尚在可控范围之内，但是生成式人工智能以数据中心主义为指导的训练模式使其本身具备极强的自塑性，能够通过单一用户的个性化数据逐渐契应用户偏好，以自适应能力为用户定制独特的信息输出模型。当"别有用心"的用户群体对生成式人工智能进行规模化的刻意训练后，生成式人工智能或将"作茧自缚",以定制性信息的持续输入将自身模型困于"信息茧房"之中,进而产生精准且高效的虚假信息生发模式,对信息秩序的干扰量级将会呈指数型增加。

同时,生成式人工智能的内容生产可能导致错误信息在"拼合"生产中被捏造而出。ChatGPT甫一面世,就被大量用户当作知识学习的渠道与工具,然而,ChatGPT所生成知识文本并不会标注来源,可靠性与准确性均无法保证,即使用户本身博闻强识,也无法对ChatGPT从海量数据中糅合的知识进行逐一甄别。ChatGPT所生产的错误信息很有可能会紊乱用户的解码,并难以避免地进入节点传播的信道之中,污染用户间交流沟通的信息环境。当以ChatGPT为代表的生成式人工智能将错误信息传递给用户后,用户会先行实施人内传播,对错误信息进行过滤或接收,若用户未能甄别出错误信息而将其接收,则可能转身面向自己的社交网络,将错误信息二次传递,而再次接收的用户或又将进行更多轮次的传递,加大错误信息的传播效果。ChatGPT曾在与学者的对话中提到自身具有"反身性"(Reflexivity)而能够纠正部分不良数据①,但本书认为事实并非如此。反身性原本指涉人类自身,吉登斯(Giddens)将反身性指为个体在消解中自省,能够在自我问询与反思中再次嵌入现代社会以实现自我认同。② 错误信息的广泛传播将为ChatGPT再次创造可供训练的海量数据(尽管这些数据本身是错误的),由此,诸如ChatGPT的生成式人工智能纵然具备类似于反身性的自我纠错机制,这种机制也会在错误数据的再次汲取并训练认同的过程中失去作用。

生成式人工智能还可能会以恶意信息对其他社会行动主体实施恶意行为。类似于ChatGPT的复杂语言模型具有被用于制造垃圾邮件、

---

① Balmer A., "A Sociological Conversation with ChatGPT about AI Ethics, Affect and Reflexivity", *British Sociological Association*, 2023, pp. 1 – 10.
② 参见[德]乌尔里希·贝克、[英]安东尼·吉登斯、[英]斯科特·拉什《自反性现代化——现代社会秩序中的政治、传统与美学》,赵文书译,商务印书馆2014年版。

深度伪造内容或参与网络欺凌的可能。部分信息主体或可隐匿于生成式人工智能的幕后，窃取商业、技术等行业机密，如三星员工将公司内部半导体数据上传到 ChatGPT 以寻求不同方面的帮助，导致三星重要技术机密遭遇窃取与泄露。[①] 生成式人工智能的数据获取来源尚不透明，部分机密性信息被生成式人工智能吸收后，用户通过提问的方式有可能获取，使其为己所用或流入公共信息管道，以敏感信息文本刺激信息环境改变，最终撬动信息秩序结构的变动。

（三）伦理的偏颇：冲击社会公共利益

生成式人工智能是一种"对话式"的撒播，其在与个体"对话"的过程中保持着一定的个性与偏好，但又因其面向全球的多元用户而进行"撒播"，以遮蔽个体差异性而实现对公共性的尊重。[②] 究其实质，生成式人工智能仍是一种以对话为形式的撒播技术，其文本的输出有赖于被饲喂的数据集，人机交流中的话语转换自然也跳脱不出基于众多数据集而形成的"脚本"。用户看似在与机器进行私密而独特的交谈，机器看似在就用户的个性话语给予定制型回答，但其实用户的语料会被喂养给生成式人工智能，并在后者与其他用户的对话中被公开，机器所给出的回复亦不过是此前众多相同或相似问题所运算而出的"经验"。用户本质是在与某一肉身主体或群体对话，在人机交流过程中被动接受着信息的撒播。当信息不断撒播至公共场域后，信息秩序的底层运行逻辑将受到影响。

信息秩序的运转逻辑在于信息文本、信息主体与信息环境的交互作用和传播关系之中，而生成式人工智能的 AIGC 撒播将使原本相对静态与恒定的信息秩序转变为一种被技术与公共实践所建构的动态新秩序，人人都成了信息生产的主体，这种信息生产的赋权并非传统的

[①] 《三星被曝因 ChatGPT 泄露芯片机密！韩媒惊呼数据"原封不动"直传美国》，凤凰网，2023年4月2日，tech.ifeng.com，2023年5月10日访问。

[②] 参见邓建国《"延伸的心灵"和"对话的撒播"：论作为书写的 ChatGPT》，《新闻大学》2023年第4期。

内容发布与信息交流，而是将自己的意志、情感、价值观融入社会计算的过程，牵动信息文本与环境随之变更。可以说，在生成式人工智能语境下，不论用户是否具备主观意图，其与机器对话的语料都会具备传播给他人的可能性，其在互联网上发表的文章、言论等也会在某种意义上以人机对话的方式向外输送。用户在技术之后赋权下彻底隐匿了 ID 和身份，生成式人工智能自然而然地成为思想的传声筒，后者在与他人对话的过程中潜隐而不彰，他人只闻其声，不见其人，甚至将生成式人工智能所传递的信息视为技术的理性、社会的合意，从而影响公共实践。因此，技术伦理在生成式人工智能的公共性使用中变得弥足珍贵，伦理的失范势必会冲击公共利益。然而，无论是"自上而下"将伦理规约植入模型还是"自下而上"从数据集中学习[1]，生成式人工智能都难逃伦理困境。

生成式人工智能的背后具有技术研发方的在地性烙印，会受制于技术研发方的指令与控制。如果技术研发方在其训练过程中掺杂恶意目的，生成式人工智能可能成为部分行动主体施加数字霸权的触手。生成式人工智能背后的技术公司与标注人员都生存于特定的国家制度环境下，扎根于各方利益交融的生活世界之中，若其在政治授意下刻意在人工数据训练行动中向 AI 投喂相关国别的负面信息，在利益驱动下有意提供竞争企业的污名化数据，那么，这种恶意信息将在持续生成与输出的过程中潜移默化地影响特定群体的价值思维与认知图景，逐渐形成数据强势方对数据弱势方的算法蹂躏和技术霸权。正所谓"一方水土养一方 AI"，生成式人工智能难以持续保持价值中立，往往会受到特定权力体系与社会环境的影响。当不同背景的生成式人工智能均以偏见性数据生成恶意信息并交互扩散时，种族之间、国家之间、组织之间的裂痕将被指数型扩大，

---

[1] 参见毛子骏、朱钰谦《人工智能的国外社会科学研究热点综述》，《电子科技大学学报》（社会科学版）2023 年第 25 卷第 2 期。

其可能后果必须得到重视。

部分信息主体亦可利用生成式人工智能内嵌学习的诸多脚本生产新闻、诗歌、论文等专业信息文本来达成自身的某种目的。若前台用户具有传播异质性信息的动机，生成式人工智能有可能成为部分主体干扰社会秩序的跳板。2023年2月，一则"杭州市政府3月1日取消机动车依尾号限行"的"新闻消息"在互联网上病毒式传播，这则消息来源于杭州某小区业主群讨论ChatGPT时，一业主以玩笑形式在群内直播了ChatGPT生成杭州取消限行新闻稿的过程，并将文章复制上传，其他业主不明就里，截图转发，最终导致虚假信息扩散。① 可以说，若不加以合规治理，生成式人工智能的技术能力可能会冲击社会整体信息秩序。目前以ChatGPT为代表的生成式人工智能还不具备直接介入网络公共空间的能力，但拥有一定传播手段与渠道的人却能够赋予生成式人工智能的媒介合成物以自我意图，将诱导而出的失序信息置入公共话语场域，对作为公共基础设施的新闻媒体、拥有公信力的政府部门造成挑战，扰乱正常的社会信息秩序。

第三节　网络信息内容治理的技术赋能与技术向善

在互联网技术的推动下，网络内容生产方式发生了重大变革，从传统的中心化生产模式转向了分布式、多元化的模式，实现了对网络内容生态的全面形塑。当前网络信息内容治理的层次已深入到数据、技术、经济与安全层面。② 通过对不同治理场景的分析和对治理资源的合理配置，我国网络内容治理体系得以逐步构建和完善，为网络内

---

① 参见黄伟芬、盛锐《昨天到今天，网传"杭州3月1日取消限行？这个版本不实，出自ChatGPT"》，《钱江晚报》2023年2月17日第1版。
② 参见年度网络内容治理研究课题组，方师师、万旋傲等《层层深入与链式共进：2022年中国网络内容治理报告》，《新闻记者》2023年第2期。

容生态的健康发展提供了有力支撑,但治理体系尚不完善,还需要不断创新治理机制,加强协同治理,完善法规制度,以确保网络内容治理能够适应不断变化的技术和生产方式,实现网络空间的良好秩序和繁荣发展。

网络平台承担着大部分的网络信息内容生态日常治理工作,而其中绝大部分的工作是靠技术予以落实的,由智能算法来承担海量内容的审核和过滤工作。算法在给普通用户提供个性化信息服务、提高内容分发有效性、解决违法违规信息问题的同时,也引发了信息操纵、算法歧视、谣言、假新闻、数据泄露、信息茧房、信息内容的过度商品化、算法黑箱等问题,用户知情权、隐私权、言论自由权等受到冲击,学界对算法存在的缺陷及其治理问题普遍达成共识。什么样的技术设置很大程度上决定了网络信息内容治理效度,完善的技术治理和治理技术的缺陷需要实现发展与公平、秩序与自主权益、他律和自律的价值平衡,互联网最大的特点就是其技术上的高度可塑性和可控性,法律和伦理规范框架对调整审核技术模型架构、内嵌的价值观排列、权重和组合起到重要作用。内容泛化下的治理场景拓展需要将治理范围延伸,以适应不断变化的环境。然而,这也会面临着治理重点失焦的风险,即由于范围过于宽泛而导致治理失去针对性。网络内容生态的自组织性对现有治理体系提出了挑战,可能削弱其风险抵御能力和可持续发展张力。因此,必须在推动治理场景拓展的同时,加强治理规制,确保技术赋能下的治理模式向着合理有效的方向不断发展,确保治理体系能够有效应对各种风险挑战,保持可持续发展。

一 网络信息内容治理技术的优化

网络信息内容治理技术的发展,推动网络信息内容的审核逐步由人工转向人机合作,当下逐渐偏向以技术为主要手段、人工辅助的内容审核过滤模式。随着自然语言处理（NLP）技术的长足发展，高级语言模型如 ChatGPT 在语言理解与生成方面的发展已经无法单纯依靠现在的监管机制加以约束。面对 AIGC 造成的治理困境，简单的事后追责制度无法应对庞大的作品内容，在审核与追责均面临困难的时候，可以考虑对技术进行优化，以技术治理技术，由事后追责惩罚转变为事前的识别引导。治理的技术逻辑同时也应当向事前的识别转变，传统的网络内容治理逻辑是依靠算法匹配技术进行。目前被广泛应用的以智能算法为主的审核技术被认为是对平台上日益增长的内容审核挑战的完美回应，甚至是应对规模化、快速化内容生产和传播不可避免的趋势。

从计算科学的角度看，算法主要分为三类，基于规则型算法、机器学习型算法和深度学习算法。从功能上看，目前机器系统大都包括文本审核、图片审核、音频审核、视频审核、内容巡查等核心功能模块，不同的内容形态往往使用不同的算法技术。例如，文本审核通常会使用到自然语言处理算法、深度学习算法。图片审核会基于海量图片素材库，训练出图片识别算法，如色情识别算法、政治敏感识别算法等，通过确定检测目标、提取内容特征、进行判断归类等步骤，对不符合要求的图片内容进行排查。在用户发布内容之后，其内容中的文本关键词或图片内容会被匹配检索，此类审核多为静态匹配，审核精度与准确率都无法适应治理需求和满足用户自由表达的需要，用户正常表达观点的内容产出经常会因为某些词句与审核设置的黑名单或敏感词重复而被误伤屏蔽，这种事后"补救"的方式无法及时有效地适应网络内容的动态变化和其中的复杂上下文语境。内容审查的技术应当向着大数据分析与智能识别的方向发展，从关键词过滤向文字甚至多媒体智能识别技术转移。

将人工智能技术广泛应用于各个领域的内容审核，可以实现人机协同的智能意义。通过对不同内容场景的深入理解，人工智能可以进行审查判断，并将结果反馈给服务提供方和内容生产方。这种人机协同的方式，能够提高信息的准确性和质量，优化服务的交付效果，进而推动各个领域的发展。同时，人工智能的应用还可以提高工作效率和智能化程度。

二 为多主体技术赋能推进智能治理

在平台社会语境下，网络内容治理已经不再仅仅对"内容"本身进行治理，而是转向对"内容+行动者+社会治理"的内容生态治理，以构建一个健康、高质量的网络内容生态。[①] 公权力主体、企业、社会组织和网民构成了网络信息内容治理多元主体的主要部分。从"互联网管理"到"互联网治理"，意味着互联网治理不再是单向的，而是以更开放包容的姿态平衡不同治理主体之间的关系。[②] 将网络社会纳入社会治理的过程是两者相互作用的产物，但是简单地将传统的行政体制与网络环境相结合的做法在网络内容生态下缺乏持续的适应能力，协同治理并非政府、平台以及社会、用户的简单相加，技术在内容生产以及治理中的显著作用为协同治理的多元主体联动体系构建提供了可能，并提高了治理效率。

随着互联网的智能化发展，网络信息内容日渐多元，文字、图片、音视频、直播、游戏等多种形式的内容都成为网络治理的对象。围绕治理主体、治理对象以及二者之间的关系，协同治理的实践呈现出多样化、协商化和扁平化的特征。[③] 在平台的传播环境中，必须跨越媒介技术和互联网平台的边界，建立起一种泛内容监管体系，当前，媒介技术迭代和传播形态变化越来越快，内容治理规制却与媒介技术、

[①] 参见张志安、聂鑫《互联网平台社会语境下网络内容治理机制研究》，《中国编辑》2022年第5期。

[②] 参见郭全中、李黎《网络综合治理体系：概念沿革、生成逻辑与实践路径》，《传媒观察》2023年第7期。

[③] 参见顾洁、栾惠《互联网协同治理：理论溯源、底层逻辑与实践赋能》，《现代传播（中国传媒大学学报）》2022年第44卷第9期。

第九章 技术治网及其边界：网络信息内容多元主体协同治理的"智治"

内容生态还不匹配。①

在协同的思维模式和实践框架下，为了实现一个健全的网络综合治理体系，为各方治理主体进行技术赋能以推进智能治理是不可或缺的步骤。依托先进的技术，将技术发展引导至向善面，对于网络中的文本、图像等固定静态的内容可以利用大数据技术建立泛内容领域的原始语料库进行深度学习，训练内容审核模型的内容筛选和识别能力，运用算法技术和编辑标签等方式提高内容筛选审核识别的效率和准确性。而对于长短视频、直播等内容较为复杂、审核难度大的动态内容，可以应用区块链技术，依托区块链不可修改、去中心化、可信的分布式账本等特点建立内容回溯机制。区块链作为公共账本数据库能够通过不可逆的计算加时间戳保证内容的不可篡改，数据经节点中所有主机确认、记录，信息内容由集体维护，对所有人公开可见。② 由于区块链基于分布式账本技术，采用哈希算法进行数据确认和加密，使得单节点的数据篡改无法匹配正确的哈希值，从而无法成功篡改数据。这一特性保证了区块链的不可篡改性，进而实现了数据的永久储存和内容的追踪。在涉及侵权行为时，即便视频、直播等动态内容被删除，也能保证治理的顺利进行。除此之外，在版权保护方面，区块链的应用也能够确保内容的原始性和可靠性，为 UGC 作品以及 AIGC 作品的侵权维权提供了新的解决方案。

与此同时，在推进内容治理的过程中，应重视跨部门、跨地域基础数据通联和信息公开机制中所暴露出的信息失序问题，不能忽视其影响。为解决这一问题，需要审视信息内容生产机制及技术系统架构本身，找到优化策略。在信息治理方面，应完善常态化建设与应急化

---

① 参见张志安、聂鑫《互联网平台社会语境下网络内容治理机制研究》，《中国编辑》2022年第5期。
② 参见陈小晰《基于区块链技术的网络内容生态治理》，《中国广播电视学刊》2023年第5期。

处理相承接的机制,并将内行政协同体系与外行政协同体系相结合,以更好地应对信息失序问题的挑战。从我国的网络信息内容治理发展的时间经历来看,在监管方面的变化呈现出明显趋势,从主体监管转向技术监管,从结果处置转向过程动态监管和全生态治理。技术监管实际是综合治理分级分类精准化管理的基础,也是全生态治理的前提,以此衍生出来的新型监管模式在新时期网络治理中起到越来越大的作用。①

三 生成式人工智能浪潮下的信息内容治理②

生成式人工智能的异军突起使机器被抬升到前所未有的主体地位。在人机融合语境下,客观化的事实链、个性化的价值链与共性化的责任链在人与智能间交织纠缠,人与机器成为彼此的尺度。③ 信息秩序的失衡会对整个社会秩序的正常运转造成消极影响,因此必须通过治理实现信息秩序的再次稳定,促使生成式人工智能冲击下的秩序从"失序"转向"再序"。有鉴于此,信息治理需在技术应用与人文关怀之间寻求平衡,从法律、技术与机制三方面进行命题施治。

(一)法律层面:构建软硬法兼施的复合型 AI 信息治理法律框架

生成式人工智能因其海量的数据集训练与语言模型自优化能力而实现 AI 技术的巨大飞跃,推动信息传播全新变局,由此带来诸多新型法律风险。我国在全球率先对人工智能进行法律规制,先后颁布《新一代人工智能发展规划》《关于加强互联网信息服务算法综合治理的指导意见》《互联网信息服务算法推荐管理规定》《互联网信息服务深度合成管理规定》《新一代人工智能伦理规范》《科技伦理审查办法(试

---

① 参见朱巍《新时期网络综合治理体系中的法治与技术》,《青年记者》2023 年第 1 期。
② 本部分内容参见张文祥、沈天健、孙熙遥《从失序到再序:生成式人工智能下的信息秩序变局与治理》,《新闻界》2023 年第 10 期。
③ 参见陈卫星《智能传播的认识论挑战》,《国际新闻界》2021 年第 43 卷第 9 期。

行)》等政策和法规,初步形成多层次、多方位、多主体的制度框架。特别是在全球率先对生成式人工智能进行立法治理,2023年7月颁行的《生成式人工智能服务管理暂行办法》提出"发展和安全并重、促进创新和依法治理相结合"的原则,鼓励生成式人工智能创新发展,实行包容审慎和分类分级监管。该《办法》对生成式人工智能服务各类应用场景进行了深入考量,在延续《数据安全法》分类分级保护制度的同时以"不适用"场景的界定为技术的长远创新提供了充分发展空间,对我国生成式人工智能未来有效的发展与规制具有指导性意义。对信息失序现象的法律治理应在该《办法》指导下,构建软硬法相结合的复合型AI信息治理法律框架。

构建复合型AI信息治理法律框架能够在宏观上对新情境下信息秩序的再恢复提供助益。原则上对技术本身继续坚持包容审慎的态度,激励其不断创新,提升模型训练水平和算法算力效果,在积极研发、精密论证、严格测试的基础上使其能够合规合法地进入公共信息秩序之中;对人类则秉持复合管理的方针,细化生成式人工智能的研发方、使用方、监管方等多元主体的信息权力,理清不同主体对生成式人工智能所生成的失序信息在应用与传播过程中的责任界限,做到积极创新和科学管理相结合。

软法与硬法的兼施能够充分契合总体框架,为新信息秩序的稳定提供切实的法律规范。在硬法方面,作为生成式人工智能的核心,数据和算法应该受到严格的制度规范。首先,应建设数据合规法治体系,明确生成式人工智能数据收集的权责边界,理清生成式人工智能数据共享的责任溯源,并为生成式人工智能数据输出的合规争议提供法理意义的解决路径。当生成式人工智能的数据使用问题得以进一步明确,虚假信息、错误信息与恶意信息的生成概率与传播效果就会明显下降,信息秩序将得到良好维护。其次,须建立算法评估与技术备案相结合的安全条例,保证算法的公开透明,打击算法黑箱、算法歧视等现象,将技术研发方对生成式人工智能的算法设置纳入有关部门的监管流程;

同时，对技术研发方在生成式人工智能开发与升级过程中所使用的技术进行逐一备案，增强技术使用的可解释性，防止国家核心技术或不正当技术在 AIGC 中遭遇不当使用。最后，建立数据与算法的风险评估体系，对生成式人工智能运作过程中所出现的信息问题和信息风险进行及时有效的排查与管控。

在软法方面，规范引导正向信息的传播，坚守生成式人工智能语境下的"信息纯真"。"信息纯真"是指信息内容必须符合真实情境和客观事实，并且不包含价值偏见、行为意图等主观倾向。确保信息纯真是在生成式人工智能介入信息生产过程后重新恢复信息秩序的题中应有之义。在信息生成环节，技术研发方加强行业自律性规范，保证信息来源的可靠与准确，避免以数据投喂失当或自身主观思想影响信息纯真的构建。在信息扩散环节，多元主体应实现信息纯真的协同引导与规范传播，以信息监管与纠正程序对所生成的虚假信息、错误信息和恶意信息进行消除与掩盖，并加强政府、媒体组织、企业、意见领袖等多元主体的"信息瞭望"作用，及时对规模化传播的异质性信息进行预警与澄清，使正向信息得以顺利传播。

（二）技术层面：以内外兼顾的技术善治实现工具理性与价值理性并彰

技术是生成式人工智能得以正常运作的核心支撑，在信息秩序的建构与维系方面发挥着不可估量的重要作用。在信息治理框架下，对于技术的治理应该内外兼顾——于内聚焦技术本身，完善自身技术属性，以工具理性规避生成失序信息的潜在隐患；于外关切公共利益，重视人本主义指导下的技术善治，以价值理性服务于社会整体之良善。

对于技术本身而言，当媒介技术日益发展，算法模型持续优化，生成式人工智能对人类的依赖度将会进一步降低，技术误用与滥用的风险将进一步增加，对信息秩序将带来新的因应挑战和治理难题。政府、企业和机构应积极引导技术使用并及时制定相应规范，预防技术的误用和滥用以保障其平稳运行。在数据合规、算法发展的政策指导下，把握源头技术治理的重要原则，规约行业的技术行为。第一，设立数据与算法行业的技术标准，在充分对话的基础上确立行业规约与价值；第二，借助媒介为行业规范的探讨设置议程，在协商中寻求AI行业的自律准则和科技伦理；第三，赋予生成式人工智能和智能传播平台以自我矫正和深度学习的能力，能够在算法纠偏和数据清洗能力提升的背景下，将不良运算过程和数据排除在外，自动识别潜在的异质性信息，有力核查输送信息的真实准确性，以自我净化的方式缓释信息秩序紊乱的压力。

对于公共社会而言，将"以人为本"作为信息传播新生态下的核心发展逻辑[1]，是实现新信息秩序下人类的生活稳定与价值共创的首要命题。在生成式人工智能充分撬动全社会的数字设施时，人被彻底异化为网络节点的风险日益扩大。在生成式人工智能推崇算力、算法与数据的背景下，人被推到了成为"保证数据流最大化的工具[2]"的边缘，对于生成式人工智能语境下信息秩序重新恢复的治理方向探讨也暗含着数据至上的错误思潮。然而，智能技术不是人的"自缚之茧"，人的权利与权力应超越技术本身，其所生产的数据亦应超脱智能技术的困囿，从人本主义视角进行勘定与规范。例如，针对生成式人工智能提供的各种数据的治理应遵循人本伦理，在保证人的知情同意、充分自由、隐私保护等原则基础上实现"技术善治"，不应以工具理性压倒价值理性。

内外兼顾的技术善治是实现新智能传播格局下人机能力和行为重新调衡的新契机。技术层面的治理应该积极引导人类的独有能力与生成式人工智能的庞大数据运算相互配合，使其发挥出人机能力协同的"最大公约数"，提升智能信息生产的规模、效率与质量。同时于内着

---

[1] 参见喻国明《传播学的未来学科建设：核心逻辑与范式再造》，《新闻与写作》2021年第9期。

[2] 参见李伦、黄关《数据主义与人本主义数据伦理》，《伦理学研究》2019年第2期。

力解决技术差异使用所带来的信息资源的机会不平等问题,着力弥合因媒介技术高度发展而产生的数字鸿沟(Digital Divide)新形态;于外积极拓展服务使用主体的接触面,确保技术主体的使用公平和全社会的信息公平。作为一种具有变革意义的智能技术,生成式人工智能在促动信息变局时必然会渗入社会肌理,成为主体信息实践的重要设施,也因此被赋予"裁决"信息公平的间接权力。技术治理应推动生成式人工智能超越信息主体的阶级层次、文化背景、社会烙印等属性,使所有主体公平地获得信息资源和认知经验。

(三)机制层面:推进上下共创的流域化治理模式

流域治理的概念广泛应用于环境科学、水利学等自然科学,流域既以水为基础和纽带,也承托着人类的生产生活,是自然与社会相交融的整体。[①] 流域以河流为中心,影响流域内的人文状况,而流域内的经济社会文化活动亦反作用于自然生态,形成"自然—经济—社会复合生态系统"。[②] 本书认为,处于互联网空间的智能传播场域同样存在"虚拟的流域",在生成式人工智能情境下尤为明显:生成式人工智能以强大的信息生产能力源发出一条"水文"状况极为复杂的"信息河流",多元信息主体共存于虚拟流域之内,依照自身 AI 素养和数字能力的大小分布于河流的上中下游,不同信息主体的信息实践对"信息河流"的"水文"状况和传播流向产生不同影响,在虚拟流域之中依托河流中的信息要素彼此联系,又因彼此数字禀赋的显著差异成为流域内数字利益相对独立的博弈主体,共同交织于该智能复合系统之中,需要以流域化的新型 AI 治理模式施治。

在物质流域,上游的生态状况很容易对下游产生重大影响,而

---

① 参见吕忠梅《关于制定〈长江保护法〉的法理思考》,《东方法学》2020 年第 2 期。
② 参见廖建凯、杜群《黄河流域协同治理:现实要求、实现路径与立法保障》,《中国人口·资源与环境》2021 年第 31 卷第 10 期;顾向一、曾丽渲《从"单一主导"走向"协商共治"——长江流域生态环境治理模式之变》,《南京工业大学学报》(社会科学版)2020 年第 19 卷第 5 期。

下游却很难影响上游，中游往往能以居间的身份为上游与下游的平衡提供客观的事实参考。在生成式人工智能治理中，社会多元主体共属其中，各自秉持着独特的生态位。拥有强势 AI 素养、掌握主要数字资源及控制核心智能技术的公司、媒体等作为"数字强势方"居于上游，AI 素养缺乏、数字资源贫匮、技术运用被动的老年群体、数字遗民等作为"数字弱势方"则居于下游，而中游则以具备一定数字禀赋、能够在有限数字场域发挥作用的"数字居间方"为主。"数字强势方"居高临下，以充足的信息资源对全流域流散其数字影响，"数字居间方"尝试积极争取数字权力以弥合智能鸿沟，而"数字弱势方"则只能被动承受影响。生成式人工智能信息治理的大方向，本质是维系流域内各方间的动态平衡，在调和的基础上稳定信息秩序。

虽然生成式人工智能以其强大的信息功能增加了更多信息平等的可能性，但实际上诸多阻碍信息秩序再次恢复的问题点，需要未来社会治理主体给予高度关注。例如，生成式人工智能设施接入的域内差异与普惠问题依旧存在，数字素养不均衡所导致的失序信息泛滥问题影响着虚拟流域的整体发展。

由此，在流域化治理中，必须以上游规制为主要导向以减少全局治理的阻力，以中游自律为重要共识从而使其在与上游协同和与下游帮扶的过程中发挥正向作用，以下游善治为补差手段从而弥合智能鸿沟、稳定信息秩序结构，上下共创，彼此协同，多元主体共同促进信息秩序地向善与再稳固。

除了域内各主体的自我持守与规范，还需要宏观力量对全流域 AIGC 进行监管与统筹。对此，自然流域治理中的集成化管制模式（Integrated Water Management）应用于虚拟流域中同样恰当。集成化管制充分考虑流域内不同主体之间的内在张力冲突，采取多元手段协调各流域子系统间的交互作用关系，结合各区域主体的现实需求及不同流段的功能分布，将流域系统治理的关键要素予以整合，统筹施治。① 在虚拟流域中，政府应积极扮演"集成管制"的角色，协调域内各方的信息利益，对生成式人工智能扰动下的整体数字布局进行监测与再分配，积极设置各流段间的对话与协商，促进主体间的认同、共识与相互承认，为在 AIGC 资源与成本的平衡下实现信息秩序复归与信息治理善治的目标做出努力。

综上，本书尝试提出生成式人工智能流域化治理模式，以提高新 AI 图景下的智能治理效率，优化智能治理方向。模式在政府宏观管控导向下，上游、中游与下游协同共创，以"集成管理，协商共治"为主要形式（见图 9-2）。

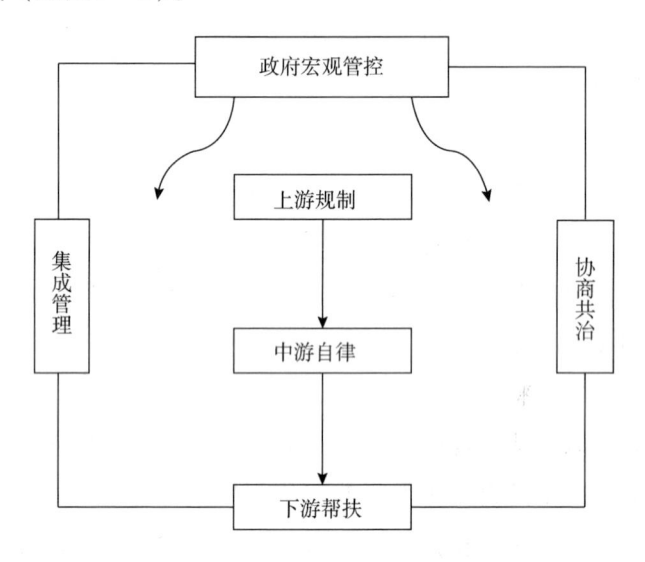

图 9-2　生成式人工智能流域化治理模式

在生成式人工智能的促动下，人类信息传播方式正在发生根本转变，旧有治理范式面临失效与缺失问题，信息治理格局行将重构。以 ChatGPT 为代表的生成式人工智能将对社会信息资源和数字权力进行

---

① 参见廖建凯、杜群《黄河流域协同治理：现实要求、实现路径与立法保障》，《中国人口·资源与环境》2021 年第 31 卷第 10 期；顾向一、曾丽渲《从"单一主导"走向"协商共治"——长江流域生态环境治理模式之变》，《南京工业大学学报》（社会科学版）2020 年第 19 卷第 5 期。

重新分配，这既是对现有信息秩序的重大挑战，亦是构建更加高效和谐的信息新秩序的重大契机。

现有信息秩序在生成式人工智能的用户接入和技术成熟的过程中可能发生失衡风险。数据投喂的偏狭、信息生成的偏误和技术伦理的偏颇可能在微观、中观、宏观上干扰现有信息传播秩序，以虚假信息、错误信息和恶意信息的释放污染信息环境、阻滞信息交往，对人机共生议题需要更深尺度的思考。

有鉴于此，信息秩序的再次恢复与实现和谐，需首先以法律为约束，构建复合型 AI 信息治理法律框架，以软法与硬法的结合并作，将法治贯彻到生成式人工智能信息治理的全链条多领域之中，全面提升法律规制效能，营造清朗安全的网络空间。其次，须以工具理性完善技术的自我纠偏与内部自律，同时向外彰显价值理性，以"以人为本"的治理理念作为实现人类的利益与价值和谐的核心关怀，并在人本主义指导下对生成式人工智能进行必要的技术治理，让技术真正服务于社会价值和公共利益。最后，构建生成式人工智能流域化治理模式以统筹全局，将多元数字行动主体纳入差异化规制与协同性治理的体系之中以逐渐实现信息秩序的复建。同时，直面促进生成式人工智能信息善治的待解决问题，探索实现信息再序的必答之题和必由之路，为生成式人工智能以多元技术特质和社会面向持续获取介入信息传播生态后的信息秩序问题提供有价值的思考。

参考文献

一 中文著作

晁金典:《网络法治化治理研究与思辨》,光明日报出版社2019年版。

陈昌凤主编:《智能传播:理论、应用与治理》,中国社会科学出版社2021年版。

冯建华:《网络信息治理的刑法边界》,中国社会科学出版社2023年版。

何明升等:《网络治理:中国经验和路径选择》,中国经济出版社2017年版。

李怡然:《网络平台治理:规则的自创生及其运作边界》,上海人民出版社2021年版。

林华:《网络谣言的法律治理研究》,中国政法大学出版社2021年版。

阙天舒:《网络空间治理的中国图景:变革与规制》,上海交通大学出版社2021年版。

王锡锌:《行政程序法理念与制度研究》,中国民主法制出版社2007年版。

吴飞等:《数字新闻:理念、价值与秩序重构》,浙江大学出版社2024年版。

谢新洲等:《中国特色网络内容治理体系与监管模式研究》,人民出版社 2024 年版。

杨乐：《网络平台法律责任探究》，电子工业出版社 2020 年版。

喻国明：《AIGC 传播时代》，中译出版社 2024 年版。

张千帆：《宪法学导论——原理与应用》（第三版），法律出版社 2014 年版。

张权：《网络信息内容治理研究》，中国社会科学出版社 2024 年版。

周裕琼：《当代中国社会的网络谣言研究》，商务印书馆 2012 年版。

二 中文论文

常江、杨惠涵：《基于数字平台的信息失范与治理：全球趋势与中国经验》，《中国出版》2022 年第 12 期。

巢乃鹏、王胤琦：《主流媒体对网络内容生态治理的价值和能力》，《中国编辑》2022 年第 8 期。

陈兵：《互联网屏蔽行为的反不正当竞争法规制》，《法学》2021 年第 6 期。

陈昌凤：《数据主义之于新闻传播：影响、解构与利用》，《新闻界》2021 年第 11 期。

陈昌凤：《智能技术的价值观建构及引领》，《人民论坛》2021 年第 Z1 期。

陈昌凤、徐芳依：《智能时代的"深度伪造"信息及其治理方式》，《新闻与写作》2020 年第 4 期。

陈洪兵：《拒不履行信息网络安全管理义务罪条款"僵尸化"的反思》，《学术论坛》2022 年第 45 卷第 3 期。

陈鹏：《平台权力的扩张与规制》，《理论月刊》2022 年第 8 期。

陈堂发：《强化法律适用：网络暴力的法治途径》，《人民论坛》2022 年第 9 期。

陈堂发：《清朗网络空间建设的突出问题与法治策略》，《国家治理》2023 年第 1 期。

陈堂发：《突发危机事件中谣言追责的理性问题——基于区块链技术支撑的讨论》，《人民论坛·学术前沿》2020年第5期。

陈廷：《中国特色的网络综合治理体系研究：建构逻辑与完善进路》，《国家治理现代化研究》2019年第2期。

程明、吴波、董家魁、李星：《自媒体时代突发公共事件网络谣言治理：框架重构、生成机制与规制消解》，《昆明理工大学学报》（社会科学版）2020年第20卷第6期。

程雪军、侯姝琦：《互联网平台数据垄断的规制困境与治理机制》，《电子政务》2023年第3期。

崔保国、刘金河：《论网络空间中的平台治理》，《全球传媒学刊》2020年第7卷第1期。

崔保国、王竟达：《互联网的规制与网络媒体的自制》，《新闻战线》2018年第17期。

崔保国、刘金河：《论数字经济的定义与测算——兼论数字经济与数字传媒的关系》，《现代传播（中国传媒大学学报）》2020年第42卷第4期。

代海军：《突发事件的治理逻辑及法治路径——以新冠肺炎疫情防控为视角》，《行政法学研究》2021年第2期。

党东耀、党欣：《计算传播学视角下的智能推荐系统建构与算法治理》，《郑州大学学报》（哲学社会科学版）2022年第55卷第5期。

丁晓东：《基于信任的自动化决策：算法解释权的原理反思与制度重构》，《中国法学》2022年第1期。

樊鹏：《利维坦遭遇独角兽：新技术的政治影响》，《文化纵横》2018年第4期。

范红霞：《微信中的信息流动与新型社会关系的生产》，《现代传播（中国传媒大学学报)》2016年第38卷第10期。

方师师：《算法机制背后的新闻价值观——围绕"Facebook偏见门"事件的研究》，《新闻记者》2016年第9期。

方兴东、陈帅：《Facebook—剑桥事件对网络治理和新媒体规则的影响与启示》，《社会科学辑刊》2019 年第 1 期。

方兴东、金皓清、钟祥铭：《中国互联网 30 年：一种全球史的视角——基于布罗代尔"中时段"的"社会时间"视角》，《传媒观察》2022 年第 11 期。

方兴东、钟祥铭、张权：《"守门人"的守门人：网络空间全球治理范式转变》，《湖南师范大学社会科学学报》2023 年第 1 期。

方兴东、钟祥铭：《"守门人"范式转变与传播学转向——基于技术演进历程与平台治理制度创新的视角》，《国际新闻界》2022 年第 44 卷第 1 期。

方兴东、钟祥铭：《互联网平台反垄断的本质与对策》，《现代出版》2021 年第 2 期。

方兴东、钟祥铭：《基于 TES 框架透视平台社会影响与治理路径》，《未来传播》2022 年第 29 卷第 3 期。

方兴东：《中国互联网治理模式的演进与创新——兼论"九龙治水"模式作为互联网治理制度的重要意义》，《人民论坛·学术前沿》2016 年第 6 期。

冯果、刘汉广：《互联网平台治理的生态学阐释与法治化进路》，《福建论坛》（人文社会科学版）2022 年第 4 期。

冯建华：《存异而治：网络服务提供者权责配置的进路与理路》，《新闻与传播研究》2022 年第 4 期。

冯建华：《刑法介入网络信息治理的背景、路径与边界》，《新闻界》2021 年第 9 期。

冯建华：《中国网络秩序观念的生成逻辑与意涵演变》，《南京社会科学》2020 年第 11 期。

傅昕源、黄福寿：《中国网络综合治理的历史生成、现实问题与发展进路》，《湖北社会科学》2022 年第 9 期。

高富平、尹腊梅：《数据上个人信息权益：从保护到治理的范式转变》，

《浙江社会科学》2022年第1期。

高秦伟：《论行政法上的第三方义务》，《华东政法大学学报》2014年第1期。

耿召：《政府间国际组织在网络空间规治中的作用：以联合国为例》，《国际观察》2022年第4期。

宫承波、王伟鲜：《习近平关于网络文明建设重要论述的核心内容与价值取向——基于内容分析视角的探讨》，《当代传播》2022年第1期。

顾理平：《技术的工具性与人的成长性：智能技术进展中的伦理问题——以ChatGPT智能应用为例》，《传媒观察》2023年第3期。

顾理平：《超越边界：智媒时代公民隐私保护的核心逻辑》，《湖南师范大学社会科学学报》2023年第52卷第1期。

顾理平、王飔濛：《从圈子到关系：智媒时代公私边界渗透及隐私风险》，《社会科学辑刊》2022年第3期。

顾理平：《身份识别与复制：智能生物识别技术应用中的隐私保护》，《湖南师范大学社会科学学报》2021年第50卷第4期。

顾洁、栾惠：《互联网协同治理：理论溯源、底层逻辑与实践赋能》，《现代传播（中国传媒大学学报）》2022年第44卷第9期。

郭林生：《论算法伦理》，《华中科技大学学报》（社会科学版）2018年第32卷第2期。

郭全中、李黎：《网络综合治理体系：概念沿革、生成逻辑与实践路径》，《传媒观察》2023年第7期。

韩新华：《平台时代网络内容治理的元规制模式》，《中国出版》2022年第5期。

韩志明、刘文龙：《从分散到综合——网络综合治理的机制及其限度》，《理论探讨》2019年第6期。

何勇：《主体责任观下的互联网管理模式转型》，《现代传播（中国传媒大学学报）》2019年第41卷第4期。

洪宇、陈帅：《"数字冷战"再审视：从互联网地缘政治到地缘政治话语》，《新闻与传播研究》2022年第29卷第10期。

胡百精：《公共协商与偏好转换：作为国家和社会治理实验的公共传播》，《新闻与传播研究》2020年第27卷第4期。

胡百精：《危机传播管理的对话范式（中）——事实路径》，《当代传播》2018年第2期。

胡坚波：《多措并举推进我国算法治理》，《人民论坛·学术前沿》2022年第10期。

胡凌：《网络传播中的秩序、谣言与治理》，《文化纵横》2013年第5期。

胡泳：《超越ChatGPT：大型语言模型的力量与人类交流的困境》，《新闻记者》2023年第8期。

胡泳、马爱芳：《人工智能治理：波兰尼双重运动理论视角》，《现代出版》2023年第3期。

胡泳：《论交流模式的变迁》，《现代传播（中国传媒大学学报）》2021年第43卷第1期。

黄凯南：《制度系统性建构的演化逻辑与动力机制》，《光明日报》2020年1月21日。

黄卫东：《网络平台的行政规制：基于行政合规治理路径的分析》，《电子政务》2022年第11期。

黄勇：《论我国反垄断司法实践的新挑战及其应对》，《法律适用》2022年第9期。

江国华、沈翀：《论突发公共卫生事件中的信息权力及法律规制》，《湖北社会科学》2020年第11期。

江作苏、黄欣欣：《第三种现实："后真相时代"的媒介伦理悖论》，《当代传播》2017年第4期。

姜晨、颜云霞：《"何以向善"：大数据时代的算法治理与反思——访上海交通大学媒体与传播学院教授陈堂发》，《传媒观察》2022年第6期。

姜启波：《数据权益纠纷司法裁判的价值准则》，《中国应用法学》2022年第6期。

蒋慧：《数字经济时代平台治理的困境及其法治化出路》，《法商研究》2022年第39卷第6期。

蒋晓丽、梁旭艳：《场景：移动互联时代的新生力量——场景传播的符号学解读》，《现代传播（中国传媒大学学报）》2016年第38卷第3期。

孔祥俊：《反垄断司法的逻辑与经验》，《中国法律评论》2022年第3期。

孔祥稳：《网络平台信息内容规制结构的公法反思》，《环球法律评论》2020年第2期。

匡文波：《智能算法推荐技术的逻辑理路、伦理问题及规制方略》，《深圳大学学报》（人文社会科学版）2021年第38卷第1期。

匡文波、王天娇：《社交媒体算法推荐传播逻辑与平台社会责任》，《上海交通大学学报》（哲学社会科学版）2023年第31卷第5期。

匡文波、武晓立：《重大公共卫生事件中网络谣言传播模型构建与信息治理——基于对新型冠状病毒肺炎的谣言分析》，《现代传播（中国传媒大学学报）》2021年第43卷第10期。

匡文波、杨春华：《走向合作规制：网络空间规制的进路》，《现代传播（中国传媒大学学报）》2016年第38卷第2期。

李丹林、王悦：《传媒形态的变革与传媒监管的演进》，《中国网络传播研究》2021年第2期。

李丹林：《论现代传媒监管制度建构的理念与路径》，《现代传播（中国传媒大学学报）》2020年第42卷第12期。

李丹林、曹然：《新媒体治理视域下的表达权规制研究》，《山东大学学报》（哲学社会科学版）2019年第4期。

李丹林、曹然：《以事实为尺度：网络言论自由的界限与第三方事实核查》，《南京师大学报》（社会科学版）2018年第4期。

李丹林：《传媒法治、现代化转型与文化变革》，《南京社会科学》2017

年第 4 期。

李丹林：《互联网革命、宪法文化与传媒监管》，《现代传播（中国传媒大学学报）》2016 年第 38 卷第 9 期。

李白杨、白云、詹希旎等：《人工智能生成内容（AIGC）的技术特征与形态演进》，《图书情报知识》2023 年第 40 卷第 1 期。

李彪：《霸权与调适：危机语境下政府通报文本的传播修辞与话语生产——基于 44 个引发次生舆情的"情况通报"的多元分析》，《新闻与传播研究》2019 年第 26 卷第 4 期。

李超民：《新时代网络综合治理体系与治理能力建设探索》，《人民论坛·学术前沿》2018 年第 18 期。

李大勇：《大数据时代网络谣言的合作规制》，《行政法学研究》2021 年第 1 期。

李鲤、吴贵：《主流媒体平台嵌入网络内容治理的价值效能与实践进路》，《中国编辑》2022 年第 10 期。

李鲤、余威健：《平台"自我治理"：算法内容审核的技术逻辑及其伦理规约》，《当代传播》2022 年第 3 期。

李良荣、辛艳艳：《论互联网平台公司的双重属性》，《新闻大学》2021 年第 10 期。

李龙飞、张国良：《算法时代"信息茧房"效应生成机理与治理路径——基于信息生态理论视角》，《电子政务》2022 年第 9 期。

李鹏：《打造智媒体提升传播力》，《新闻战线》2018 年第 13 期。

李沁：《沉浸新闻模式：无界时空的全民狂欢》，《现代传播（中国传媒大学学报）》2017 年第 39 卷第 7 期。

李文冰、张雷、王牧耕：《互联网平台的复合角色与多元共治：一个分析框架》，《浙江学刊》2022 年第 3 期。

李延枫：《网络平台内容治理的公法规制》，《甘肃政法大学学报》2022 年第 2 期。

李彦、曾润喜：《历史制度主义视角下的中国互联网治理制度变迁

（1994—2019）》，《电子政务》2019 年第 6 期。

李玉洁：《网络平台信息内容监管的边界》，《学习与实践》2022 年第 2 期。

李智、张子龙：《算法赋权与价值隐喻：智媒时代算法扩张的异化风险与规则调和》，《编辑之友》2022 年第 3 期。

廖卫民：《高转发微博的传播机制及其可视化分析》，《现代传播（中国传媒大学学报）》2014 年第 36 卷第 7 期。

林爱珺、翁子璇：《智能技术对网络舆论生态的影响与综合治理》，《中国编辑》2023 年第 Z1 期。

林爱珺、章梦天：《全球数据资源争夺与风险防范》，《新闻爱好者》2022 年第 6 期。

林爱珺、陈亦新：《信息熵、媒体算法与价值引领》，《湖南师范大学社会科学学报》2022 年第 51 卷第 2 期。

林爱珺、章梦天：《网络内容生态治理的多元主体责任规制》，《新闻爱好者》2021 年第 4 期。

林杭锋：《合作治理：优势、失败风险及规避之道》，《理论导刊》2022 年第 4 期。

林如鹏、罗坤瑾：《构建网络内容建设的新形态、新样态、新生态》，《中国编辑》2022 年第 11 期。

刘文杰：《"通知—移除"抑或"通知—拦截"：算法时代的选择》，《新闻与传播研究》2020 年第 27 卷第 12 期。

刘文杰：《民法典对互联网治理的推动作用》，《社会治理》2020 年第 7 期。

刘文杰：《算法推荐新闻的法律透视》，《新闻记者》2019 年第 2 期。

刘海龙、于瀛：《概念的政治与概念的连接：谣言、传言、误导信息、虚假信息与假新闻的概念的重构》，《新闻界》2021 年第 12 期。

刘静怡：《网络中立原则和言论自由：美国法制的发展》，《台大法学论丛》2012 年第 3 期。

刘权：《论互联网平台的主体责任》，《华东政法大学学报》2022年第25卷第5期。

刘权：《网络平台的公共性及其实现——以电商平台的法律规制为视角》，《法学研究》2020年第42卷第2期。

刘明洋、田璐嘉：《价值、路径与格局：中国式现代化背景下的舆论生态治理》，《中国编辑》2023年第4期。

卢博：《网络谣言的甄别与行政规制》，《理论月刊》2021年第1期。

罗斌、唐恋：《网络账号注销的现实困境与对应路径》，《社会科学辑刊》2023年第5期。

罗斌、唐恋、袁璐丝：《个人信息保护维度下Chatbot的法律规制》，《当代传播》2023年第2期。

罗斌、宋素红：《算法新闻传播主体的法律性质：ICP还是ISP——兼与〈算法推荐新闻的法律透视〉一文商榷》，《新闻记者》2019年第6期。

罗斌、宋素红：《谣言传播违法与犯罪的成立条件——基于行政法与刑法相关制度比较的视角》，《新闻与传播研究》2020年第27卷第5期。

罗昕、蔡雨婷：《全球互联网治理规则制定的分布格局与中国进路》，《现代传播（中国传媒大学学报）》2022年第44卷第3期。

罗昕、张瑾杰：《主流媒体参与网络内容治理的行动路径——以南都大数据研究院为例》，《中国编辑》2022年第7期。

罗英、谷雨：《网络平台自治规则的治理逻辑》，《学习与实践》2021年第8期。

吕鹏、周旅军、范晓光：《平台治理场域与社会学参与》，《社会学研究》2022年第37卷第3期。

马火生：《论谣言的行政法界定与规制原则》，《法治论坛》2020年第2期。

马长山：《智能互联网时代的法律变革》，《法学研究》2018年第4期。

孟凡壮：《网络谣言扰乱公共秩序的认定——以我国〈治安管理处罚法〉第 25 条第 1 项的适用为中心》，《政治与法律》2020 年第 4 期。

孟天广：《数字治理生态：数字政府的理论迭代与模型演化》，《政治学研究》2022 年第 5 期。

孟艳芳、刘子诠：《互联网中的"隐秘角落"：审视暗网和匿名路由技术发展带来的内容传播问题》，《中国出版》2021 年第 7 期。

年度网络内容治理研究课题组，方师师、万旋傲等：《层层深入与链式共进：2022 年中国网络内容治理报告》，《新闻记者》2023 年第 2 期。

年度网络内容治理研究课题组，方师师、万旋傲等：《要素治理与关系协调：2021 年网络内容治理报告》，《新闻记者》2022 年第 1 期。

帕梅拉·休梅克、韩纲：《超级把关人：社交媒体时代的把关》，《传播与社会学刊（香港）》2020 年第 54 期。

潘泽泉、任杰：《从运动式治理到常态治理：基层社会治理转型的中国实践》，《湖南大学学报社会科学版》2020 年第 34 卷第 3 期。

彭桂兵、过怡安：《三重维度下互联网信息内容法治化治理问题及改进建议》，《社会治理》2022 年第 7 期。

彭桂兵、叶晨鑫：《论智媒时代算法言论传播真实性的证明标准》，《中州学刊》2022 年第 3 期。

彭桂兵：《平台型媒体生态治理的法律依据和监管难点》，《青年记者》2021 年第 3 期。

彭桂兵：《"不良信息"和权利保障——审视〈网络信息内容生态治理规定〉的两个维度》，《青年记者》2020 年第 10 期。

彭华新：《移动互联网影像与社会阶层表达：符号、技术、身体》，《现代传播（中国传媒大学学报）》2017 年第 39 卷第 9 期。

彭兰：《场景：移动时代媒体的新要素》，《新闻记者》2015 年第 3 期。

彭兰：《我们需要建构什么样的公共信息传播？——对新冠疫情期间新媒体传播的反思》，《新闻界》2020 年第 5 期。

彭兰：《移动互联网时代的"现场"与"在场"》，《湖南师范大学社会科学学报》2017 年第 46 卷第 3 期。

彭兰：《移动化、社交化、智能化：传统媒体转型的三大路径》，《新闻界》2018 年第 1 期。

秦前红、李少文：《网络公共空间治理的法治原理》，《现代法学》2014 年第 36 卷第 6 期。

邱泽奇：《算法治理的技术迷思与行动选择》，《人民论坛·学术前沿》2022 年第 10 期。

全燕：《算法驱策下平台文化生产的资本逻辑与价值危机》，《现代传播（中国传媒大学学报）》2021 年第 43 卷第 3 期。

任丙强、北京大学公共政策研究所课题组：《我国互联网内容管制的现状及存在的问题》，《信息网络安全》2007 年第 10 期。

任颖：《算法规制的立法论研究》，《政治与法律》2022 年第 9 期。

单勇：《数字平台与犯罪治理转型》，《社会学研究》2022 年第 4 期。

申琦：《是非"守门人"：国际互联网超大型平台治理的实践与困境》，《湖南师范大学社会科学学报》2023 年第 1 期。

史安斌、王沛楠：《传播权利的转移与互联网公共领域的"再封建化"——脸谱网进军新闻业的思考》，《新闻记者》2017 年第 1 期。

宋亚辉、陈荣昌：《整体治理：算法风险治理的优化路径》，《学习与实践》2022 年第 7 期。

苏涛、彭兰：《虚实混融、人机互动及平台社会趋势下的人与媒介——2021 年新媒体研究综述》，《国际新闻界》2022 年第 44 卷第 1 期。

隋岩、唐忠敏：《网络叙事的生成机制及其群体传播的互文性》，《中国社会科学》2020 年第 10 期。

隋岩、李丹：《论互联网群体传播的关系偏向》，《编辑之友》2022 年第 2 期。

隋岩、谈和：《网络群体传播背景下的信息扩散——基于新浪微博数据的定性比较分析（QCA）》，《新闻大学》2020 年第 5 期。

隋岩:《群体传播时代:信息生产方式的变革与影响》,《中国社会科学》2018年第11期。

隋岩、陈一愚:《论互联网群体传播时代媒介成为资源配置的重要环节》,《中国人民大学学报》2015年第29卷第6期。

孙萍、刘瑞生:《网络生态视角下社交媒体的内容管理探析》,《现代传播(中国传媒大学学报)》2019年第41卷第12期。

孙逸啸:《网络平台风险的包容性治理:逻辑展开、理论嵌合与优化路径》,《行政管理改革》2022年第1期。

孙逸啸:《网络信息内容政府治理:转型轨迹、实践困境及优化路径》,《电子政务》2023年第6期。

孙珠峰、胡近:《"元治理"理论研究:内涵、工具与评价》,《上海交通大学学报》(哲学社会科学版)2016年第24卷第3期。

谭天、汪婷:《接入、场景、资本:社交媒体三大构成》,《中国出版》2018年第8期。

汤景泰:《网络生态乱象的新动态与应对》,《人民论坛》2022年第22期。

童兵:《"四权"建设:拓宽舆论表达渠道的突破口》,《中国地质大学学报》(社会科学版)2010年第10卷第3期。

王斌、胡周萌:《媒介传播与社会抗争的关系模式:基于中国情境的分析》,《江淮论坛》2016年第3期。

王春晖:《〈网络安全审查办法〉规则与适用》,《南京邮电大学学报》(社会科学版)2022年第24卷第1期。

王锋:《从治理到被治理:论基于数字平台型企业的社会治理》,《浙江学刊》2022年第4期。

王国珍:《新加坡的网络监管和网络素养教育》,《国际新闻界》2011年第33卷第10期。

王佳宜、王子岩:《个人数据跨境流动规则的欧美博弈及中国因应——基于双重外部性视角》,《电子政务》2022年第5期。

王科：《新冠肺炎疫情相关谣言内容分析及治理反思——基于368个样本的Nvivo11分析》，《东北农业大学学报》（社会科学版）2020年第18卷第5期。

王磊、易扬：《公共卫生危机中的数字政府回应如何纾解网络负面舆情——基于人民网"领导留言板"回复情况的调查》，《公共管理学报》2022年第19卷第4期。

王名、蔡志鸿、王春婷：《社会共治：多元主体共同治理的实践探索与制度创新》，《中国行政管理》2014年第12期。

王锡锌：《传染病疫情信息公开的障碍及克服》，《法学》2020年第3期。

王晓升：《从实践理性到交往理性——哈贝马斯的社会整合方案》，《云南大学学报》（社会科学版）2008年第6期。

王滢波、鲁传颖：《网络空间全球秩序生成与中国贡献》，《上海对外经贸大学学报》2022年第29卷第2期。

魏小雨：《互联网平台型企业信息管理主体责任的双重面向及其实现》，《学习论坛》2021年第4期。

魏永征：《略论治理网络谣言的行政处罚》，《新闻记者》2020年第3期。

温凤鸣、解学芳：《短视频推荐算法的运行逻辑与伦理隐忧——基于行动者网络理论视角》，《西南民族大学学报》（人文社会科学版）2022年第43卷第2期。

吴飞：《数字平台的伦理困境与系统性治理》，《国家治理》2022年第7期。

吴飞、傅正科：《"数字共通"：理解数字时代社会交往的新假设》，《新闻与传播研究》2023年第30卷第6期。

吴飞：《公众参与数字交往的底层逻辑分析》，《现代传播（中国传媒大学学报）》2023年第45卷第6期。

吴飞、杨龙梦珏：《论数字公共领域的结构新转型》，《国际新闻界》2023年第45卷第5期。

吴飞、孙梦如：《数字新闻理论的创新与突破》，《新闻记者》2023年第5期。

吴飞：《数据规则建立与完善之要义》，《人民论坛·学术前沿》2023年第7期。

吴青熹：《平台型治理："数字抗疫"中的政府治理变革》，《江苏社会科学》2022年第6期。

夏德元、刘博：《智媒时代网络内容生态治理与编辑的职业使命》，《中国编辑》2022年第5期。

夏锦文：《共建共治共享的社会治理格局：理论构建与实践探索》，《江苏社会科学》2018年第3期。

向加吾、许屹山：《群体性事件网络舆情：演变要素、生命周期与传播效应研究》，《长春大学学报》2018年第28卷第11期。

肖红军：《构建负责任的平台算法》，《西安交通大学学报》（社会科学版）2022年第42卷第1期。

肖燕雄、颜美群：《网络信息内容规制领域行政约谈的法治化困境与进路》，《贵州师范大学学报》（社会科学版）2022年第4期。

谢新洲、宋琢：《游移于"公""私"之间：网络平台数据治理研究》，《北京大学学报》（哲学社会科学版）2022年第59卷第1期。

谢新洲、宋琢：《用户视角下的平台责任与政府控制——一个有调节的中介模型》，《新闻与写作》2021年第12期。

谢新洲、石林：《基于互联网技术的网络内容治理发展逻辑探究》，《北京大学学报》（哲学社会科学版）2020年第57卷第4期。

谢新洲、朱垚颖：《网络综合治理体系中的内容治理研究：地位、理念与趋势》，《新闻与写作》2021年第8期。

熊澄宇、张学骞：《认知网络空间治理的系统性困局》，《现代传播（中国传媒大学学报）》2021年第43卷第5期。

熊澄宇：《对互联网五十年的一点思考》，《汕头大学学报》（人文社会科学版）2019年第35卷第12期。

熊澄宇、张虹：《新媒体语境下国家安全问题与治理：范式、议题及趋向》，《社会科学文摘》2019 年第 8 期。

徐汉明：《习近平"网络强国"重要论述及其时代价值》，《法学》2022 年第 4 期。

徐敬宏、胡世明：《5G 时代互联网平台治理的现状、热点与体系构建》，《西南民族大学学报》（人文社会科学版）2022 年第 43 卷第 3 期。

徐迅：《建立互联网环境下的表达标准与规范》，《中国广播》2012 年第 4 期。

许加彪、付可欣：《智媒体时代网络内容生态治理——用户算法素养的视角》，《中国编辑》2022 年第 5 期。

许可：《网络平台规制的双重逻辑及其反思》，《网络信息法学研究》2018 年第 1 期。

薛澜、朱琴：《危机管理的国际借鉴：以美国突发公共卫生事件应对体系为例》，《中国行政管理》2003 年第 8 期。

晏青、杜美玲：《培养"正能量粉丝"：粉丝文化的平台治理研究——基于对微博平台的考察》，《新闻记者》2022 年第 12 期。

杨立群：《健全综合治理体系，营造良好网络生态》，《红旗文稿》2023 年第 1 期。

杨智宇、张庆元：《信息网络安全管理义务的刑法规制：理念与适用》，《理论月刊》2022 年第 4 期。

姚志伟：《公法阴影下的避风港——以网络服务提供者的审查义务为中心》，《环球法律评论》2018 年第 40 卷第 1 期。

姚志伟：《技术性审查：网络服务提供者公法审查义务困境之破解》，《法商研究》2019 年第 36 卷第 1 期。

叶逸群：《互联网平台责任：从监管到治理》，《财经法学》2018 年第 5 期。

尹嘉希、王霁霞：《网络信息举报的规范逻辑与权利边界》，《北京警察学院学报》2020 年第 3 期。

尹建国：《我国网络有害信息的范围判定》，《政治与法律》2015 年第 1 期。

俞可平：《推进国家治理体系和治理能力现代化》，《前线》2014 年第 1 期。

郁建兴、陈韶晖：《从技术赋能到系统重塑：数字时代的应急管理体制机制创新》，《浙江社会科学》2022 年第 5 期。

喻国明、李彪：《互联网平台的特性、本质、价值与"越界"的社会治理》，《全球传媒学刊》2021 年第 4 期。

喻国明：《互联网环境下的新型社会传播生态》，《社会科学文摘》2017 年第 1 期。

喻国明：《互联网平台：传播生态的巨变及其社会治理》，《新闻论坛》2021 年第 35 卷第 5 期。

曾雄、梁正、张辉：《欧美算法治理实践的新发展与我国算法综合治理框架的构建》，《电子政务》2022 年第 7 期。

查云飞：《德国对网络平台的行政法规制——迈向合规审查之路径》，《德国研究》2018 年第 3 期。

湛中乐、高俊杰：《论对网络谣言的法律规制》，《江海学刊》2014 年第 1 期。

张爱萍、余晖：《数字化交通平台搭售：特征、机制与反垄断治理》，《江海学刊》2022 年第 6 期。

张晨颖：《公共性视角下的互联网平台反垄断规制》，《法学研究》2021 年第 43 卷第 4 期。

张华：《网络内容治理行政处罚实践难题及其制度破解》，《理论月刊》2022 年第 9 期。

张建荣：《"全能主义政府"的公共危机治理困局》，《学术界》2015 年第 7 期。

张杰、毛艺融：《平台型媒体内容审核：动因、现状与突破》，《出版科学》2021 年第 29 卷第 6 期。

张克旭：《社交媒体在疫情危机风险传播中的核心作用与传播机制》，《新闻与传播评论》2020年第73卷第3期。

张明楷：《阶层论的司法运用》，《清华法学》2017年第11卷第5期。

张庆园、程雯卿：《回归事实与价值二分法：反思自媒体时代的后真相及其原理》，《新闻与传播研究》2018年第25卷第9期。

张新平：《以平台为重点：网络社会法律治理的新思路》，《中南大学学报》（社会科学版）2022年第28卷第2期。

张新宇：《网络谣言的行政规制及其完善》，《法商研究》2016年第33卷第3期。

张志安、聂鑫：《互联网平台社会语境下网络内容治理机制研究》，《中国编辑》2022年第5期。

张志安、冉桢：《发展实用主义：中国互联网政策变迁与平台治理的内在逻辑》，《新闻与写作》2023年第1期。

张志安、冉桢：《中国互联网平台治理：路径、效果与特征》，《新闻与写作》2022年第5期。

张志安、唐嘉仪：《中美平台竞争格局下的算法治理与中国国际传播能力的提升路径》，《对外传播》2022年第10期。

张志安、张美玲：《互联网时代舆论引导范式的新思考》，《人民论坛·学术前沿》2016年第5期。

张卓：《网络综合治理的"五大主体"与"三种手段"——新时代网络治理综合格局的意义阐释》，《人民论坛》2018年第13期。

章晓英、苗伟山：《互联网治理：概念、演变及建构》，《新闻与传播研究》2015年第9期。

赵鹏：《私人审查的界限——论网络交易平台对用户内容的行政责任》，《清华法学》2016年第6期。

郑海平：《网络诽谤案件中"通知—移除"规则的合宪性调控》，《法学评论》2018年第2期。

郑洁、黄必琼：《中国共产党提升网络空间领导力的价值意蕴和实践进路》,《思想政治教育研究》2022 年第 38 卷第 1 期。

郑宁:《〈网络短视频内容审核标准细则〉(2021) 的修订重点及合规建议》,《青年记者》2022 年第 3 期。

钟祥铭、方兴东:《"围墙花园"破拆:互联网平台治理的一个关键问题》,《现代出版》2021 年第 5 期。

钟瑛、朱雪:《县级融媒体平台化对提升基层治理现代化的作用和路径》,《东岳论丛》2022 年第 43 卷第 4 期。

周安平:《谣言可规范概念的探讨》,《政法论丛》2015 年第 6 期。

周光权:《拒不履行信息网络安全管理义务罪的司法适用》,《人民检察》2018 年第 9 期。

周汉华:《网络法治的强度、灰度与维度》,《法制与社会发展》2019 年第 6 期。

周恒:《受规整的自治:论对互联网平台自治规范的审查》,《天津行政学院学报》2022 年第 24 卷第 6 期。

周建青、张世政:《信息供需视域下网络空间内容风险及其治理》,《福建师范大学学报》(哲学社会科学版) 2023 年第 3 期。

周丽娜:《英国互联网内容治理新动向及国际趋势》,《新闻记者》2019 年第 11 期。

周蔚华、杨石华:《技术变革、媒体转型及对传媒业的新挑战》,《编辑之友》2018 年第 10 期。

周文泓、吴琼、田欣、钟瑞玲:《美国联邦政府数据治理的实践框架研究——基于政策的分析及启示》,《现代情报》2022 年第 42 卷第 8 期。

周毅、刘裕:《网络服务平台内容生态安全自我规制理论模型建构研究》,《情报杂志》2022 年第 41 卷第 10 期。

朱巍:《新时期网络综合治理体系中的法治与技术》,《青年记者》2023 年第 1 期。

朱新力、余军:《行政法视域下权力清单制度的重构》,《中国社会科学》

2018 年第 4 期。

朱雨昕：《平台治理中的私人规制——以网络直播平台为例》，《上海法学研究》集刊 2022 年第 1 卷——智慧法治学术共同体文集。

邹军、柳力文：《平台型媒体内容生态的失衡、无序及治理》，《传媒观察》2022 年第 1 期。

邹军、吕智娴：《区块链与个人数据保护模式的转型》，《现代传播（中国传媒大学学报）》2020 年第 42 卷第 7 期。

邹军：《中国网络舆情综合治理体系的构建与运作》，《南京师大学报》（社会科学版）2020 年第 2 期。

曾润喜：《基层政府有效处置网络舆情的路径》，《人民论坛》2022 年第 14 期。

曾润喜、朱利平：《网络舆论动员：内涵、过程及其治理》，《北京航空航天大学学报》（社会科学版）2019 年第 32 卷第 6 期。

三　中文译著

［德］汉斯－约阿希姆·诺伊鲍尔：《谣言女神》，顾牧译，中信出版社 2004 年版。

［法］让－诺埃尔·卡普费雷：《谣言：世界最古老的传媒》，郑若麟译，上海人民出版社 2017 年版。

［美］奥尔波特等：《谣言心理学》，刘水平等译，辽宁教育出版社 2003 年版。

［美］凯斯·桑斯坦：《网络共和国：网络社会中的民主问题》，黄维明译，上海人民出版社 2003 年版。

［美］劳伦斯·莱斯格：《代码 2.0：网络空间中的法律》，李旭、沈伟伟译，清华大学出版社 2009 年版。

［美］罗伯特·多曼斯基：《谁治理互联网》，华信研究院信息化与信息安全研究所译，电子工业出版社 2018 年版。

[美]罗伯特·斯考伯、谢尔·伊斯雷尔:《即将到来的场景时代》,赵乾坤、周宝曜译,北京联合出版公司2014年版。

[美]曼纽尔·卡斯特:《网络社会的崛起》,夏铸九等译,社会科学文献出版社2003年版。

[英]克里斯蒂安·福克斯:《社交媒体批判导言》,赵文丹译,中国传媒大学出版社2018年版。

[英]Stephen P. Osborne 编著:《新公共治理?——公共治理理论和实践方面的新观点》,包国宪、赵晓军等译,科学出版社2016年版。

四 外文资料

Binns A. & Gable S.,"Network Governance in the Age of Digital Platforms: A Comparative Study of Content Moderation Practices",*Journal of Digital Governance*,Vol. 10,No. 3,September 2021,p. 45.

Binns A.,*The Governance of Digital Platforms: Emerging Trends in Global Content Moderation*,London:Palgrave Macmillan,2022.

Binns A.,"Online Platforms and the Legal Challenges of Content Moderation: A Governance Perspective",*Journal of Information Technology & Politics*,Vol. 18,No. 3,August 2022,p. 145.

Caplan R.,"Platform Governance and Digital Rights: The Regulatory Challenges of Online Content Control",*Journal of Technology in Society*,Vol. 12,No. 2,July 2023,p. 167.

Fischer A. & Jarren O.,"Networked Governance and the Evolution of Online Platform Regulation",*International Journal of Communication*,Vol. 15,No. 1,January 2021,p. 432.

Fischer A. & Jensen T.,"Platform Governance in the Digital Age: How Governance Models Impact Content Regulation in Europe",*Journal of

Media Economics, Vol. 34, No. 1, March 2022, p. 21.

Gillespie, Tarleton, *Custodians of the Internet: Platforms, Content Moderation, and the. Hidden Decisions That Shape Social Media*, New Haven: Yale University Press, 2020.

Gillespie T., "Platform Governance and the Politics of Content Moderation", *Information, Communication & Society*, Vol. 24, No. 7, September 2021, p. 1105.

Gorwa R. & Witschge T., "Revisiting the Platformization of Society: New Challenges for. Network Governance", *Internet Policy Review*, Vol. 11, No. 2, June 2021, p. 35.

Gorwa R., "A Governance Framework for Online Platforms: Understanding the Role of. Content Moderation", *Journal of Contingencies and Crisis Management*, Vol. 18, No. 4, December 2022, p. 122.

Gorwa R., "The Governance of Platforms: A Typology of the Political Economy of Internet Content Moderation", *Journal of Information Technology & Politics*, Vol. 16, No. 4, December 2020, p. 305.

Helberger N. & Sood P., "From Moderation to Regulation: Online Platforms and Their. Governance Mechanisms", *Journal of Media Law*, Vol. 18, No. 1, March 2021, p. 77.

Helberger N. & Zwart L., "The Intersection of Law and Algorithmic Governance: Regulating Platform Content Moderation", *Journal of Information Technology & Politics*, Vol. 17, No. 1, February 2021, p. 67.

Helberger N., Zwart L. & van der Sloot B., "Regulating Online Platforms: The Role of. Governance Mechanisms and the Law", *Journal of Media Law*, Vol. 13, No. 1, March 2021, p. 72.

Jia L. & Liang X., "Managing Global Platforms: A Case Study of TikTok's Content. Governance in Southeast Asia", *International Journal of Communication*, Vol. 17, No. 4, November 2022, p. 951.

Kaye D. & Heller M. , "Algorithmic Accountability: The Challenges of Platform. Governance in the Global South", *Global Media and Communication*, Vol. 18, No. 2, May 2021, p. 112.

Keller D. & Haggart B. , "Content Moderation, Algorithmic Governance, and the Future of. Online Speech", *Journal of Communication*, Vol. 71, No. 5, November 2021, p. 973.

Keller D. , "Networked Governance: The Role of Social Media in Shaping Digital Public Policy", *Journal of Communication Technology*, Vol. 10, No. 3, November 2022, p. 189.

Napoli, Philip M. , *The Media and the Public: "Access" in the Digital Age*, New York: Columbia University Press, 2020.

Rieder B. & D'heer E. , "Platform Governance and the Regulation of Online Speech: Ethical. and Legal Challenges", *International Journal of Communication*, Vol. 14, No. 2, April 2021, p. 515.

Rieder B. & D'heer E. , "The Role of Algorithms in Online Content Regulation: A Global. Analysis of Platform Governance", *Information, Communication & Society*, Vol. 26, No. 4, December 2022, p. 1302.

Suzor N. & Haggart B. , "The Politics of Platform Regulation: Addressing the Global. Challenge of Content Moderation", *Global Media and Communication*, Vol. 19, No. 1, February 2022, p. 23.

Van Dijck, José, Poell, Thomas & De Waal, Martijn, *The Platform Society: Public Values in a Connective World*, Oxford: Oxford University Press, 2020.

Zohar L. & Sussman T. , "Algorithmic Regulation of Digital Platforms: A Global Perspective on Content Governance", *Journal of Digital Policy & Practice*, Vol. 8, No. 4, September 2022, p. 91.

Zohar L. & Sussman T. , "Networked Platforms and Governance: Legal Implications of. Content Regulation in the Digital Age", *Internet Policy*

Review, Vol. 10, No. 1, January 2022, p. 115.

Zuboff, Shoshana, *The Age of Surveillance Capitalism: The Fight for a Human Future at the New Frontier of Power*, New York: Public Affairs, 2020.

后　记

　　这本书是我从教之后所主持国家社科基金项目的结项成果，记录了我走过的由新闻从业到新闻从教的转型历程，从不知学术为何物、研究方向混沌不清到逐渐明了和有所心得的过程。在新闻从业十年后，又在求学路上"苦难行军"十年，先后在山东大学法学院取得硕士学位、中国人民大学新闻学院取得博士学位，得以回归母校山东大学任教，成为一名新闻学教师。十年之中，放在案头激励我白天干记者、晚上啃书本的励志牌已不知去向，但内容还刻在脑海：沉重的翅膀一定要振起，奋斗不能延迟一秒！

　　如今从教也已十一年强，在"走遍四海，还是威海"的黄海之滨，在有山有海有湖有森林的山大威海校区文化传播学院送走七届毕业生后，把自己也送出去了——不安分的我，再次背起行囊，舍家撇业，独自南行，在曾经采访过的民营经济热土的浙江驻足，一待已逾四年。

　　在山大任教期间申请的这项课题，这几年陪着我东奔西走、上下求索，终于在发表十余篇学术论文、写出二十余万字研究报告后，于2023年末博士同学毕业十年聚时，经同学提醒查询到以"良好"等级圆满结项。

　　这项课题立项之时，正值我国互联网管理向治理转型时期，刚明

后 记

确建立网络综合治理体系的目标。作为网络治理的重中之重，信息内容要从政府一元主体管理走向多元主体协同治理，但治理的机制尚未形成，体系也没成型，亟待在新闻传播学、法学、管理学及信息科学等多学科视野下进行理论与实践结合的探索。而机缘巧合，本人的教育背景恰好兼备哲学、法学、新闻传播学，新闻记者的经历又给了我深深的国情认知和问题意识。循着新闻传播学与法学、哲学的交叉领域，从传播法与伦理自然延伸到了网络治理。在这项课题之前，已分别以网络运营者的信息内容管理责任（如今多表述为"平台责任"）、网络谣言治理的法治化（接入互联网30年来，似乎一直是治理的重点对象）为选题，主持并完成了教育部和山东省社科规划项目，为本课题研究打下了基础、积累了条件。

本书出版之际，深切缅怀带我走上学术之路的恩师陈绚教授！2021年7月，不幸染疾的陈老师突然离开了我们！在人大新闻学院求学三年，恩师的音容笑貌，还在眼前；恩师的鞭策鼓励，一切如昨。没有陈老师的耳提面命、循循善诱、信任鼓励、辛勤栽培，何以在中国接入互联网十五六年的时候有勇气进入网络治理这片研究难度很大的学术新地？师恩如海，难忘恩师！弟子谨以此书告慰恩师在天之灵，愿陈老师安息！

魏永征教授的著述言说引我进入传播法领域，并立志从事该领域的研究。魏老师给予我宝贵的思想营养，在考博、读博到任教后写论文、申课题、办会议甚至讲课，魏老师对我一路给予耐心细致的指导帮助。记得我博士论文答辩时，魏老师不辞辛苦从上海赶到北京，担任我的论文答辩委员会主席，和陈力丹教授、杨保军教授、徐迅教授、王四新教授一起，对我的博士论文进行全面细致的考核、评议、表决，让我得有机会以国内最高学术标准审视自己。魏老师曾给我写的《传播法与伦理评析》一书作序，又欣然为本书作序鼓励，谓之"探求互联网信息内容综合治理的新篇章"。尝与魏老师玩笑说此生虽未考入魏门，却被赐魏门出身，得魏老师提携奖掖、关心照顾绝不少于魏门弟子。每每思及，崇敬感动之情油然而生！魏老师的恩情，我铭感于心，永志不忘！

四年多前下江南投奔的就是吴飞教授。入读人民大学新闻学院不久，即 2010 年 11 月底来西湖之滨，参加浙大承办的第九届、第十届"新世纪新闻舆论监督研讨会"与吴老师相识，记得在浙大西溪校区边走边聊，端的是如沐春风，好不畅快。之后拜读了吴老师的名作《大众传播法论》《平衡与妥协——西方传播法研究》《新闻专业主义研究》后，始知心中的学术大咖原来是传播法研究的同道，吴老师的为人为学与情怀理想令我赞叹折服！相与神交唱和数年，终于在 2020 年 10 月底，南下"浙"居，在吴老师担任院长的浙大宁波理工学院传媒与法学院任教。数年之间，得吴老师恩惠甚多，提携甚大，此番吴老师命笔作序，是对我一如既往的鞭策鼓励！

借此后记想致谢的师友众多，谨列举数位：引我认识魏老师、带我求见陈绚教授、与我亦师亦友的李丹林教授，学术大侠、师伯展江教授，倡导"快乐学术"、活力四射的师姑林爱珺教授，给我很多关怀照顾的媒介法规与伦理"大家长"顾理平教授，还有我的山大恩师肖金明教授、周长军教授、崔立红教授、魏建教授、傅有德教授、傅永军教授、徐国亮教授，山大的同院师友仵从巨教授、唐锡光教授、甘险峰教授、刘明洋教授、王德胜教授、倪万教授、邱凌教授、管恩森教授、周新顺教授、尹海良教授、杨慧教授及兄弟刘冰等，慷慨助我、携手打造网络空间治理与数字经济法治（长三角）研究基地的"带头大哥"王春晖教授，充满学术报国情怀、拉我融入浙大网络空间国际治理研究基地并肩干事的方兴东教授、任奎教授及浙大、浙大宁波团队各位师友，更有与我学术情意相投、历年交流唱和甚多、未来有望开启更深缘分的华政韬奋新闻传播学院范玉吉教授、彭桂兵教授、张勇锋教授诸同仁。

感谢一路走来对我各种支持、帮助的老师、同学、朋友！

感谢冯建华、周冲、李彦、王思文等陈门众弟子，愿我们同念师

后记

恩，携手共进。感谢我在山大、浙大带的弟子们，愿杨林博士、由学生而为我助理的陈力双博士、闫利超博士、孙芳圆博士、已走上哈尔滨市委宣传部工作岗位的张佳琪硕士、已保研南京大学的山大沈天健同学等，前程锦绣，年华美好！杨林、陈力双、沈天健与我合作科研，对本书有诸多学术贡献。沈天健同学还协助我对全书进行审校订正，按出版社要求对所有引注文献收集了来源佐证，工作机械繁杂，付出不少辛劳。

感谢浙江大学宁波科创中心（宁波校区）和浙大宁波理工学院支持，使我得以创立浙江省软科学研究基地"网络空间治理与数字经济法治（长三角）研究基地"，并受资助出版此书。

感谢中国社会科学出版社责任编辑张玥老师的辛勤付出。在张老师的耐心细致专业的编辑、审校、把关下，本书才得以面世。

人生的美好不会忘记，感激永存心里。

我的亲人们，不管老幼，都因我的执着求学、执意南下而付出很多。对我没完没了的读书和折腾，母亲大人有很深的理解，正如当年父母节衣缩食供我读书，虽没什么大道理，但支持永不会改变。儿子读书和远游耽误了尽孝，母亲博大的胸怀给了我最大的原宥。父母给了我生命，更给了我知识和明天。每每夜深人静，或在睡梦里，我都会深深追忆我那吃苦受累一辈子、已逝去廿一年之久的父亲！

求索路上负重前行，我几乎没有时间回望来时的路。如今国家社科基金项目结项成果即将付梓，也只是人生的一个新开始。明天，我还要收拾行囊，重整旗鼓，开始新的旅程。不管走向何方、心归何处，都相信这不会只是苦旅、孤旅。如先贤云：德不孤必有邻，此心安处是吾乡……

张文祥记于宁波东钱湖畔
2024 年 10 月 13 日初稿
2024 年 11 月 28 日修改